"十三五"国家重点出版物出版规划项目

法律科学文库
LAW SCIENCE LIBRARY

总主编 曾宪义

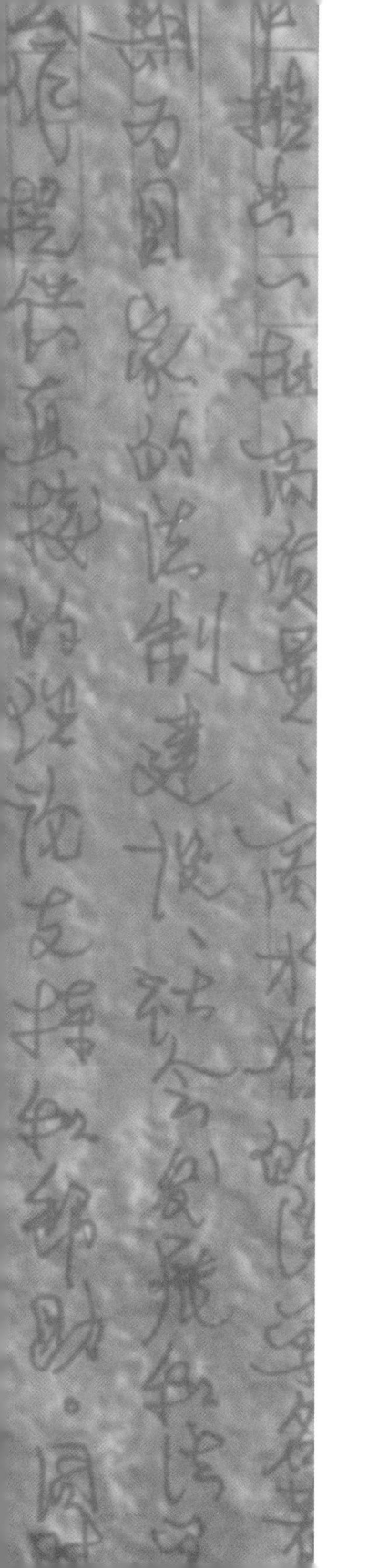

个人信息处理行为合法性研究

王叶刚 著

A Study on the Legality of Personal
Information Processing Activities

中国人民大学出版社
·北京·

法律科学文库
编委会

总主编
曾宪义

副总主编
王利明　史际春　刘　志

编　委
（以姓氏笔画为序）

王利明　史际春　吕世伦　刘　志　刘文华
刘春田　江　伟　许崇德　孙国华　杨大文
杨春洗　何家弘　陈光中　陈松涛　郑成思
赵中孚　高铭暄　程荣斌　曾宪义

总　序

曾宪义

"健全的法律制度是现代社会文明的基石",这一论断不仅已为人类社会的历史发展所证明,而且也越来越成为人们的共识。在人类历史上,建立一套完善的法律体制,依靠法治而促进社会发展、推动文明进步的例证,可以说俯拾即是。而翻开古今中外东西各民族的历史,完全摒弃法律制度而能够保持国家昌隆、社会繁荣进步的例子,却是绝难寻觅。盖因在摆脱了原始和蒙昧以后,人类社会开始以一种"重力加速度"飞速发展,人的心智日渐开放,人们的利益和追求也日益多元化。面对日益纷纭复杂的社会,"秩序"的建立和维持就成为一种必然的结果。而在建立和维持一定秩序的各种可选择方案(暴力的、伦理的、宗教的和制度的)中,制定一套法律制度,并以国家的名义予以实施、推行,无疑是一种最为简洁明快,也是最为有效的方式。随着历史的演进、社会的发展和文明的进步,作为人类重要精神成果的法律制度，也在不断嬗变演进，不断提升自身的境界，逐渐成为维持一定社会秩序、支撑社会架构的重要支柱。17世纪以后，数次发生的工业革命和技术革命，特别是20世纪中叶发生的电子信息革命，给人类社会带来了天翻地覆的变化，不仅直接改变了信息交换的规模和速度，而且彻底改变了人们的生活方式和思维方式，使人类生活进入了更为复杂和多元的全新境界。在这种背景下，宗教、道德等维系社会人心的传统方式，在新的形势面前越来越显得力不从心。而理想和实际的选择，似乎是透过建立一套理性和完善的法律体制，给多元化社会中的人们提供一套合理而可行的共同的行为规则，在保障社会共同利益的前提下，给社会成员提供一定的发挥个性的自由空间。这样，既能维持社会整体的大原则、维持社会秩序的基本和谐和稳定，又能在此基础上充分保障个人的自由和个性，发挥每一个社会成员的创造力，促进社会文明的进步。唯有如此，方能达到稳定与发展、整体与个人、精神文明与物质进步皆能并行不悖的目的。正因为如此，近代以来的数百年间，在东西方各主要国家里，伴随着社会变革的大潮，法律改革的运动也一直呈方兴未艾之势。

  中国是一个具有悠久历史和灿烂文化的国度。在数千年传承不辍的中国传统文化中，尚法、重法的精神也一直占有重要的位置。但由于古代社会法律文化的精神旨趣与现代社会有很大的不同，内容博大、义理精微的中国传统法律体系无法与近现代社会观念相融，故而在19世纪中叶，随着西方列强对中国的侵略，绵延了数千年的中国古代法律制度最终解体，中国的法制也由此开始了极其艰难的近现代化的过程。如果以20世纪初叶清代的变法修律为起点的话，中国近代以来的法制变革活动已经进行了近一个世纪。在这将近百年的时间里，中国社会一直充斥着各种矛盾和斗争，道路选择、主义争执、民族救亡以及路线斗争等等，使整个中国一直处于一种骚动和不安之中。从某种意义上说，社会变革在理论上会给法制的变革提供一定的机遇，但长期的社会骚动和过于频繁的政治剧变，在客观上确实曾给法制变革工作带来过很大的影响。所以，尽管曾经有过许多的机遇，无数的仁人志士也为此付出了无穷的心力，中国近百年的法制重建的历程仍是步履维艰。直至20世纪70年代末期，"文化大革命"的宣告结束，中国人开始用理性的目光重新审视自身和周围的世界，用更加冷静和理智的头脑去思考和选择自己的发展道路，中国由此进入了具有非凡历史意义的改革开放时期。这种由经济改革带动的全方位民族复兴运动，也给蹉跎了近一个世纪的中国法制变革带来了前所未有的机遇和无限的发展空间。

应该说，自1978年中国共产党第十一届三中全会以后的20年，是中国历史上社会变化最大、也最为深刻的20年。在过去20年中，中国人民高举邓小平理论伟大旗帜，摆脱了"左"的思想的束缚，在政治、经济、文化各个领域进行全方位的改革，并取得了令世人瞩目的成就，使中国成为世界上最有希望、最为生机勃勃的地区。中国新时期的民主法制建设，也在这一时期内取得了令人惊喜的成就。在改革开放的初期，长期以来给法制建设带来巨大危害的法律虚无主义即得到根除，"加强社会主义民主，健全社会主义法制"成为一个时期内国家政治生活的重要内容。经过近二十年的努力，到90年代中期，中国法制建设的总体面貌发生了根本性的变化。从立法上看，我们的立法意识、立法技术、立法水平和立法的规模都有了大幅度的提高。从司法上看，一套以保障公民基本权利、实现司法公正为中心的现代司法诉讼体制已经初步建立，并在不断完善之中。更为可喜的是，经过近二十年的潜移默化，中国民众的法律意识、法制观念已有了普遍的增强，党的十五大确定的"依法治国""建设社会主义法治国家"的治国方略，已经成为全民的普遍共识和共同要求。这种观念的转变，为中国当前法制建设进一步完善和依法治国目标的实现提供了最为有力的思想保证。

众所周知，法律的进步和法制的完善，一方面取决于社会的客观条件和客观需要，另一方面则取决于法学研究和法学教育的发展状况。法律是一门专业性、技术性很强，同时也极具复杂性的社会科学。法律整体水平的提升，有赖于法学研究水平的提高，有赖于一批法律专家，包括法学家、法律工作者的不断努力。而国家法制总体水平的提升，也有赖于法学教育和法学人才培养的规模和质量。总而言之，社会发展的客观需要、法学研究、法学教育等几个环节是相互关联、相互促进和相互影响的。在改革开放的20年中，随着国家和社会的进步，中国的法学研究和法学教育也有了巨大的发展。经过20年的努力，中国法学界基本上清除了"左"的思想的影响，迅速完成了法学学科的总体布局和各分支学科的学科基本建设，并适应国家建设和社会发展的需要，针对法制建设的具体问题进行深入的学术研究，为国家的立法和司法工作提供了许多理论支持和制度上的建议。同时，新时期的法学教育工作也成就斐然。通过不断深入的法学

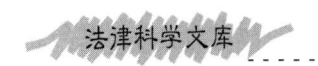

教育体制改革，当前我国法学人才培养的规模和质量都有了快速的提升。一大批用新思想、新体制培养出来的新型法学人才已经成为中国法制建设的中坚，这也为中国法制建设的进一步发展提供了充足和雄厚的人才准备。从某种意义上说，在过去20年中，法学界的努力，对于中国新时期法制建设的进步，贡献甚巨。其中，法学研究工作在全民法律观念的转变、立法水平和立法效率的提升、司法制度的进一步完善等方面所发挥的积极作用，也是非常明显的。

法律是建立在经济基础之上的上层建筑，以法律制度为研究对象的法学也就成为一个实践性和针对性极强的学科。社会的发展变化，势必要对法律提出新的要求，同时也将这种新的要求反映到法学研究中来。就中国而言，经过近二十年的奋斗，改革开放的第一阶段目标已顺利实现。但随着改革的逐步深入，国家和社会的一些深层次的问题也开始显现出来，如全民道德价值的更新和重建，市场经济秩序的真正建立，国有企业制度的改革，政治体制的完善等等。同以往改革中所遇到的问题相比，这些问题往往更为复杂，牵涉面更广，解决问题的难度也更大。而且，除了观念的更新和政策的确定外，这些复杂问题的解决，最终都归结到法律制度上来。因此，一些有识之士提出，当前中国面临的难题或是急务在于两个方面：其一，凝聚民族精神，建立符合新时代要求的民族道德价值，以为全社会提供一个基本价值标准和生活方向；其二，设计出一套符合中国国情和现代社会精神的"良法美制"，以为全社会提供一系列全面、具体、明确而且合理的行为规则，将各种社会行为纳入一个有序而且高效率的轨道。实际上，如果考虑到特殊的历史文化和现实情况，我们会认识到，在当前的中国，制度的建立，亦即一套"良法美制"的建立，更应该是当务之急。建立一套完善、合理的法律体制，当然是一项极为庞大的社会工程。而其中的基础性工作，即理论的论证、框架的设计和实施中的纠偏等，都有赖于法学研究的进一步深入。这就对我国法学研究、法学教育机构和广大法律理论工作者提出了更高的要求。

中国人民大学法学院建立于1950年，是新中国诞生以后创办的第一所正规高等法学教育机构。在其成立的近半个世纪的岁月里，中国人民大学法学院以其雄厚的学术力量、严谨求实的学风、高水平的教学质量以及极为丰硕的学术研究成果，在全国法学研究和法学教育领域中处于领先行列，并已跻身于世界著名法学院之林。长期以来，中国人民大学法学院的法学家们一直以国家法学的昌隆为己任，在自己的研究领域中辛勤耕耘，撰写出版了大量的法学论著，为各个时期的法学研究和法制建设作出了突出的贡献。

鉴于当前我国法学研究所面临的新的形势，为适应国家和社会发展对法学工作提出的新要求，中国人民大学法学院和中国人民大学出版社经过研究协商，决定由中国人民大学出版社出版这套"法律科学文库"，陆续出版一大批能全面反映和代表中国人民大学法学院乃至全国法学领域高品位、高水平的学术著作。此套"法律科学文库"是一个开放型的、长期的学术出版计划，以中国人民大学法学院一批声望卓著的资深教授和著名中青年法学家为主体，并聘请其他法学研究、教学机构的著名法学家参加，组成一个严格的评审机构，每年挑选若干部具有国内高水平和有较高出版价值的法学专著，由中国人民大学出版社精心组织出版，以达到集中地出版法学精品著作、产生规模效益和名著效果的目的。

"法律科学文库"的编辑出版，是一件长期的工作。我们设想，借出版"文库"这一机会，集中推出一批高质量、高水准的法学名著，以期为国家的法制建设、社会发展和法学研究工作提供直接的理论支持和帮助。同时，我们也希望通过这种形式，给有志于法学研究的专家学者特别是中青年学者提供一个发表优秀作品的园地，从而培养出中国新时期一流的法学家。我们期望并相信，通过各方面的共同努力，力争经过若干年，"法律科学文库"能不间断地推出一流法学著作，成为中国法学研究领域中的权威性论坛和法学著作精品库。

1999 年 9 月

序

在互联网和大数据时代，强化个人信息保护早已成为各国共识。习近平总书记指出："网信事业发展必须贯彻以人民为中心的发展思想，把增进人民福祉作为信息化发展的出发点和落脚点，让人民群众在信息化发展中有更多获得感、幸福感、安全感。"在网络时代，确保个人信息处理行为具有合法性，是人民群众获得感、幸福感、安全感的重要保障。为强化个人信息保护，许多国家和地区制定了专门的个人信息保护法。我国《民法典》从民事基本法的层面确立了个人信息保护的基本框架，《个人信息保护法》作为个人信息保护的领域法，对个人信息保护规则作出了系统规定。从实践来看，非法收集个人信息、倒卖个人信息、不当泄露个人信息等行为频频发生，个人信息保护仍任重道远。《民法典》《个人信息保护法》虽然规定了个人信息处理行为合法性规则，但个人信息的范围具有宽泛性，个人信息处理方式具有多样性，这些都为准确认定个人信息处理行为合法性带来了一定的困难。

本书聚焦于个人信息处理行为合法性问题。个人信息处理行为的合法性是个人信息保护法的主线，也是个人信息保护的核心议题。无论是个人信息保护的基本原则、个人信息处理的具体规则，还是个人信息处理的各项具体制度以及违法处理个人信息的法律责任等，实质上都是围绕个人信息处理行为合法性问题而展开的。可以说，理解了个人信息处理行为的合法性，就掌握了个人信息保护法的要领。本书在内容上主要具有如下特点：一是由小见大。个人信息处理行为合法性问题涉及个人信息保护的方方面面，本书以个人信息处理行为合法性事由为主线，对个人信息处理行为合法性问题展开研究，把握住了个人信息处理行为合法性问题的核心要点，本书的研究结论对于准确理解个人信息保护法的立法精神、理念具有重要意义。二是重视解释论研究。《民法典》《个人信息保护法》规定了较为系统、具体的个人信息保护规则，改变了个人信息保护"无法可依"的局面。当前的任务是如何使"纸面上的法律"变为"行动中的法律"，最大限度地发挥现有规范在保护个人信息方面的效果。本书围绕《民法典》《个人信息保护法》等法律的规定，对现行个人信息保护规则条分缕析，是一部很好的解释论作品。三是密切关注个人信息保护的实践情况。个人信息保护法律制度本身具有很强的实践性，随着互联网和大数据分析技术的发展，实践中出现了许多新型纠纷，如何运用既有的法律规则分析和解决实践中的新问题，是个人信息保护法律制度研究需要密切关注的问题。本书对网络隐私政策在个人信息保护方面的作用、工作场所监控与劳动者个人信息保护的关系、个人信息匿名化处理等问题展开研究，很好地关注了个人信息保护实践问题。本书的许多研究观点都具有创新性，例如，本书认为，个人同意在性质上属于意思表示，个人撤回同意的权利在性质上属于单方变更合同的权利，个人信息匿名化处理属于独立的个人信息处理行为合法性事由等。本书的相关研究观点既具有新颖性，又能够进行有效论证，对于推动个人信息保护法相关问题的研究具有重要的理论参考价值。

本书结合《民法典》《个人信息保护法》等法律的规定，对个人信息处理行为合法性问题展开了系统、深入的研究，是个人信息保护法领域的一本佳作。本书的作者王叶刚是我的学生，叶刚跟随我学习多年，他长期潜心于学术研究，近年来取得了非常大的进步，看到他的新作出版，我感到由衷的高兴！希望他在学术研究道路上能够继续保持踏实、勤奋、刻苦钻研的精神，继续努力，在将来的学术研究中取得更大的成就。

是为序。

中国法学会民法学研究会会长
中国人民大学一级教授
2024 年 7 月 1 日

前 言

随着互联网的普及和数字化时代的到来，强化个人信息保护早已成为社会共识。为强化对个人信息的保护，我国近年来颁行了一系列的法律和司法解释，构建了系统的个人信息保护规则体系。《民法典》人格权编将个人信息规定为一种独立的人格利益，从民事基本法的层面确立了个人信息保护的基本规则。《个人信息保护法》从领域法的层面系统规定了个人信息保护规则。而从实践来看，各种侵害个人信息权益的行为时有发生，个人信息"失控"同样是不争的事实，例如：网络服务提供者过度采集用户个人信息；物业服务企业违法采集业主人脸信息，甚至"倒卖"业主个人信息；旅行网站、航空公司非法利用个人信息进行大数据"杀熟"或者大数据"杀生"；等等。各种侵害个人信息权益的行为层出不穷，侵害方式多种多样，个人信息保护任重道远。各类侵害个人信息权益行为产生的重要原因之一，在

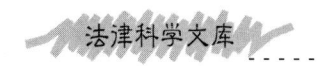

于个人信息处理行为合法性的边界不清晰。现行立法虽然规定了依法处理个人信息的规则，但在特定的处理个人信息的场景下，判断个人信息处理行为是否合法，仍然存在一定的困难，这就变相为非法侵害个人信息权益的行为提供了一定的"法外空间"。这也是本书展开个人信息处理行为合法性研究的重要原因。研究个人信息处理行为的合法性，对于明确侵害个人信息权益民事责任的认定标准，划定行为自由的边界，切实保障个人信息权益等，均有重要意义。

个人信息处理行为的合法性对数据产业的发展具有重要的保障作用。依据中共中央、国务院《关于构建数据基础制度更好发挥数据要素作用的意见》（以下简称《数据二十条》）的规定，数据可以区分为企业数据、公共数据与个人数据。事实上，企业数据与公共数据是从数据产权的归属主体层面来构建的概念，指涉的重点是企业或者国家作为数据产权的产权人。无论是企业数据还是公共数据，其中都可能包含大量的个人数据。可见，个人数据在数据产业的发展中具有基础性的地位。个人数据是个人信息在数据法层面的表达，个人信息的有效利用是数据产业发展的重要支撑，个人数据甚至被誉为21世纪最富有价值的资源。《数据二十条》要求，"对承载个人信息的数据，推动数据处理者按照个人授权范围依法依规采集、持有、托管和使用数据，规范对个人信息的处理活动，不得采取'一揽子授权'、强制同意等方式过度收集个人信息，促进个人信息合理利用"，"加大个人信息保护力度，推动重点行业建立完善长效保护机制，强化企业主体责任，规范企业采集使用个人信息行为。创新技术手段，推动个人信息匿名化处理，保障使用个人信息数据时的信息安全和个人隐私"。这实际上是要求数据的处理以依法处理个人信息为基本前提。从这一意义上说，对个人信息处理行为合法性的研究，对于保障数据产业依法、有序发展具有基础性意义。

我国现行立法虽然对个人信息处理行为合法性问题作出了规定，但如何界定个人信息处理行为的合法性，如何准确阐释相关的规则，仍有进一步研究的必要。一方面，虽然《民法典》与《个人信息保护法》均规定了个人信息处理行为合法性规则，但这两部法律的规定并不一致，究竟应当以哪部法律的规定为依据认定个人信息处理行为的合法性，涉及作为民事基本法的《民法典》与作为领域法的《个人信息保护法》之间的关系这一基础性的法律适用问题。对此理论上和实践中仍存在较大分歧。另一方面，无论是作为民事基本法的《民法典》，还是作为个人信息保护基本法的《个人信息保护法》，其有关个人信息处理行为合法性问题的有关规定仍较为抽象，有进一步阐释的必要。例如，为了保护个人信息权益，保障个人的信息自决，对于不需要个人同意而处理个人信息的情形，《民法典》与《个人信息保护法》大多要求个人信息处理者处理个人信息是为实现特定目的所"必需"，或者必须在"合理范围内"处理个人信息，但何谓"必需"，何谓"合理范围"，立法并未作出明确规定。这些不确定概念的使用也为个人信息处理行为合法性的认定带来了一定的不确定性。即便是基于个人同意处理个人信息，但何谓个人同意，何谓个人的明确同意、单独同意，个人同意的性质如何，《民法典》《个人信息保护法》均未作出明确规定。因此，探讨个人信息处理行为合法性问题，也是准确阐释《民法典》《个人信息保护法》相关规定，实现其个人信息保护立法目的的重要途径。

  严格地说，个人信息处理行为合法性问题贯穿于整个个人信息保护法律制度，涉及个人信息保护法律制度的方方面面。例如，个人信息保护的基本原则、个人信息处理的基本规则、个人信息的跨境流动规则、非法处理个人信息的法律责任，等等，均涉及个人信息处理行为合法性问题。但本书并没有对个人信息保护法律制度进行全方位研究，而是将研究范围限于个人信息处理行为合法性事由。这主要是基于以下考虑：一方面，个人信息处理行为合法性事由是个人信息处理行为合法性问题的集中展现。虽然个人信息处理行为合法性贯穿于整个个人信息保护法律制度，但其集中体现在个人信息处理行为合法性事由方面，其他各种场景下的个人信息处理行为，如个人信息共享、个人信息的跨境提供等，都是个人信息处理行为合法性事由的展开或者具体化，奠基于个人信息处理行为合法性事由。另一方面，无论是个人信息处理实践的开展，还是个人信息处理纠纷的解决，都需要以法律有关个人信息处理行为合法性事由的规定为基本依循。换言之，判断相关的个人信息处理行为是否具有合法性，应当以法律有关个人信息处理行为合法性事由的规定为依据。本书将研究范围限于个人信息处理行为合法性事由，也旨在为个人信息处理实践和个人信息保护司法实践提供有益的理论参考。

  本书依据《民法典》《个人信息保护法》等法律和相关司法解释的规定，结合我国司法实践情况，对个人信息处理行为合法性问题展开了系统研究。本书共分为五章。第一章为"个人信息处理行为合法性概述",对个人信息处理行为合法性在个人信息保护法中的地位展开了研究,并结合我国现行立法界定了个人信息处理行为合法性的具体事由。第二章为"基于个人同意处理个人信息",探讨了个人同意这一依法处理个人信息的基础性事由,主要对个人同意的性质和个人同意的效力,基于个人同意处理个人信息的条件,通过网络隐私政策取得个人同意的相关问题,以及个人撤回同意及其效力等问题展开了研究。第三章为"依法处理已公开的个人信息",依次对已公开个人信息的规范基础及实践困境、已公开个人信息的界定以及依法处理已公开个人信息的条件等问题进行了研究。第四章为"基于公共利益等事由处理个人信息",主要对为订立、履行个人作为一方当事人的合同等而处理个人信息,为履行法定职责或者法定义务而处理个人信息,为应对突发公共卫生事件等而处理个人信息,以及为实施旨在保护公共利益的新闻报道、舆论监督等而处理个人信息等问题进行了研究。第五章为"个人信息匿名化处理与个人信息处理行为的合法性",对个人信息匿名化处理的相关问题展开了研究,具体探讨了个人信息匿名化处理的概念、个人信息匿名化处理的标准,以及个人信息匿名化处理作为依法处理个人信息的事由等问题。

  本书是笔者对个人信息处理行为合法性问题的阶段性思考,由于资料所限,本书的相关内容难免存在不完善之处,祈请不吝批评指正。

王叶刚
2024 年 6 月

目 录

第一章 个人信息处理行为合法性概述 …… (1)
  第一节 个人信息处理行为合法性在个人信息保护法中的重要地位 …………… (1)
  第二节 个人信息处理行为合法性事由的界定 ………… (17)

第二章 基于个人同意处理个人信息 …… (24)
  第一节 个人同意作为依法处理个人信息的事由 ………… (24)
  第二节 基于个人同意处理个人信息的条件 …………… (50)
  第三节 通过网络隐私政策取得个人同意 …………… (66)
  第四节 个人撤回同意及其效力 …… (110)

第三章 依法处理已公开的个人信息 …… (129)
  第一节 已公开个人信息的规范基础与实践困境 …………… (129)
  第二节 已公开个人信息的界定 …… (139)
  第三节 依法处理已公开个人信息的条件 …………… (151)

第四章　基于公共利益等事由处理个人信息 …………………… (170)
　　第一节　为订立、履行个人作为一方当事人的合同等
　　　　　　处理个人信息 ………………………………………… (170)
　　第二节　为履行法定职责或者法定义务处理个人
　　　　　　信息 …………………………………………………… (182)
　　第三节　为应对突发公共卫生事件等处理个人信息 ………… (190)
　　第四节　为实施旨在保护公共利益的新闻报道、舆论监督等处理
　　　　　　个人信息 ……………………………………………… (201)

第五章　个人信息匿名化处理与个人信息处理行为的合法性 …… (210)
　　第一节　个人信息匿名化处理概述 …………………………… (210)
　　第二节　个人信息匿名化处理的标准 ………………………… (223)
　　第三节　个人信息匿名化处理在个人信息处理合法性中的
　　　　　　功能定位 ……………………………………………… (232)

参考文献 ………………………………………………………………… (244)
后　　记 ………………………………………………………………… (258)

第一章 个人信息处理行为合法性概述

第一节 个人信息处理行为合法性在个人信息保护法中的重要地位

一、个人信息处理行为合法性在个人信息保护法体系构建中的重要作用

个人信息处理行为合法性是个人信息保护法体系构建的重要基础,从域外的个人信息保护法来看,各国(地区)的个人信息保护法大多是围绕个人信息处理行为合法性展开的。以欧盟《一般数据保护条例》(General Data Protection Regulation,GDPR)为例,该条例全文共分为十一章,从各章的内容来看,其大多是围绕个人信息处理行为合法性而展开的,例如,该法关于个人信息处理的原则(第二章)主要规定了个人数据处理的合法性规则及相关的细化规则,如个人数据处理的合法性规则(第 6 条)、个人同意的条件(第 7 条)等。又如,该法关于数据主体

权利的规定（第三章）旨在使个人了解其个人数据处理的相关情况，并控制其个人数据的处理，这种对数据主体权利的保护也是个人数据处理行为合法性的基本要求。再如，该法关于将个人数据转移到第三国或国际组织的规定（第五章），主要规定的是个人数据跨境流动这一特定个人信息处理行为合法性的基本要求。可以说，个人数据处理行为合法性是GDPR的核心问题，其贯穿该条例的始终。再以美国法为例，《美国统一个人数据保护法》对个人数据的处理规则作出了系统规定，该法共21条，除基本定义、适用范围等规定外，该法的核心内容为个人数据处理行为合法性的事由、个人对其个人数据的权利以及个人数据控制者的义务和责任，这些内容也主要是围绕个人数据处理行为合法性展开的。再以日本法为例，《日本个人信息保护法》共分为七章，即总则、国家及地方公共团体的职责等、个人信息保护的措施等、个人信息处理业者的义务等、个人信息保护委员会、杂则、罚则。从各章的内容来看，其主要也是围绕个人信息处理行为合法性问题而展开的。个人信息处理行为合法性是个人信息保护的核心议题，对个人信息保护法各项制度、规则的设计具有体系性的影响。可见，个人信息处理行为合法性虽然没有被各国（地区）的立法明确规定为立法的主线或者基础，但实际上贯穿了各国个人信息保护法的全文，在事实上发挥了立法体系构建的主线作用。

从我国《个人信息保护法》的体系来看，个人信息处理行为合法性同样贯穿了《个人信息保护法》的全文，对《个人信息保护法》的各项制度和规则的设计都具有重要影响，其在我国《个人信息保护法》的体系构建中同样发挥了主线的作用，论述如下。

第一，个人信息处理行为的合法性是《个人信息保护法》总则构建的基础。从《个人信息保护法》第一章"总则"的规定来看，除个人信息保护法的立法目的、适用范围以及相关基础概念外，该章的主要内容是个人信息保护法的基本原则，具体包括合法、正当、必要与诚信原则（第5条），目的限制原则（第6条），公开透明原则（第7条），质量原则（第8条），责任原则与安全原则（第9条）。这些基本原则实质上都是依法处理个人信息应当遵循的基本原则[①]，《个人信息保护法》规定上述基本原则

---

① 参见程啸：《个人信息保护法理解与适用》，中国法制出版社，2021年版，第77~79页。

的主要目的也在于规范个人信息处理活动，保障个人信息处理行为的合法性。[1] 例如，按照公开、透明原则的要求，个人信息处理者处理个人信息应当公开个人信息处理规则，明示个人信息处理的目的、方式和范围，如果个人信息处理者违反该原则的规定，未尽到上述义务，其行为可能就会被认定为非法处理个人信息的行为。[2] 除上述基本原则外，《个人信息保护法》总则部分还规定了一些宣示性规则，如禁止非法的个人信息处理活动等规则，其目的也在于强调个人信息处理行为应当具有合法性。

第二，个人信息处理行为合法性是构建个人信息处理规则的基础。《个人信息保护法》第二章规定了个人信息处理规则，其具体包括个人信息处理规则的一般规定、敏感个人信息的处理规则以及国家机关处理个人信息的特别规定三节内容，这些内容都是围绕个人信息处理行为合法性展开的：个人信息处理行为的一般规则首先规定了个人信息处理的合法性事由（第13条），该节其他规则都是该合法性事由规则的展开与具体化，如个人同意的规则（第14条）、撤回同意的规则（第15条）等，都是《个人信息保护法》第13条第1款第1项的具体化。又如，已公开个人信息的处理规则（第27条）也是《个人信息保护法》第13条第1款第6项规则的具体化。与一般个人信息的处理规则相比，该章第二节关于敏感个人信息处理规则的规定不过是强化了对敏感个人信息的保护，强化了个人信息处理者的告知义务，提高了个人同意的要求等，其本质上仍然是围绕敏感个人信息处理行为合法性而展开的。该章第三节关于国家机关处理个人信息的特别规定更是《个人信息保护法》第13条第1款第3项关于为履行法定职责必需而处理个人信息规则的具体化。

第三，个人信息跨境提供的规则也是个人信息依法处理的一种特殊情形。个人信息的跨境提供本质上是个人信息处理活动，其也应当遵循个人信息处理的一般规则。但个人信息的跨境流动会使个人信息流通到境外，

---

[1] 参见张新宝：《个人信息处理的基本原则》，载《中国法律评论》2021年第5期，第19页。

[2] 参见万方：《隐私政策中的告知同意原则及其异化》，载《法律科学》2019年第2期，第63页。

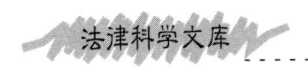

这不仅会使个人信息的处理在一定程度上脱离个人的控制①，而且可能增加个人信息处理中的风险，同时，个人信息的大规模跨境流动可能影响国家和公共安全。② 因此，应当对个人信息的跨境流动设置较为严格的条件。从《个人信息保护法》第三章的规定来看，其关于个人信息跨境流动条件的规定（第 38 条），以及关于个人信息跨境流动情形下个人信息处理者的告知义务等内容的规定（第 39 条），目的都在于在个人信息依法处理一般条件的基础上，提高个人信息跨境流动的条件，在这一意义上，该章的内容也是围绕个人信息跨境流动这一个人信息处理行为的合法性展开的。

第四，个人在个人信息处理活动中的权利（第四章）以及个人信息处理者的义务（第五章）也是个人信息依法处理的重要保障。我国《民法典》与《个人信息保护法》并没有将个人信息规定为一项权利，而是将其规定为一项人格利益，而《个人信息保护法》第四章关于个人在个人信息处理活动中的权利的规定，极大地丰富了个人信息权益的内容，对于维护个人信息自决权具有重要意义。从该章内容来看，其关于个人知情权、决定权、查阅权、复制权、删除权等内容的规定，不仅有利于保护个人的信息自决权，还有利于保障个人对个人信息处理者处理个人信息活动的知情权，并有效规范个人信息处理活动，保障个人信息处理活动在法律规定和当事人约定的范围内进行。该法第五章关于个人信息处理者义务的规定，也意在保障个人信息处理活动的合法性，即个人信息处理者在基于个人同意或者其他合法性事由处理个人信息后，在个人信息处理过程中，其仍然需要履行法律规定的各项义务，以保障其个人信息处理活动的合法性。

第五，《个人信息保护法》第六章规定了履行个人信息保护职责的部门，意在明确负责个人信息保护工作和相关监督管理工作的部门及其具体职责，其目的也在于保障个人信息处理行为的合法性。例如，依据该法第 61 条规定，履行个人信息保护职责的部门负责开展个人信息保护宣传教育，指导、监督个人信息处理者开展个人信息保护工作，并接受、处理与

---

① 参见程啸：《个人信息保护法理解与适用》，中国法制出版社 2021 年版，第 301 页。

② 参见王佳宜、王子岩：《个人数据跨境流动规则的欧美博弈及中国因应——基于双重外部性视角》，载《电子政务》2022 年第 5 期，第 104 页。

个人信息保护有关的投诉、举报等，其目的就在于规范个人信息处理活动，保障个人信息处理活动的合法性。又如，依据该法第 62 条规定，国家网信部门统筹协调有关部门依据该法推进制定个人信息保护具体规则、标准，并针对小型个人信息处理者、处理敏感个人信息以及人脸识别、人工智能等新技术、新应用，制定专门的个人信息保护规则、标准，其目的也在于为个人信息处理者处理个人信息提供更为明确、具体的标准，从而保障个人信息处理活动的合法性。

第六，《个人信息保护法》第七章规定了法律责任，其中包括民事责任、行政责任与刑事责任，各类法律责任成立的前提都是个人信息处理者实施了非法处理个人信息的行为，该章关于法律责任的规定，都是对非法处理个人信息的否定性评价，其目的在于制裁非法处理个人信息的行为，从而保障个人信息处理活动的合法性。

可见，个人信息处理行为的合法性贯穿了《个人信息保护法》的全文，是各项个人信息保护法律制度与规则的重要连接点，个人信息处理行为合法性之所以可以发挥《个人信息保护法》体系构建主线的作用，主要是因为：个人信息保护法的核心功能在于平衡个人信息保护与个人信息利用之间的关系，个人信息保护法的各种制度、规则都旨在平衡二者之间的关系，而个人信息处理行为的合法性恰好是个人信息保护与个人信息利用之间的一种平衡机制，其划定了个人信息保护与个人信息利用之间的合理界限。进一步而言，如果个人信息处理者处理个人信息的行为具有合法性，在规则设计上就应当倾向于保护个人信息处理者依法处理个人信息的行为，在价值取向上就应当强调个人信息的有效利用；反之，如果个人信息处理行为构成非法处理个人信息，即便该行为有利于发挥个人信息的经济效用，在规则设计上也应当倾向于保护个人信息，在此种情形下，相关规则的设计在价值取向上应当强调个人信息权益的保护。

二、个人信息处理行为合法性在实现个人信息保护法立法目的中的重要功能

个人信息处理行为合法性不仅对个人信息保护法的体系构建具有主线性意义，是个人信息保护法的核心问题，其在个人信息保护法立法目的的实现中也发挥着重要功能。依据《个人信息保护法》第 1 条的规定，个人信息保护法的核心功能包括如下几项：一是保护个人信息权益；二是规范

个人信息处理活动；三是促进个人信息的合理利用。个人信息处理行为的合法性对于上述三项功能的实现均具有重要意义。

第一，个人信息处理行为合法性对保护个人信息权益具有重要意义。个人信息处理行为合法性是区分依法处理个人信息与非法处理个人信息的界限，如果个人信息处理者是基于个人信息处理的合法性事由而处理相关的个人信息，就不构成对个人信息的侵害，个人也无权请求个人信息处理者承担民事责任。[①] 可以说，个人信息处理行为的合法性划定了个人信息保护的合理边界。关于个人信息保护，《民法典》第 111 条规定："自然人的个人信息受法律保护。任何组织或者个人需要获取他人个人信息的，应当依法取得并确保信息安全，不得非法收集、使用、加工、传输他人个人信息，不得非法买卖、提供或者公开他人个人信息。"该条要求个人信息处理者应当依法处理个人信息，不得非法处理个人信息，但关于如何区分个人信息处理行为的合法与非法，该条并未作出明确规定，这就需要明确个人信息处理行为的合法性判断标准，以更好地保护个人信息。《民法典》人格权编与《个人信息保护法》对个人信息处理的合法性规则作出细化规定，对于强化个人信息保护具有重要意义。

第二，个人信息处理行为合法性有利于规范个人信息处理活动。所谓个人信息处理，是指个人信息处理者实施的个人信息的收集、存储、使用、加工、传输、提供、公开、删除等活动（《个人信息保护法》第 4 条第 2 款）。从该条规定来看，其不仅列举了个人信息处理行为的典型情形，还设置了兜底规定，可见，个人信息处理行为的范围较为宽泛，只要个人信息处理者对个人信息施加了一定的影响，就可以将其纳入个人信息处理行为的范畴。个人信息处理是个人信息保护法的规范重心，因为个人信息处理行为既是发挥个人信息价值的途径，又是使个人信息面临被侵害风险的主要原因。而个人信息处理行为合法性则划定了合法处理个人信息与非法处理个人信息的界限，这就有利于有效规范个人信息处理活动。有观点认为，个人信息处理者在处理个人信息之前，需要首先确定自己依赖的个人信息处理的合法性基础，因为不同类型的合法性事由的适用具有不同的条件及限制，个人信息处理者与个人的权利义务关系也存在一些差别，所

[①] 参见杨旭：《〈个人信息保护法〉第 13 条第 1 款（个人信息处理的合法性基础）评注》，载《中国应用法学》2023 年第 6 期，第 203~204 页。

以选择妥当的合法性事由是个人信息处理者在开展个人信息处理活动之前最核心的工作。① 此种观点具有合理性，个人信息处理者行为的合法性规则也明确了个人信息处理者处理个人信息的具体规则，可以为个人信息处理者处理个人信息提供具体的行为指引。

个人信息处理行为合法性规则主要通过两种方式规范个人信息处理活动：一是鼓励方式。在个人信息处理者处理个人信息构成合法处理个人信息的情形下，法律将对个人信息处理者的行为作出肯定性评价，即便相关的个人信息处理行为在某种意义上构成对他人个人信息的一种"侵入"，法律也保护此种个人信息处理行为，个人无权请求个人信息处理者承担民事责任，这就可以使个人信息处理者对个人信息处理行为的后果具有合理的期待。同时，法律不仅保护依法处理个人信息的行为，还保护个人信息处理者基于合法处理个人信息行为而获得的利益。例如，在取得个人同意的情形下，个人信息处理者可以对相关的个人信息进行加工、使用，对于基于个人信息加工、使用而获得的利益，法律也予以保护。又如，在取得个人同意的情形下，个人信息处理者可以依法向其他个人信息处理者提供相关的个人信息，个人信息处理者基于此种个人信息共享行为而获得的利益也受法律保护。二是阻遏方式。在个人信息处理者实施的个人信息处理行为不符合法律规定的条件时，相关的个人信息处理行为构成非法处理个人信息，构成对他人个人信息等权益的侵害，该行为将受到法律的否定性评价，不仅个人信息处理者基于非法处理个人信息而获得的利益无法受到法律保护，个人还有权依法请求个人信息处理者承担民事责任。在符合法律规定的情形下，个人信息处理者甚至还需要依法承担行政责任甚至刑事责任。此种"法律效力否定性评价＋法律责任"的方式，可以有效阻遏行为人实施非法处理个人信息的行为。正是通过此种鼓励方式与阻遏方式相结合的方式，个人信息处理行为合法性制度发挥了有效规范个人信息处理活动的功能。

第三，个人信息处理行为合法性有利于促进个人信息的合理利用。个人信息保护法不仅要关注个人信息的保护，还应当关注个人信息的合理利用问题。此处的合理利用并非狭义上不需要取得个人同意而利用个人信息

---

① 参见张新宝主编：《〈中华人民共和国个人信息保护法〉释义》，人民出版社2021年版，第112页。

的情形，而是指个人信息价值的有效发挥。从域外法的规定来看，各国（地区）的个人信息保护立法在规定立法目的时，明确将个人信息的流通、利用与个人信息保护并列规定，作为个人信息保护法的立法目的之一。例如，GDPR第1条规定："1.该法规制定了在处理个人资料方面保护自然人的规则，及与个人资料自由流动有关的规则。2.本法规保护自然人的基本权利和自由，尤其是自然人保护其个人资料的权利。3.不得以保护与个人数据处理相关的自然人为由，限制或禁止个人数据在欧盟内部的自由流动。"该条将促进个人数据流动作为立法目的之一，其目的即在于促进个人数据的合理利用。在我国《民法典》的立法过程中，关于是否应当将个人信息规定为独立的具体人格权类型，学理上存在一定的争议，有观点认为，在立法中承认个人信息权，更有利于保护个人的个人信息权益。[1] 我国《民法典》最终并未规定独立的个人信息权，而将个人信息规定为一种人格利益，其目的之一也是更好地发挥个人信息的利用价值。[2] 从《民法典》《个人信息保护法》的个人信息处理合法性规则来看，为了保护个人的信息自决权，个人信息的处理原则上应当取得个人的同意，但立法在个人同意之外，又规定了几项依法处理个人信息的情形，并设置了依法处理个人信息的兜底规定，保持了依法处理个人信息事由的开放性。其目的也在于更好地促进个人信息的合理利用。当然，《民法典》《个人信息保护法》将个人同意作为依法处理个人信息的法定事由，允许个人信息处理者基于个人同意而处理个人信息。承认此种个人信息处理行为的合法性，也具有促进个人信息合理利用的功能。

三、个人信息处理行为合法性制度是数据产业健康、有序发展的重要保障

（一）数据产业的发展应当以依法处理个人信息为基本前提

随着互联网、大数据技术的发展，数据的经济价值日益凸显，数据被

---

[1] 参见王叶刚：《民法典人格权编的规则设计》，载《政治与法律》2017年第8期，第20页。
[2] 参见黄薇主编：《中华人民共和国民法典人格权编解读》，中国法制出版社2020年版，第205页。

认为是21世纪的"新石油",是经济增长的重要源泉①。有学者甚至主张,数据是"数字经济的关键生产要素"②,谁掌握了数据,谁就将获得相应的竞争优势。这都反映了数据在经济社会发展中的重要作用。在我国,自2015年4月14日成立第一家大数据交易所(贵阳大数据交易所),许多地方都相继建立了大数据交易中心或大数据交易所。为推动我国数据产业的发展,发挥数据作为生产要素的重要作用,2020年3月30日的中共中央、国务院《关于构建更加完善的要素市场化配置体制机制的意见》明确提出,要"加快培育数据要素市场",并提出了"研究根据数据性质完善产权性质"的要求。为更好地发挥数据作为重要生产要素的功能,需要有效促进数据的合法流通③,这也是数字经济快速、有序发展的基本前提。2022年12月2日,中共中央、国务院又联合发布了《关于构建数据基础制度更好发挥数据要素作用的意见》(下文简称《数据二十条》),该意见认为,"数据作为新型生产要素,是数字化、网络化、智能化的基础,已快速融入生产、分配、流通、消费和社会服务管理等各环节,深刻改变着生产方式、生活方式和社会治理方式。数据基础制度建设事关国家发展和安全大局"。可见,促进数据产业发展已经成为我国的一项重大战略。

数据产业的发展离不开对个人信息的利用。从类型上看,数据包括公共数据、企业数据与个人数据,个人数据是数据的重要类型,个人数据是个人信息在数据法层面的表达,个人信息的有效利用是数据产业发展的重要支撑。但也应当看到,不能片面地为了发展数据产业而忽略对个人信息权益的保护,依法处理个人信息应当是数据产业发展的基本前提,正如《数据二十条》指出的,"对承载个人信息的数据,推动数据处理者按照个人授权范围依法依规采集、持有、托管和使用数据,规范对个人信息的处理活动,不得采取'一揽子授权'、强制同意等方式过度收集个人信息,促进个人信息合理利用"。因此,个人信息处理行为合法性制度是数据产

---

① 参见王利明:《人格权重大疑难问题研究》,法律出版社2019年版,第711页;申卫星:《论数据用益权》,载《中国社会科学》2020年第11期,第113页。

② 参见刘权:《论个人信息处理的合法、正当、必要原则》,载《法学家》2021年第5期,第2页。

③ 参见熊巧琴、汤珂:《数据要素的界权、交易和定价研究进展》,载《经济学动态》2021年第2期,第143页。

业健康、有序发展的重要保障,下文将以企业数据为例,就个人信息处理行为合法性制度对数据产业发展的重要性予以阐释。

(二) 个人信息处理行为合法性制度对数据产业的保障作用:以企业数据为例

企业数据有广义与狭义之分:狭义的企业数据是指企业在生产、经营过程中产生的不包含个人数据的纯粹企业数据,广义的企业数据是指包含狭义企业数据与个人数据在内的数据集合。对狭义的企业数据而言,由于其处理不会对个人信息保护产生影响[①]。因此,此处使用的是广义上的企业数据的概念。以下从企业数据的保有、企业数据的利用以及企业数据的转让等方面,对企业数据的保护与个人信息处理行为合法性之间的关系进行探讨。

1. 企业数据的保有

企业行使数据权益首先体现为对企业数据的保有,这既是企业享有数据权益的具体体现,也是企业对其企业数据进行进一步利用的重要前提。在企业数据包含个人信息的情形下,企业保有相关的企业数据也应当符合个人信息保护的要求。从《民法典》《个人信息保护法》的相关规定来看,在企业数据包含个人信息的情形下,企业合法保有相关数据应当具备如下条件:一是企业保有相关数据应当经过个人的授权,二是企业在保有该企业数据时应当对个人信息尽到安全保障义务。

在企业数据包含个人信息的情形下,除法律另有规定的情形外,企业保有该数据应当取得个人的授权,因为从个人信息保护的角度来看,企业保有该数据构成个人信息处理中的存储行为。依据《民法典》第 1035 条和《个人信息保护法》第 44 条的规定,个人对其个人信息的处理享有知情权、决定权,处理个人信息原则上应当取得个人的同意。因此,企业保有包含个人信息的企业数据,原则上应当取得个人的授权,并充分保障个人在个人信息处理活动中享有的各项权利。例如,依据《个人信息保护法》第 45 条,在个人信息处理过程中,个人享有查阅、复制等权利,在企业数据中包含个人信息的情形下,个人有权查阅、复制其个人信息,企

[①] 需要指出的是,狭义的企业数据中也可能包含经过匿名化处理之后的个人信息,由于个人信息在经过匿名化处理之后,不再具有身份识别的特征,不再属于个人信息,因此其后续处理与利用并不会对个人信息保护产生影响。

业也应当为个人行使权利提供便利。同时，在企业数据包含个人信息的情形下，企业保有该数据需要对个人信息尽到安全保障义务，也是妥当平衡企业数据权益保护与个人信息保护之间关系的重要方式。虽然企业对企业数据享有权利，该权利甚至可以被界定为一种绝对权，具有排他效力[1]，但这并不意味着企业在行使该权利时不受任何限制，在企业数据包含个人信息时，企业行使数据权利的行为应当受到个人信息保护规则的限制。其理论基础就在于，我国民法典对人格权益中财产利益的保护采用一元模式，即将人格权益中的财产利益界定为人格权益的组成部分，而没有采纳美国法上的公开权模式。在一元模式下，人格权益中的经济价值是人格权益的组成部分，而非独立的财产权客体，这也使人格权益的保护可以对其包含的财产利益的利用具有较大的限制作用，从而更好地维护个人的人格尊严。[2] 具体到个人信息的情形，在企业数据包含个人信息的情形下，仅涉及个人信息的许可使用，不涉及个人信息中财产利益的转让。[3] 换言之，企业对企业数据中个人信息的利用，本质上是对相关个人信息中财产利益的利用，该利用行为不得侵害个人的个人信息权利。因此，在企业数

---

[1] 关于企业数据权益是否属于绝对权，学理上存在不同的主张。一种观点认为，数据权益作为一种新型的财产权，其在性质上应当属于绝对权，在数据权益遭受侵害时，权利人有权基于绝对权请求权请求行为人承担停止侵害、排除妨碍、消除危险等民事责任。为了使企业获得对抗特定类别主体和特定类别的行为，应当在数据之上创建具有有限排他性的准财产权。参见程啸：《企业数据权益论》，载《中国海商法研究》2024年第1期，第62页；杨翱宇：《数据财产权益的私法规范路径》，载《法律科学（西北政法大学学报）》2020年第2期，第75～76页。另一种观点认为，对数据进行确权时应当考虑促进数据的流通与共享，不应当确认相关主体对数据享有绝对性与排他性的权利，而应当根据个案提供场景化的保护。参见丁晓东：《数据到底属于谁？——从网络爬虫看平台数据权属与数据保护》，载《华东政法大学学报》2019年第5期，第69页。上述观点均有一定的合理性。笔者认为，平台数据是平台经营者一种重要的经营资源，是平台经营者取得和维持其竞争优势的重要条件，因此，为了保护平台经营者的竞争利益，允许平台经营者对其持有的数据进行相对"垄断性"的控制和支配是必要的，这也是数据产权保护途径的应有之义。

[2] 参见王叶刚：《人格权中经济价值法律保护模式探讨》，载《比较法研究》2014年第1期，第166～167页。

[3] 参见马宇飞：《企业数据权利与用户信息权利的冲突与协调——以数据安全保护为背景》，载《法学杂志》2021年第7期，第160页。

据包含个人信息的情形下,企业保有该企业数据同样应当兼顾个人信息保护的要求,不能为了片面地保护企业数据权益而忽视对个人信息权益的保护,而对企业科以保护个人信息的义务,正是妥当平衡二者关系的重要体现。

2. 企业数据的利用

企业处理个人信息的主要目的是实现对数据财产的利用,利用数据财产是发挥企业数据经济效用最为重要的一种方式。在企业数据包含个人信息的情形下,企业利用企业数据构成个人信息处理行为,应当以合法处理个人信息为基本前提。进一步而言,企业在对企业数据进行利用时,不仅原则上需要取得个人同意,而且需要符合法律规定的特殊条件。以企业利用个人信息进行自动化决策为例,为了提高经营效率和扩大竞争优势[1],企业可能利用其企业数据进行自动化决策,在企业数据包含个人信息的情形下,企业实施自动化决策行为应当保障其处理个人信息行为的合法性。一方面,企业利用个人信息进行自动化决策应当依法取得个人的同意。依据《个人信息保护法》第44条规定,个人对其个人信息的处理享有知情权和决定权,除法律、行政法规另有规定外,个人有权限制或者拒绝他人对其个人信息进行处理,因此,企业在利用个人信息进行自动化决策时,既需要告知个人对其个人信息进行自动化决策的情况,以保障其知情权,又需要取得个人的同意,以保障其决定权。企业未尽到上述义务而擅自利用个人信息进行自动化决策的,将构成对个人信息权益的侵害。另一方面,即便企业利用个人信息进行自动化决策已经取得了个人的同意,依据《个人信息保护法》第24条第1款的规定,其还应当保障决策的透明度和结果的公平、公正,不得对个人在交易价格等交易条件上实行不合理的差别待遇,否则将构成不当自动化决策。在构成不当自动化决策的情形下,企业实际上违反了个人的许可授权,因为个人只是授权企业利用其个人信息进行正当自动化决策,而未授权企业利用其个人信息进行不当自动化决策,所以该行为既违反了个人信息许可使用合同,又构成对个人信息权益

---

[1] 参见雷希:《论算法个性化定价的解构与规制——祛魅大数据杀熟》,载《财经法学》2022年第2期,第153页。

的侵害，个人有权依法请求企业承担违约责任或者侵权责任。①

企业利用数据财产的典型情形是设计或者使用相关的数据产品，其中可能涉及对个人信息的利用。所谓数据产品，是指企业对其获得的数据进行加工处理后形成的产品。② 在我国司法实践中，数据产品的利用时常引发相关的纠纷。例如，在被称为"全国首例大数据产品不正当竞争案"的"安徽美景信息科技有限公司与淘宝（中国）软件有限公司不正当竞争纠纷案"中，被告安徽美景信息科技有限公司（以下简称"美景公司"）运营的"咕咕互助平台"及"咕咕生意参谋众筹"网站，将原告淘宝（中国）软件有限公司（以下简称"淘宝公司"）数据产品中的数据内容作为自己的数据出售、传播，淘宝公司主张美景公司的行为构成不正当竞争。③ 该案的争议焦点之一就是数据产品的利用与保护。可以预见的是，在数字时代，数据产品的种类将会越来越丰富，如何有效保护数据产品，并规范企业利用数据产品的行为，成为亟须解决的现实问题。有观点认为，数据产品属于企业的财产，由于数据产品与个人信息的关联性较弱，应当承认企业对数据产品享有占有、使用、收益、处分的权能，以更好地发挥其财产功能。④

笔者认为，虽然数据产品是企业的财产，但如果数据产品的研发与设计涉及个人信息，则应当以合法处理个人信息为基本前提。具体而言：一方面，企业研发数据产品如果涉及对个人信息的利用，应当依法取得个人的同意，并符合个人信息合法处理的其他条件。企业在利用个人信息研发数据产品时，构成个人信息处理行为，依据《民法典》第 1035 条和《个人信息保护法》第 13 条的规定，企业利用个人信息研发数据产品原则上应当取得个人的同意。为了增强数据产品的应用性，企业在研发数据产品时，可能会对个人信息进行匿名化处理，此时，相关的数据产品中并不包

---

① 当然，在此种情形下，个人也有权依法主张人格权请求权，请求个人信息处理者承担停止侵害、排除妨碍、消除危险等责任。

② 参见毛立琦：《数据产品保护路径探究——基于数据产品利益格局分析》，载《财经法学》2020 年第 2 期，第 96 页。

③ 参见浙江省杭州市中级人民法院（2018）浙 01 民终 7312 号民事判决书。

④ 参见李晓珊：《数据产品的界定和法律保护》，载《法学论坛》2022 年第 3 期，第 127 页；雷震文：《数据产品财产权益保护问题研究》，载《判解研究》2019 年第 3 辑，第 133~150 页。

含个人信息，个人也不得主张对数据产品享有权利。① 但即便如此，企业在研发数据产品的过程中，可能也无法避免对个人信息的处理，此时，企业对个人信息的处理应当依法进行。例如，在前述"安徽美景信息科技有限公司与淘宝（中国）软件有限公司不正当竞争纠纷案"中，淘宝公司在设计"生意参谋"这一数据产品时，实际上是在收集网络用户浏览、搜索、收藏、交易等行为痕迹产生的巨量原始数据的基础上，借助特定的算法深度分析用户信息、数据，得出相关的预测型、统计型等衍生数据，从而为淘宝、天猫商家的网店运营提供系统的数据化参考服务。② 可见，该案中"生意参谋"这一数据产品可能并不包含个人信息，但其研发过程涉及对个人信息的处理。另一方面，企业在利用数据产品时，如果涉及个人信息的处理，同样应当依法进行。企业利用数据产品的行为与运用算法类似，甚至数据产品本身就包含了算法的运用，其主要是为了对用户的行为特征、交易习惯等进行分析与预测，这也是企业提高经营效率、获得竞争优势的重要原因。而企业在利用数据产品时，常常伴随着对用户个人信息的处理，此时，企业应当遵守依法处理个人信息的要求，如原则上应当取得个人的同意，否则将构成非法处理个人信息，个人有权依法请求企业承担民事责任。

3. 企业数据的转让

关于企业是否有权转让其数据财产，存在争议。③ 企业数据转让是发挥其经济效用的重要方式，借助市场交易规则，企业数据可以流转到最有能力发挥其经济效用的主体手中，从而更好地发挥其经济价值，因此，应当鼓励企业数据的转让，从而实现数据的流通。一方面，在企业

---

① 参见雷震文：《数据产品财产权益保护问题研究》，载《判解研究》2019年第3辑，第133～150页。

② 参见浙江省杭州市中级人民法院（2018）浙01民终7312号民事判决书。

③ 一种观点认为，企业数据主要来源于个人信息，由于个人信息涉及人格尊严与人格自由，因而对于企业数据中的个人信息，企业无权使用、收益和处分；但对于进行匿名化处理后的信息，其不再具有人格属性，而只具有财产价值，其在性质上应当属于无形财产。参见管洪博：《大数据时代企业数据权的构建》，载《社会科学战线》2019年第12期，第212页。另一种观点认为，企业对企业数据享有的权利是一种绝对权，企业有权支配和控制相关的企业数据。参见程啸：《论大数据时代的个人数据权利》，载《中国社会科学》2018年第3期，第106页。

数据包含个人信息的情形下，企业数据的转让只涉及个人信息利用权的移转，而不会导致个人信息的转让，其与个人信息的人身专属性并无冲突。另一方面，企业数据的转让并不当然影响个人信息权益的保护，在企业转让其企业数据权益的情形下，受让方有权对企业数据进行利用，只要确保受让方能够合法利用相关的个人信息，就没有必要否定企业数据的可转让性。

问题在于，在企业数据转让的情形下，如何妥当保护个人信息权益。这就需要从个人信息保护的角度界定企业数据转让的性质。笔者认为，从个人信息保护的角度观察企业数据转让问题，应当将其界定为个人信息共享行为，即《民法典》与《个人信息保护法》所规定的向他人"提供"个人信息的行为。在大数据时代，个人信息共享是一种重要的数据利用方式，也是数据流通和数据产业发展的重要基础。[①] 鉴于个人信息共享对数据产业发展的重要意义，我国《民法典》第1035条将"提供"规定为个人信息处理行为，并规定了个人信息处理者不得向他人非法提供个人信息。但个人信息的提供应当遵循何种规则，《民法典》并未作出明确规定。为解决这一问题，《个人信息保护法》就个人信息的提供规则作出了细化规定，该法第23条规定："个人信息处理者向其他个人信息处理者提供其处理的个人信息的，应当向个人告知接收方的名称或者姓名、联系方式、处理目的、处理方式和个人信息的种类，并取得个人的单独同意。接收方应当在上述处理目的、处理方式和个人信息的种类等范围内处理个人信息。接收方变更原先的处理目的、处理方式的，应当依照本法规定重新取得个人同意。"

为了保护个人信息权益，在企业数据包含个人信息的情形下，企业转让企业数据也应当遵守上述规则，具体而言：一是企业应当向个人尽到告知义务，并取得个人单独同意。依据上述规定，在企业数据包含个人信息的情形下，企业转让该数据时，应当向个人告知接收方的名称或者姓名、联系方式等信息，以更好地保障个人对其个人信息处理的知情权、决定

[①] 参见王利明：《数据共享与个人信息保护》，载《现代法学》2019年第1期，第45页。

权。① 同时，企业转让企业数据的行为还应当取得个人的单独同意，因为个人在授权企业处理其个人信息时，通常只是授权企业对其个人信息进行收集、存储、使用、加工等，而不会涉及个人信息的再次许可使用问题，此时，企业转让企业数据构成向他人提供相关的个人信息，这构成新的个人信息处理行为，企业当然应当依法取得个人的同意。如果企业之前已经通过网络服务协议或者网络隐私政策等方式就向他人提供个人信息取得了个人的同意，就不需要再次取得个人的单独同意。② 二是接收方应当在特定的处理目的、处理方式和个人信息的种类等范围内处理个人信息。在企业数据转让的情形下，虽然接收方能够取得相关的企业数据权益，但其在利用该企业数据时，应当符合依法处理个人信息的要求。依据《个人信息保护法》的上述规定，接收方在对其受让的企业数据进行利用时，对其中个人信息的处理应当在个人授权的范围内进行，否则将构成对个人信息的侵害。三是如果接收方变更原先的处理目的、处理方式，则应当依法重新取得个人的同意。在企业数据转让的情形下，虽然受让人对受让的企业数据具有广泛的利用权，但也应当受到个人信息保护规则的限制，如果受让人要变更处理个人信息的权限，则应当重新取得个人的同意。例如，如果受让人只是取得了以收集、存储、使用、加工等方式处理个人信息的权限，没有取得再次共享个人信息的权限，此时，受让人若要再次转让该企业数据，就应当重新取得个人的同意。据此，不论个人信息经过多少次共享，都不会导致个人信息权利主体的变化，也不会因此降低对个人信息保护的程度和水平。

可见，在企业数据包含个人信息的情形下，无论企业以何种方式行使数据权益，都应当以合法处理个人信息为前提，而个人信息处理行为合法性制度则可以明确依法处理个人信息的条件，划定依法处理个人信息与非法处理个人信息的界限，从而为企业数据的保护提供明确的标准。这对于保障数据利用行为、数据交易行为的可预期性，保障数据产业的健康、有序发展等，均具有重要的意义。

---

① 参见常宇豪：《论信息主体的知情同意及其实现》，载《财经法学》2022年第3期，第90页。

② 有学者主张，为了保护个人信息权益，应当严格限制企业通过概括授权的方式取得处理个人信息的权限。此种观点具有合理性。参见王利明：《数据共享与个人信息保护》，载《现代法学》2019年第1期，第53页。

第二节 个人信息处理行为合法性事由的界定

一、《民法典》与《个人信息保护法》关于个人信息处理行为合法性事由规定的比较

1.《民法典》关于个人信息处理行为合法性事由的规定

《民法典》在规定个人信息处理行为的合法性规则时，一方面规定了依法处理个人信息应当遵循的规则，如《民法典》第1035条第1款规定："处理个人信息的，应当遵循合法、正当、必要原则，不得过度处理，并符合下列条件：（一）征得该自然人或者其监护人同意，但是法律、行政法规另有规定的除外；（二）公开处理信息的规则；（三）明示处理信息的目的、方式和范围；（四）不违反法律、行政法规的规定和双方的约定。"该条确立了依法处理个人信息应当具备的条件。

另一方面，《民法典》还明确规定了依法处理个人信息的事由，具体包括如下两项规范：一是人格利益合理使用规则。《民法典》第999条规定："为公共利益实施新闻报道、舆论监督等行为的，可以合理使用民事主体的姓名、名称、肖像、个人信息等；使用不合理侵害民事主体人格权的，应当依法承担民事责任。"该条规定了为公共利益实施新闻报道、舆论监督等行为时合理使用人格利益的规则，其中包括对个人信息的合理使用，此种情形属于依法处理个人信息的特殊情形。二是个人信息处理行为合法性事由的集中规定。《民法典》第1036条规定："处理个人信息，有下列情形之一的，行为人不承担民事责任：（一）在该自然人或者其监护人同意的范围内合理实施的行为；（二）合理处理该自然人自行公开的或者其他已经合法公开的信息，但是该自然人明确拒绝或者处理该信息侵害其重大利益的除外；（三）为维护公共利益或者该自然人合法权益，合理实施的其他行为。"该条明确列举了依法处理个人信息的各种具体情形，为依法处理个人信息提供了较为明确的法律依据。

2.《个人信息保护法》关于个人信息处理行为合法性事由的规定

关于依法处理个人信息应当具备的条件，《个人信息保护法》在总则、个人信息处理规则部分对《民法典》第1035条第1款的规定作出了较为细化的规定。同时，《个人信息保护法》也集中规定了依法处理个人信息的事由。该法第 13 条规定:"符合下列情形之一的,个人信息处理者方可处理个人信息:(一)取得个人的同意;(二)为订立、履行个人作为一方当事人的合同所必需,或者按照依法制定的劳动规章制度和依法签订的集体合同实施人力资源管理所必需;(三)为履行法定职责或者法定义务所必需;(四)为应对突发公共卫生事件,或者紧急情况下为保护自然人的生命健康和财产安全所必需;(五)为公共利益实施新闻报道、舆论监督等行为,在合理的范围内处理个人信息;(六)依照本法规定在合理的范围内处理个人自行公开或者其他已经合法公开的个人信息;(七)法律、行政法规规定的其他情形。依照本法其他有关规定,处理个人信息应当取得个人同意,但是有前款第二项至第七项规定情形的,不需取得个人同意。"该条明确列举了个人信息处理者依法处理个人信息的各种情形,个人信息处理者主张其个人信息处理行为具有合法性时,必须举证证明其行为至少符合上述一种合法性事由的要件。

3. 《个人信息保护法》与《民法典》关于个人信息处理行为合法性事由规定的异同

从前述《个人信息保护法》与《民法典》的规定来看,二者有关个人信息处理行为合法性事由的规定具有一定的相似之处:一方面,二者均规定了多种个人信息处理行为的合法性事由,而没有限定为某一特定类型的合法性事由;另一方面,二者均规定了个人同意与个人同意之外这两大类依法处理个人信息的事由。此外,二者在具体列举各种个人信息处理行为合法性事由的同时,均设置了兜底性规定,保持了依法处理个人信息事由的开放性。但《个人信息保护法》与《民法典》关于依法处理个人信息事由的规定也存在一定的区别。具体论述如下。

一方面,《个人信息保护法》规定的依法处理个人信息的事由在形式上更为多样化。从《个人信息保护法》与《民法典》的规定来看,二者规定的依法处理个人信息的事由存在部分重合。但与《民法典》的规定相比,《个人信息保护法》新增了如下三种事由:一是为订立、履行个人作为一方当事人的合同所必需,或者按照依法制定的劳动规章制度和依法签订的集体合同实施人力资源管理所必需;二是为履行法定职责或者法定义务所必需;三是为应对突发公共卫生事件,或者紧急情况下为保护自然人的生命健康和财产安全所必需。因此,与《民法典》相比,《个人信息保护法》规定的个人信息处理行为合法性事由在形式上更为丰富。

另一方面，二者所规定的依法处理个人信息事由的开放性程度不同。《民法典》《个人信息保护法》在规定依法处理个人信息的事由时，都设置了兜底性规定，依据《民法典》第 1036 条第 3 项，"为维护公共利益或者该自然人合法权益，合理实施的其他行为"也属于依法处理个人信息的事由。这就保持了依法处理个人信息事由的开放性。[①] 至于为维护公共利益或者该自然人的合法权益究竟包括哪些情形，该条并没有作出明确规定。依据《个人信息保护法》第 13 条第 1 款第 7 项规定，"法律、行政法规规定的其他情形"也属于依法处理个人信息的情形。该规则同样保持了依法处理个人信息事由的开放性。

虽然《民法典》第 1036 条第 3 项与《个人信息保护法》第 13 条第 1 款第 7 项均属于依法处理个人信息事由的兜底性规则，但二者的开放性程度存在一定的区别：依据《个人信息保护法》第 13 条第 1 款第 7 项的规定，只有法律、行政对相关的事由作出了规定，该事由才能成为依法处理个人信息的事由，个人信息处理者在依据规则主张其个人信息处理行为具有合法性时，应当举证证明法律、行政法规存在具体的规定。这实际上限定了依法处理个人信息事由的范围。因此，该规则只是使依法处理个人信息的事由保持了一种有限的开放性，或者说其形式上是一种开放性、兜底性规定，但实质上是一种封闭式规定。而依据《民法典》第 1036 条第 3 项规定，如果为维护公共利益或者该自然人的合法权益，个人信息处理者就可以合理实施个人信息处理行为，该规定中的"公共利益"在性质上属于不确定概念，而对于该规定中的"该自然人的合法权益"究竟包括哪些合法权益，该条也没有作出具体规定。因此，《民法典》第 1036 条第 3 项作为依法处理个人信息合法事由的兜底规定，真正保持了依法处理个人信息事由的开放性，其范围大于《个人信息保护法》第 13 条第 1 款第 7 项规定的依法处理个人信息的合法性事由。

二、个人信息处理行为合法性事由的具体类型

（一）《民法典》与《个人信息保护法》中个人信息处理行为合法性规则的适用关系

如前所述，关于依法处理个人信息的事由，《个人信息保护法》与

[①] 参见黄薇主编：《中华人民共和国民法典人格权编解读》，中国法制出版社 2020 年版，第 221 页。

《民法典》的规定既存在重合之处,也存在不同之处,具体而言:二者规定的依法处理个人信息的事由主要体现为三种。

一是重合的事由。从《个人信息保护法》与《民法典》的规定来看,二者规定的依法处理个人信息的重合的事由包括三项,即"为公共利益实施新闻报道、舆论监督等行为,在合理范围内处理个人信息""基于个人同意处理个人信息""合理处理该自然人自行公开或者其他已经合法公开的个人信息"。对于这三项依法处理个人信息的事由,《个人信息保护法》与《民法典》的规定只是在文义上存在细微差别,但整体上保持了一致。

二是《个人信息保护法》新增的事由。从《个人信息保护法》与《民法典》的规定来看,《个人信息保护法》新增的事由包括三项,即"为订立、履行个人作为一方当事人的合同所必需,或者按照依法制定的劳动规章制度和依法签订的集体合同实施人力资源管理所必需""为履行法定职责或者法定义务所必需""为应对突发公共卫生事件,或者紧急情况下为保护自然人的生命健康和财产安全所必需"。《民法典》并未对这三项事由作出规定,其均是《个人信息保护法》新增的事由。

三是《个人信息保护法》与《民法典》规定的事由虽为同一类型,但二者规定的是不同的事由。它是指个人信息处理行为合法性事由的兜底规定,如前所述,虽然《民法典》与《个人信息保护法》均就个人信息处理行为合法性事由设置了兜底规定,但二者存在一定的区别,在范围和开放性程度上,《民法典》的兜底规定要大于《个人信息保护法》的。

关于前述第一种《个人信息保护法》与《民法典》规定重合的事由,不论《民法典》与《个人信息保护法》的适用关系如何,毫无疑问,其应当成为依法处理个人信息的事由;关于《民法典》未规定而《个人信息保护法》新增的事由,无论是将《个人信息保护法》与《民法典》界定为新法与旧法的关系,还是将二者界定为特别法与一般法的关系,《个人信息保护法》新增的事由都应当可以适用,都应当成为依法处理个人信息的事由。但关于前述第三种事由,即《个人信息保护法》与《民法典》规定的兜底规则,确定二者的适用关系需要在《民法典》与《个人信息保护法》的关系这一更为宏观的框架下进行探讨。

关于《个人信息保护法》与《民法典》的关系,学理上存在不同的观点。一种观点认为,《个人信息保护法》与《民法典》的性质不同,二者之间不存在太大关联性，因为个人信息在性质上是公法上的权利，其使个人信息主体可以对抗信息控制者处理个人信息的行为；在个人信息遭受侵害时，也主要产生公法上的法律责任。[①] 按照此种观点，《个人信息保护法》与《民法典》并不存在太大的关联性，不需要过多考虑二者之间的适用关系。笔者认为，此种观点并不妥当，虽然个人信息保护受公法规则的规范，但并不能据此否定其私权属性，法律保护个人信息权益旨在保护个人的信息自决权，维护个人的人格尊严，我国《民法典》已明确将个人信息规定为一种人格利益，并确立了个人信息保护的基本框架，这也是《个人信息保护法》的许多规则在民事基本法层面的立法依据。《个人信息保护法》属于领域法[②]，并非纯粹的私法，但其许多规则都具有私法属性。据学者统计，《个人信息保护法》全部74个条文中，约有53条属于私法规范。[③] 也正是因为这一原因，在《个人信息保护法》与《民法典》规定不一致时，需要妥当协调二者之间的关系。

另一种观点认为，个人信息是《民法典》确认的人格利益，《个人信息保护法》中的私法规范与《民法典》的规范之间是特别法与一般法的关系，《民法典》确立了个人信息保护的基本框架和原则，这也是《个人信息保护法》立法的基本法律依据，《个人信息保护法》的适用应当在《民法典》的框架体系中展开。[④] 按照此种观点，在《个人信息保护法》与《民法典》规定不一致时，《个人信息保护法》的规定作为特别法，应当优先适用。就前述个人信息处理行为合法性事由的兜底规则而言，《个人信息保护法》的规则应当优先适用。

还有观点认为，《个人信息保护法》与《民法典》在调整范围与调整方法上存在一定的差异，因此，不应简单地将二者的关系界定为特别法与一般法的关系，而应当进行类型化分析，具体包括如下情形：一是《个人

[①] 参见周汉华：《个人信息保护的法律定位》，载《法商研究》2020年第3期，第52页。

[②] 参见黄智杰：《违法处理个人信息行政责任与民事责任的衔接》，载《法律科学》2024年第3期，第116页。

[③] 参见王利明：《论〈个人信息保护法〉与〈民法典〉的适用关系》，载《湖湘法律评论》2021年第1期，第25页。

[④] 参见王利明：《论〈个人信息保护法〉与〈民法典〉的适用关系》，载《湖湘法律评论》2021年第1期，第26～27页。

信息保护法》的部分规则是对《民法典》规则的丰富与发展；二是《个人信息保护法》的部分规则的适用需要结合《民法典》的相关规定；三是《个人信息保护法》的规则相对于《民法典》的规则是特别规定，应当优先适用；四是《个人信息保护法》的部分规则与《民法典》具有不同的规范目的，二者应当分别适用于不同的情形。就个人信息处理行为合法性事由规则而言，《个人信息保护法》第13条关于个人信息处理行为合法性的规则是对《民法典》相关规则的丰富与发展。① 虽然此种观点认为《个人信息保护法》关于个人信息处理行为合法性事由的规定是对《民法典》规定的丰富与发展，但对二者规定不一致时，如何确定其优先适用关系，此种观点并未作出明确回答。

  笔者认为，就个人信息处理行为合法性事由规则而言，应当将《个人信息保护法》与《民法典》的关系界定为新法与旧法以及特别法与一般法的关系，即在二者就同一事项规定不一致时，应当优先适用《个人信息保护法》的规则。原因在于：一方面，在《民法典》已经就某种个人信息处理行为合法性事由作出规定的情形下，《个人信息保护法》再次对该事项作出规定，且该规定与《民法典》的规定不一致，这表明立法者就该事项的认识发生了一些变化，此时应当适用新法规定的规则。另一方面，《民法典》在性质上属于民事基本法，就个人信息保护而言，其规定的是个人信息保护的一般性规定；而《个人信息保护法》是有关个人信息保护的领域法，对个人信息保护的规定更为体系化，也更为具体，这也是《个人信息保护法》规定的依法处理个人信息的事由较《民法典》更为丰富和具体的重要原因。因此，将《个人信息保护法》有关依法处理个人信息事由的规则界定为《民法典》规定的特别规定，符合二者的规范特点。

  除上述理由外，就前述《民法典》与《个人信息保护法》中有关个人信息处理行为合法性事由的兜底规定而言，优先适用《个人信息保护法》的规定也更符合个人信息处理行为法定合法事由的特征：个人信息处理行为合法性事由的兜底规定在性质上属于依法处理个人信息的情形，是基于个人同意处理个人信息的例外情形，此种例外情形的适用应当受到严格限

---

① 参见程啸：《论〈民法典〉与〈个人信息保护法〉的关系》，载《法律科学（西北政法大学学报）》2022年第3期，第20～30页。

制；换言之，个人信息处理者在基于此种兜底规定处理个人信息时，并不需要取得个人的同意，因此，从保护个人信息自决权这一立法政策出发，应当对包含此类兜底规定在内的依法处理个人信息事由的适用条件和适用范围作出严格限定，否则可能构成对个人同意规则的不当冲击。而如前所述，从《民法典》第1036条的兜底规定来看，无论是"公共利益"还是"自然人合法权益"，其内涵和范围都过于宽泛，将其作为依法处理个人信息的事由，会使依法处理个人信息的条件过于宽松，这不仅使相关个人信息处理行为是否符合该兜底规定变得难以判断，从而影响个人信息权益的保护，还可能赋予个人信息处理者过大的处理个人信息的权利，并在一定程度上架空个人同意这一处理个人信息的基本规则。而从《个人信息保护法》第13条的兜底规定来看，其虽然没有明确规定依法处理个人信息的条款，而是采用了引致条款的方式，将其他依法处理个人信息的事由交由法律、行政法规作出具体规定，但在法律、行政法规对特定依法处理个人信息的事由作出规定后，其适用条件也会相对明确。此种依法处理个人信息兜底条款的规范方式看似开放，实则封闭，更符合依法处理个人信息法定事由的特征。据此，就《民法典》与《个人信息保护法》有关个人信息处理行为合法性事由的兜底规定而言，应当优先适用《个人信息保护法》的规定。

（二）个人信息处理行为合法性事由的两大类型

基于前文分析，从《民法典》与《个人信息保护法》关于个人信息处理行为合法性事由的规定来看，应当以《个人信息保护法》的规定为依据认定依法处理个人信息的事由。当然，此种立场并不意味着否定《民法典》的规定，因为《个人信息保护法》关于个人信息依法处理事由的规定主要是对《民法典》规定的丰富和发展，只是在依法处理个人信息的兜底规则方面作出了不同的规定。据此，可以将依法处理个人信息的事由区分为两大类：一是基于个人同意处理个人信息。此种情形为依法处理个人信息的一般情形，也是最为常见的情形。二是基于法律规定处理个人信息。此种属于依法处理个人信息的例外情形，其适用应当符合法律规定的条件。此外，《民法典》与《个人信息保护法》均对个人信息的匿名化处理规则作出了规定，个人信息的匿名化处理可以消除个人信息与个人身份的关联性，从而消除相关信息利用中的隐私与个人信息等风险，其在性质上也应当属于依法处理个人信息的事由。

第二章 基于个人同意处理个人信息

第一节 个人同意作为依法处理个人信息的事由

一、个人同意概述

（一）比较法上的个人同意规则概览

个人同意规则是个人信息保护的基本规则，据学者考证，最早确认个人同意规则的是1970年德国黑森州的《数据保护法》。[①] 从域外法的规定来看，各国大多确认了个人信息处理中的个人同意规则。当然，从各国（地区）的立法规定来看，其规定个人同意规则的做法存在一定的区别，具体而言主要有如下三种做法：

一是将个人同意与其他依法处理个人信息的事由合并规定。有的国家和地区在规定个人信息

[①] 参见程啸：《个人信息保护法理解与适用》，中国法制出版社2021年版，第119页。

处理合法性事由时,将个人同意与其他合法性事由合并规定。例如,《韩国个人信息保护法》第 15 条对个人信息的收集和利用规则作出了规定,依据该条第 1 款第 1 项规定,在"经过信息主体同意的情形"下,个人信息处理者可以收集个人信息,并在其收集目的范围内使用。该条第 1 款第 2~7 项对各种不需要个人同意处理个人信息的法定情形作出了规定。又如,GDPR 第 6 条第 1 款在列举个人信息个人数据处理的合法性事由时,在第 a 项即将"数据主体同意其个人数据为一个或者多个特定目的而处理"作为个人数据处理的合法性事由。该条第 1 款第 b~f 项对各类依法处理个人信息的情形作出了规定。

二是单独规定个人同意规则。有的国家(地区)在规定个人同意规则时,为了凸显个人同意在个人信息处理合法性事由中的基础性地位,单独规定了个人同意规则。例如,《日本个人信息保护法》第 16 条对个人信息处理的合法性事由作出了规定,该条前两款规定:"个人信息处理业者不得未事先取得本人的同意,而超出达到依照前一条的规定所特定的利用目的所必要的范围,处理个人信息。个人信息处理业者在因合并或其他事由而从其他个人信息处理业者处承受业务并取得个人信息后,不得未事先取得本人的同意,而超出达到业务承受前该个人信息的利用目的所必要的范围,处理个人信息。"该款规定专门就个人同意规则作出了较为具体的规定,该条第 3 款对不需要个人同意而处理个人信息的规则作出了规定。又如,《意大利个人数据保护法》第 23 条和第 24 条分别对基于个人同意处理个人数据的规则与不需要个人同意处理个人数据的规则作出了规定,该法第 23 条规定:"1. 私人实体或营利性公共机构对个人数据的处理只有在数据主体明确同意的情况下才被允许。2. 数据主体的同意可以指整个处理,也可以指其中的一项或多项操作。3. 数据主体的同意仅在以下情况下才被视为有效:就明确标识的处理操作自由而具体地给予,如果以书面形式记录在案,并且如果数据主体已获得上述信息。4. 如果处理涉及敏感数据,应以书面形式给予同意。"该法第 24 条对各类依法处理个人数据的规则作出了规定。再如,《爱沙尼亚个人数据保护法》第 10 条对处理个人数据的许可规则作出了规定,依据该条第 1 项规定,"除非法律另有规定,否则只有在数据主体同意的情况下才允许处理个人数据"。该法同样将个人同意作为依法处理个人数据的一般情形。

三是并未将个人同意作为依法处理个人信息的一般规则。有的国家

25

（地区）的个人信息保护法立法在规定个人同意规则时，并未将个人同意作为个人信息处理的一般性规则。例如，美国尚未制定统一的个人信息保护法，而是在各个特别领域制定了相关的个人信息保护法律，其个人信息保护主要是通过市场和行业自律的方式实现的①，美国法在调整个人信息时，更注重对个人信息的利用②，因此，其并没有将个人同意作为处理个人信息的基础性规则。《美国统一个人数据保护法》第 8 条规定了不相容的数据实践规则③，该条第 b 款规定："在收集数据主体的个人数据时，控制者向数据主体提供的通知与信息足以使数据主体认识到不相容数据实践的本质，并且赋予数据主体合理的不予同意的机会的，该控制者可以以不相容数据实践的方式处理个人数据，但是其中不得包含敏感数据。"该条第 c 款规定："控制者不得以不相容数据实践的方式处理数据主体的敏感信息，除非每一个数据实践均取得信息主体的明确同意并且签名记录（a signed record）。"从该法规定来看，除个人予以拒绝外，数据控制者原则上可以处理敏感数据之外的其他个人数据。

　　从上述各国（地区）的规定来看，除个别国家（地区）并未将个人同意作为依法处理个人信息的一般规则外，绝大多数国家和地区都对个人同意规则作出了规定，而且从各国（地区）的规定来看，有的国家将个人同意规定为与其他依法处理个人信息的事由相并列的事由，凸显了个人同意在依法处理个人信息事由中的重要地位；有的国家（地区）的立法虽然没有单独规定个人同意规则，但其在规定依法处理个人信息的事由时，也将个人同意规则规定在各类依法处理个人信息的事由之首，这同样凸显了个人同意在依法处理个人信息事由体系中的重要地位。比较法上各国（地区）的做法具有合理性，其符合个人信息保护的基本原理，体现了强化个

---

　　① 参见王利明：《论个人信息权的法律保护——以个人信息权与隐私权的界分为中心》，载《现代法学》2013 年第 4 期，第 62~72 页。

　　② 参见石佳友：《网络环境下的个人信息保护立法》，载《苏州大学学报（哲学社会科学版）》2012 年第 6 期，第 85~96 页。

　　③ 该条区分了相容的数据实践和不相容的数据实践。从该法第 7 条规定来看，相容的数据实践主要是指依法律规定处理个人数据的情形，数据控制者在从事相容的数据实践时，并不需要取得数据主体的同意。从该法第 8 条规定来看，不相容的数据实践主要是指相容的数据实践与禁止的数据实践之外的数据实践，其主要是指应当依法取得个人同意的数据处理行为。

人信息自决权利保护的立法理念。

(二) 我国法上个人同意的规范发展

随着互联网、大数据产业的发展，个人信息的经济价值日益凸显，各类处理个人信息的行为以及由此引发的纠纷逐渐增多，我国相关立法也日益重视调整个人信息保护问题。关于个人信息处理活动中的个人同意，2012年的全国人民代表大会常务委员会《关于加强网络信息保护的决定》首次规定了个人信息处理中的个人同意规则。该决定第2条第1款规定："网络服务提供者和其他企业事业单位在业务活动中收集、使用公民个人电子信息，应当遵循合法、正当、必要的原则，明示收集、使用信息的目的、方式和范围，并经被收集者同意，不得违反法律、法规的规定和双方的约定收集、使用信息。"该条明确规定了个人信息的收集、使用应当经被收集者同意，并将被收集者同意作为个人信息收集、使用的必要条件。2017年施行的《网络安全法》也对个人同意规则作出了规定，该法第41条规定："网络运营者收集、使用个人信息，应当遵循合法、正当、必要的原则，公开收集、使用规则，明示收集、使用信息的目的、方式和范围，并经被收集者同意。网络运营者不得收集与其提供的服务无关的个人信息，不得违反法律、行政法规的规定和双方的约定收集、使用个人信息，并应当依照法律、行政法规的规定和与用户的约定，处理其保存的个人信息。"依据该规定，网络运营者在收集、使用个人信息时，应当经被收集者同意；网络运营者在处理其保存的个人信息时，应当依据法律、行政法规和用户的约定。这实际上也要求个人信息的处理原则上应当取得用户的同意。同时，《网络安全法》还就网络用户个人信息共享情形下的个人同意规则作出了规定，该法第42条第1款规定："网络运营者不得泄露、篡改、毁损其收集的个人信息；未经被收集者同意，不得向他人提供个人信息。但是，经过处理无法识别特定个人且不能复原的除外。"个人信息共享行为性质上也属于个人信息处理行为，该条要求网络运营者在实施个人信息共享行为时应当取得个人同意，具有合理性，其实际上也是前述个人同意规则的一种具体化，该条对个人信息共享情形下的个人同意规则作出规定，不仅具有价值宣示意义，其也明确了网络运营者实施个人信息共享行为应当具备的条件，对于规范网络运营者共享用户个人信息的行为、强化个人信息保护具有重要意义。

在总结上述立法经验的基础上，《民法典》也对个人信息处理中的个

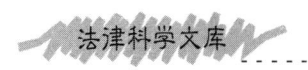

人同意规则作出了规定，依据《民法典》第1035条的规定，在个人信息处理者处理个人信息时，除法律、行政法规另有规定外，应当征得个人或者其监护人的同意。同时，《民法典》第1036条在规定个人信息处理行为的合法性事由时，也首先规定了个人同意规则。此外，《民法典》第1038条还规定了个人信息共享情形下的个人同意规则，该条第1款规定："信息处理者不得泄露或者篡改其收集、存储的个人信息；未经自然人同意，不得向他人非法提供其个人信息，但是经过加工无法识别特定个人且不能复原的除外。"

《个人信息保护法》同样对个人同意这一个人信息处理的基本规则作出了规定，从该法的规定来看，共有13个条文直接规定了个人同意规则（第13～16条、第22条、第23条、第25～27条、第29条、第31条、第39条、第47条），其范围涉及个人信息处理的规则（一般规定、敏感个人信息的处理规则）、个人信息跨境提供的规则、个人在个人信息处理活动中的权利等内容，具体包括个人信息处理行为的合法性、个人撤回同意、个人信息共享、个人单独同意、个人书面同意、个人信息公开、已公开个人信息的处理、个人信息跨境流动、敏感个人信息的处理、未成年人个人信息保护、个人信息的删除等内容。《个人信息保护法》中，虽然其他内容没有直接规定个人同意规则，但许多规则也涉及个人同意规则。例如，该法第一章（总则）规定了个人信息保护的基本规则，该法第5条规定："处理个人信息应当遵循合法、正当、必要和诚信原则，不得通过误导、欺诈、胁迫等方式处理个人信息。"该原则涉及个人同意规则，如个人信息处理者通过欺诈、胁迫等方式使个人作出同意的，将影响个人同意的效力，并进而影响个人信息处理行为的合法性。又如，该法第七章规定了法律责任，该章第66条规定了违反该法规定处理个人信息的法律责任，也涉及个人同意规则，如个人信息处理者违反个人同意规则处理个人信息，其需要依据该规则承担法律责任。可见，个人同意规则作为个人信息保护的基本规则，是个人信息保护法的主线性规则，贯穿于《个人信息保护法》的全文，《个人信息保护法》对个人同意规则作出了系统、全面的规定，极大地丰富和发展了个人信息处理中的个人同意规则，对于强化个人信息权益保护、规范个人信息处理行为具有重要意义。

除上述立法和有关法律问题、重大问题的决定外，有关的行政法规、行政规章以及司法解释等也对个人同意规则作出了规定。例如，《生成式人工智能服务管理暂行办法》第 7 条规定，生成式人工智能服务提供者应当依法开展预训练、优化训练等训练数据处理活动，"涉及个人信息的，应当取得个人同意或者符合法律、行政法规规定的其他情形"。该条对生成式人工智能训练数据处理活动中的个人信息保护规则作出了规定，该条要求生成式人工智能服务提供者在实施该活动时应当依法取得个人同意，此种规定具有合理性，因为生成式人工智能在训练数据处理活动时，如果涉及个人信息，则其在性质上属于个人信息处理行为，除法律另有规定的情形外，该行为原则上应当取得个人的同意。又如，《征信业务管理办法》第 13 条规定："征信机构通过信息提供者取得个人同意的，信息提供者应当向信息主体履行告知义务。"该条对征信机构通过信息提供者取得个人同意时信息提供者的告知义务作出了规定。再如，依据最高人民法院《关于审理使用人脸识别技术处理个人信息相关民事案件适用法律若干问题的规定》（下文简称《人脸识别处理个人信息司法解释》）第 2 条的规定，信息处理者"基于个人同意处理人脸信息的，未征得自然人或者其监护人的单独同意，或者未按照法律、行政法规的规定征得自然人或者其监护人的书面同意"的，人民法院应当认定属于侵害自然人人格权益的行为。该条对人脸信息处理中的个人同意规则作出了规定，该条所规定的单独同意、书面同意等规则，均是个人同意规则的增强保障措施，其意在强化对个人人脸信息的保护。

从前述规定可以看出，我国法上个人同意规则的发展主要具有三个特征。

第一，从无到有，个人同意的体系日益完善。在大数据分析技术蓬勃发展之前，个人信息保护的必要性并未凸显，其主要是作为隐私权的客体受到法律保护的对象，但随着大数据分析技术的发展，个人信息保护的必要性也日益突出，自 2012 年的全国人民代表大会常务委员会《关于加强网络信息保护的决定》首次规定了个人信息处理中的个人同意规则以来，我国法上个人信息处理中的个人信息规则日益完善，《民法典》尤其是《个人信息保护法》，对个人同意规则作出了较为体系化的规定，确立了个人信息保护的基本规则；除《民法典》《个人信息保护法》外，有关的行政法规、行政规章以及司法解释等也对特殊情形下的个人信息处理中个人同意规则作出了规定，从而初步形成了由法律、行政法规、部门规章、司法解释等多个位阶的法律规范所构成的个人同意规则的规范体系。

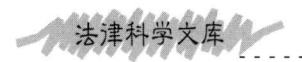

第二，从简到繁，个人同意的规则日益丰富。我国早期的个人信息处理中的同意规则较为简略，其侧重于宣示个人信息处理活动应当经个人同意这一价值理念，没有规定较为细化的个人同意规则。随着个人信息处理实践的发展，我国法上的个人同意规则也日益丰富。例如，《个人信息保护法》除规定个人同意的一般规则外，还对个人信息共享、敏感个人信息处理、个人信息跨境流动等情形规定了特殊的个人同意规则；同时，《个人信息保护法》还细化了同意的形式，专门规定了个人单独同意、个人书面同意等特殊规则。除此之外，相关行政法规、司法解释等也就特殊个人信息处理场景下的个人同意规则作出了细化规定。可以预见的是，随着个人信息处理活动的发展，我国法上的个人信息处理中的个人同意规则将日益丰富。

第三，将个人同意规则作为最为重要的个人信息处理合法性事由加以规定。从前述立法规定来看，无论是《民法典》《个人信息保护法》，还是相关的部门规章、司法解释等法律规范，都将个人同意作为最为重要的个人信息处理规则加以规定，其他依法处理个人信息的规则不过是个人同意规则的例外情形，即只要法律、行政法规没有对个人信息处理者处理个人信息的规则作出特别规定，个人信息处理者处理个人信息前都应当取得个人同意。

（三）个人同意作为依法处理个人信息事由的理论基础

从前述立法来看，无论是域外的个人信息保护法律制度，还是我国的个人信息保护法，均将个人同意作为依法处理个人信息最为重要的基础，此种做法具有合理性，其符合个人信息保护的特点。具体而言，个人同意作为依法处理个人信息事由的理论基础主要包括如下两点：一是维护个人的人格尊严，二是保护以人格尊严为基础的个人信息自决权利。

1. 个人同意的理论基础之一：维护个人的人格尊严

人格尊严是指作为法律主体得到承认和尊重的法律地位，是人作为人应当受到的尊重。[①] 人格尊严是人作为社会关系主体的基本前提，是人格权法律制度的基石[②]，人格权制度的构建是以人格尊严的尊重与保护为中心而展开的。受传统伦理哲学观念的限制，人格尊严最初仅具有消极的内

[①] 参见王利明：《人格权重大疑难问题研究》，法律出版社2019年版，第246页。
[②] 参见董和平等：《宪法学》，法律出版社2000年版，第393页。

涵，其效力主要体现为人格尊严消极地不受侵害，并不具有积极利用的内涵。① 按照康德伦理哲学的观点，没有理性的东西只具有一种相对的价值，只能作为手段，因此叫做物；而有理性的生灵叫做人，因为人以其本质为目的本身，而不能仅仅作为手段来使用。② 人作为法权的主体，是他自己的主人，但不是他自己的所有者，人不能像支配财产一样随意处分自己，包括自己的身体，否则将导致"人之非人"③。康德提出的"人是目的"的思想成为尊重和保护人格尊严的哲学基础。由这一论点可以推出，人是法律的主体，是法律的目的，不能作为法律的手段，不能成为利用的对象。因此，人格尊严仅具有消极防御的效力，并不具有积极利用的内涵。为了防止"人的物化"，个人不能积极利用其生命、身体等人身利益。

但是，自19世纪末到20世纪中叶，世界政治经济格局发生巨大变迁，两次世界大战极大地冲击了旧有的社会观念和哲学体系，尤其在政治哲学和法律领域，反思与重建在战后成为一种趋势。以德国为例，在纳粹时代，纳粹政府主张"民族全体"高于一切，以虚拟的集体权威反对个体人格，将对个体人格的维护视为对民族整体利益的损害，并在法律领域取消了人格权。④ 纳粹德国败亡之后，德国思想界和学术界进行了深入而系统的反思，并逐步取得共识，认为传统意义上人格尊严消极地不受侵犯难以充分保障个人人格尊严，人格尊严的内涵发生了扩展，逐渐具有人格自由发展的内涵。例如，《德国基本法》第2条第1款规定："只要未侵犯他人的权利，未抵触宪法规定以及未违背善良风俗，那么任何人都有权使其人格自由地形成和发展。"1948年的《世界人权宣言》第1条规定："人

---

① 参见王利明：《人格权法中的人格尊严价值及其实现》，载《清华法学》2013年第5期，第7页。

② 参见［德］伊曼努尔·康德：《道德形而上学原理》，苗力田译，上海人民出版社2005年版，第53页。

③ 参见朱高正：《康德的自然法学——自由与和平的哲学》，载郑永流主编：《法哲学与法社会学论丛》（第二辑），中国政法大学出版社2000年版，第279页。

④ 德国民族社会党（纳粹党）的主张是："人民全体的利益高于一切……据此，任何人都对于人民全体具有某种价值；此种价值相互配合，并可以根据其文化上、经济上和道德上的贡献进行计量，但于此亦须考虑其负面，也即，若某人与人民为敌或其行为有害于人民，则此种价值会有所降低甚至消失。"Heinz Hermann, *Das Allgemeine Persönlichkeitsrecht*, Walter, 1935, S. 26.

人生而自由，在尊严和权利上一律平等……"学者也逐渐就人格尊严包含人格自由发展这一内涵达成共识。"人格自由发展"与"人格尊严不受侵犯"一起，共同构成了人格尊严的内涵。这也是学者所称的人格尊严的"积极面向"和"消极面向"[①]。与此相应，人格权制度也发生了一些变化，在人格权的效力方面，人格权逐渐具有积极利用的权能，如个人逐渐具有自主和自我决定的权利，人格权由消极防御性的权利逐渐转变为一项主观权利。[②] 如 Ahrens 认为，应该从更深的视角去理解人格权，人格权的效力并不仅仅在于保护个人的人格权免遭他人的侵害，还在于保护个人自我决定的可能，即在最大程度上保障个人自我实现。[③] 在具体人格权的类型方面，随着人格权中积极利用和自主决定权能的发展，人格权的内涵逐渐丰富。除传统的肖像权、姓名权之外，一些新的人格权也不断出现，如隐私权、名誉权、个人信息权、信用权等。

在个人信息处理活动中，将个人信息作为个人信息处理行为合法性的基础，本质上是为了维护个人的人格尊严。个人信息作为一项人格利益，其与个人的人格尊严保护存在直接关联，对个人信息的保护彰显的正是对个人人格尊严的保护。[④] 就前述人格尊严的消极面向而言，强调个人信息处理行为原则上应当取得个人同意，有利于防止行为人未经许可擅自处理他人的个人信息，从而维护个人的个人信息权益、隐私权等权益不受侵害。而就人格尊严的积极面向而言，将个人同意作为个人信息处理活动的合法性基础，不仅承认了个人信息的积极利用权能，而且能够使个人积极控制其个人信息的利用行为，即个人有权自主决定由哪些个人信息处理者处理其个人信息，并有权自主决定个人信息处理者在何种期限内、以何种

[①] 参见陈龙江：《人格标志上经济利益的民法保护：学说考察与理论探讨》，法律出版社 2011 年版，第 200 页。

[②] 参见于飞：《"法益"概念再辨析——德国侵权法的视角》，载《政法论坛》2012 年第 4 期，第 146 页。

[③] Claus Ahrens, *Die Verwertung persönlichkeitsrechtlicher Positionen*, Ergon (2002), S. 375.

[④] 从比较法上看，有的国家的个人信息保护立法明确将维护个人的人格尊严作为个人信息保护法的立法目的。例如，《韩国个人信息保护法》第 1 条规定："本法旨在通过制定个人信息处理和保护相关事项，以保护个人的权利和自由，进而体现个人的尊严和价值。"

方式处理其哪些个人信息，这既凸显了个人信息的主观权利属性，也有利于保护个人的自我决定和自我实现。

2. 个人同意的理论基础之二：保护个人的信息自决权

信息自决权（informational self-determination right）是指个人有权自主决定其个人信息是否被处理，以及处理的方式、范围等内容。[①] 对个人信息自决权的保护也是个人信息保护的重要理论基础。最先提出信息自决概念的是德国学者马尔曼（Christoph Mallmann）教授，其主张个人与外界交流的唯一手段是自我表现，而个人的自我表现本质上是对个人信息的使用。[②] 据此，马尔曼教授就将个人对其个人信息的控制与利用上升到了人格构建和人格发展的层面，凸显了个人信息自决对个人人格自由发展的重要意义。事实上，对信息自决权的保护也体现了对个人人格尊严的保护，即承认个人对其个人信息的自主决定，体现了对个人人格尊严的尊重与保护。[③]

我国《民法典》《个人信息保护法》在规定个人信息保护制度时，也将保护信息自决权作为构建个人信息保护制度与规则的理论基础。例如，《个人信息保护法》第49条规定了死者个人信息保护规则，该规则的设计体现了对个人信息自决权的保护。个人信息自决不仅体现为个人在生存期间内有权决定其个人信息的处理问题，而且体现为个人有权在生前决定其死后个人信息的处理。换言之，个人对其死后个人信息处理的决定也应当是个人信息自决的当然组成部分，相关主体按照死者生前意愿处理其个人信息本质上是死者生前信息自决的一种延伸。从域外法的规定来看，一些国家的立法也允许死者生前对其死后个人信息的处理作出安排，其目的也在于强化对个人信息自决的保护。例如，《法国民法典》1978年的改革没有为死者个人信息提供保护，但该做法被后来的《数字共和国法》以及《个人数据保护法》修改，如依据《数字共和国法》第20条规定，个人可

[①] 参见杨芳：《个人信息自决权理论及其检讨——兼论个人信息保护法之保护客体》，载《比较法研究》2015年第6期，第22页。

[②] Christoph Mallmann, Datenschutz in Verwaltungsinformationssystemen, München, 1976, S. 56.

[③] See Edward J. Eberle, "*The Right to Information Self-Determination*", *Utah Law Review*, Vol. 2001, Issue 4 (2001), p. 968; 贺栩栩：《比较法上的个人数据信息自决权》，载《比较法研究》2013年第2期，第66页。

以在生前就其死后个人信息的储存以及流转等作出安排，个人可以通过向法国国家信息自由委员会或者个人信息处理者发送有关处理其个人信息的说明，也可以指定负责执行其指示的人员；同时，依据上述法律的规定，如果个人没有预先作出安排，则其继承人也可以对死者个人信息行使删除、修改等权利。① 我国《个人信息保护法》第 49 条对死者个人信息保护作出规定，将个人对其个人信息的自我决定从生前延伸到死后，同时，其在保护死者个人信息时，特别强调对死者生前意愿的尊重与保护，也意在进一步强化对个人信息自决权的保护。

就个人信息处理活动而言，我国《民法典》《个人信息保护法》等将个人同意作为个人信息处理行为最为重要的合法性基础，体现了对个人信息自决权的保护，即除法律另有规定外，个人信息处理者处理个人信息应当取得个人的同意。信息自决权并非仅具有消极防御的效力，其也包含积极利用的内涵。基于个人信息自决权，个人可以自主决定其个人信息是否被处理，以及允许个人信息处理者在何种期限内、以何种方式处理其哪些个人信息。

（四）个人同意在个人信息处理合法性事由体系中的地位

1. 个人同意并非个人信息处理的唯一合法事由

如前所述，在个人信息处理活动中，个人同意是依法处理个人信息的基础性规则，我国相关的立法、司法解释在规定个人信息保护规则时，均强调个人信息的收集与利用原则上应当取得被收集者的同意。例如，依据全国人民代表大会常务委员会《关于加强网络信息保护的决定》第 2 条的规定，网络服务提供者和其他企业事业单位在业务活动中收集、使用个人电子信息时，除应当遵循合法、正当、必要等原则外，还应当取得被收集者的同意。又如，依据《网络安全法》第 41 条，网络运营者在收集、使用个人信息时，既需要遵循合法、正当、必要等原则，又需要"经被收集

---

① See Asta Tubaite-Stalauskiene, "Data Protection Post-Mortem", *International Comparative Jurisprudence*, Vol. 4, Issue 2 (2018), pp. 99 - 100. 除法国法外，其他一些国家（地区）的立法也对死者个人信息保护规则作出了规定。例如，依据《爱沙尼亚个人数据保护法》第 13 条第 1 款的规定，在信息主体死亡后，除法律规定的情形外，行为人处理与该信息主体相关的个人信息应当取得信息主体的继承人、配偶、后代或者长辈、兄弟姐妹的书面同意。

者同意";网络运营者在处理其保存的个人信息时,除了依照法律、行政法规规定外,还必须依据"与用户的约定"进行。该条实际上也强调个人信息的收集与利用应当取得被收集者同意。也有学者认为,违反个人同意收集和利用个人信息,即属于非法收集和利用个人信息。[1] 笔者认为,从《民法典》《个人信息保护法》等法律的规定来看,其在规定个人信息处理的合法性事由时,并没有限于个人同意,因此,在解释上应当认定,个人同意并非个人信息处理行为的唯一合法事由,从个人信息保护与利用的层面看,此种规定也具有合理性阐述如下。

第一,一概要求个人信息的处理需要个人同意,可能不当影响个人信息的有效利用。21世纪是互联网时代,也是大数据时代,大数据时代的到来预示着信息化的发展进入了新的历史阶段。正如有学者指出,每个时代都有其最具代表性的历史标签,19世纪是煤炭和蒸汽机,20世纪是内燃机、石油和电力,而21世纪则是大数据,大数据是21世纪的"石油"和"金矿",是提升国家综合国力的关键资源。[2] 个人信息中包含巨大的经济价值,能够为企业带来客观的经济效益。[3] 例如,通过对用户的个人消费习惯信息进行整合分析,企业可以准确定位市场需求,并在此基础上妥当安排和调整其经营计划,这有利于提高企业的市场竞争力。也正是因为这一原因,收集、利用用户的个人信息也成为许多企业的经营战略。[4] 有效利用个人信息,发掘其经济效用,是大数据时代的必然要求[5],而大数据分析作为一种技术手段,其有效运用依赖于由海量信息汇聚而成的"大数据"。数据的流通既是信息再利用的形式,又是信息再利用的条件。

---

[1] 参见李永军:《论〈民法总则〉中个人隐私与信息的"二元制"保护及请求权基础》,载《浙江工商大学学报》2017年第3期,第10~21页。

[2] 参见苗圩:《大数据,变革世界的关键资源》,载《人民日报》2015年10月13日,第7版。

[3] Schwartz, Paul M., "Property, Privacy, and Personal Data", *Harvard Law Review*, Vol. 117, 2004, pp. 2056-2128.

[4] See Michael P. Goodyear, "Circumscribing the Spider: Trademark Law and the Edge of Data Scraping", *University of Kansas Law Review*, Vol. 70, Issue 2 (December 2021), p. 328.

[5] 参见王利明:《编纂一部网络时代的民法典》,载《暨南学报(哲学社会科学版)》2016年第7期,第8~15页。

数据的流通与获取是信息有效利用的前提，如果个人信息数据无法流通、无法获取，大数据产业也将成为无水之源。[①] 因此，要求所有的个人信息收集、利用行为都必须取得权利人的同意，一方面，可能使个人信息的收集与利用变得极为困难，这将从源头上减少可供分析的个人信息数量，从而造成所谓的"信息孤岛"现象，影响大数据技术的有效运用。另一方面，此种做法会增加个人信息收集与利用的成本，影响个人信息的利用效率。

第二，要求个人信息的处理一概需要个人同意的正当性不足。根据学者的考证，各国和各地区立法保护个人信息主要源于对隐私权保护的需要[②]，即通过规范个人信息收集与利用行为，弥补既有法律规则对隐私权保护的不足，从而强化对个人信息中包含的个人隐私利益的保护。笔者认为，个人信息是独立于隐私权的人格利益，其保护的理论基础并不在于保护个人的隐私权，而在于维护个人的人格尊严与个人信息自决权，但即便从隐私权保护的角度而言，也并不意味着所有个人信息的收集、利用都必须经过被收集者同意，因为并非所有的个人信息都涉及个人隐私。隐私主要是一种私密信息或者私人活动，凡是个人不愿意公开披露且不涉及公共利益的部分都可以成为个人隐私。[③] 而《个人信息保护法》第4条第1款规定："个人信息是以电子或者其他方式记录的与已识别或者可识别的自然人有关的各种信息……"个人信息主要包括自然人的姓名、出生日期、身份证件号码、个人生物识别信息、住址、电话号码等信息。可见，与隐私的私密性不同，个人信息的侧重点在于身份的识别性。[④] 个人信息的外延是十分宽泛的，只要是能够直接或者间接识别出个人身份的信息，都可以纳入个人信息的范畴，其中许多个人信息并不属于个人隐私。正如有学者所言，"有的个人信息特别是涉及个人私生活的敏感信息属于个人隐私，

[①] 参见金耀：《个人信息去身份的法理基础与规范重塑》，载《法学评论》2017年第3期，第120～130页。

[②] 参见刘云：《欧洲个人信息保护法的发展历程及其改革创新》，载《暨南学报（哲学社会科学版）》2017年第2期，第72～84页。

[③] 参见王利明：《隐私权概念的再界定》，载《法学家》2012年第1期，第108～120页。

[④] 参见王利明：《论个人信息权的法律保护——以个人信息权与隐私权的界分为中心》，载《现代法学》2013年第4期，第62～72页。

但也有一些个人信息因高度公开而不属于隐私"[1]。因此，就不涉及个人隐私的个人信息而言，对其进行收集与利用并不当然导致对个人隐私权的侵害，要求此类信息的收集一概征得被收集者的同意并不妥当。

第三，要求个人信息处理行为一概需要个人同意，有违个人信息立法的发展趋势。从比较法来看，个人信息的保护主要有两种模式，即美国的"特别立法＋经营者自律"模式与欧洲的政府主导立法模式。美国尚未制定统一的个人信息保护法，而是在各个特别领域制定了相关的个人信息保护法律，其个人信息保护主要是通过市场和行业自律的方式实现的[2]；而欧洲法主要通过个人信息数据保护指令与各个成员国立法的方式保护个人信息。[3] 两种模式相比较，美国法更注重对个人信息的利用，而欧洲法则更加注重对信息主体权利的保护。[4] 但即便是在格外强调对个人信息权利进行保护的欧洲，也并非所有的个人信息收集与利用行为都需要经过被收集者的同意。GDPR 第 6 条对合法处理个人信息的行为作出了规定，该条列举了多种合法处理个人信息的行为，个人同意只是其情形之一。基于公共利益、他人的合法权益甚至经济利益方面因素的考虑[5]，都可以对个人信息进行处理和利用。可见，个人信息保护立法总的发展趋势是强化对个人信息的利用[6]，而不是一概要求个人信息的处理和利用等都必须经过个人同意。

2. 个人同意是处理个人信息最为重要的合法性事由

如前所述，在个人信息处理活动中，强调个人同意的重要性意在维护

---

[1] 参见张新宝：《从隐私到个人信息：利益再衡量的理论与制度安排》，载《中国法学》2015 年第 3 期，第 38～59 页。

[2] 参见王利明：《论个人信息权的法律保护——以个人信息权与隐私权的界分为中心》，载《现代法学》2013 年第 4 期，第 62～72 页。

[3] 参见张新宝：《从隐私到个人信息：利益再衡量的理论与制度安排》，载《中国法学》2015 年 3 期，第 38～59 页。

[4] 参见石佳友：《网络环境下的个人信息保护立法》，载《苏州大学学报（哲学社会科学版）》2012 年第 6 期，第 85～96 页。

[5] 参见张鸣起：《〈中华人民共和国民法总则〉的制定》，载《中国法学》2017 年第 2 期，第 5～24 页。

[6] 参见张新宝：《从隐私到个人信息：利益再衡量的理论与制度安排》，载《中国法学》2015 年第 3 期，第 38～59 页。当然，强化个人信息利用也不意味着要忽视个人信息保护，应当妥当平衡个人信息利用与保护之间的关系。

个人的人格尊严与个人信息自决，这也是法律保护个人信息最为根本的原因。在这一意义上，虽然个人信息只是处理个人信息的合法性事由之一，但不应当将其与其他依法处理个人信息事由的地位等同，个人同意应当是处理个人信息最为重要的合法性事由。①

如前所述，从各国和地区的立法规定来看，在规定个人同意规则时，都强调了个人同意规则的重要地位。有的国家立法在规定个人信息处理的合法性事由时，单独规定了个人同意规则，而将其他依法处理个人信息的事由进行合并规定，如《日本个人信息保护法》与《意大利个人数据保护法》这实际上凸显了个人同意规则的重要性。有的国家和地区的立法虽然没有单独规定个人同意规则，而将其与其他依法处理个人信息的事由合并在一起规定，但其在列举依法处理个人信息的事由时，也将个人同意规则置于最靠前的位置，如 GDPR《韩国个人信息保护法》等，这也凸显了个人同意在个人信息处理合法性事由体系中的重要地位。

我国《民法典》与《个人信息保护法》在规定个人同意规则时，采取了前述后一种做法，即将个人同意规则与其他依法处理个人信息的事由合并规定。且与前述做法类似，我国《民法典》《个人信息保护法》将个人同意置于各类依法处理个人信息事由的首位予以规定，这也凸显了个人同意的重要地位。

3. 个人同意是依法处理个人信息的一般情形

从《民法典》《个人信息保护法》的规定来看，其虽然将个人同意与其他个人信息处理的合法性事由合并规定在同一个法条中，从法律适用层面看，个人同意与其他依法处理个人信息的事由存在一定的区别。

一方面，二者的适用条件不同。个人同意之外的依法处理个人信息的事由，其适用需要具备法律规定的条件。例如，就履行法定职责或者法定义务所必需的处理个人信息的行为而言，实施个人信息处理行为必须是为了履行法定职责或者法定义务，并且只有在履行法定职责或者法定义务必需的情形下，个人信息处理者才能处理相关的个人信息。虽然基于个人同

---

① 参见程啸：《论个人信息处理中的个人同意》，载《环球法律评论》2021 年第 6 期，第 41 页；常宇豪：《论信息主体的知情同意及其实现》，载《财经法学》2022 年第 3 期，第 80 页。

意处理其个人信息也需要依法取得个人的同意，其也需要符合法律规定的条件，但个人可以与个人信息处理者约定个人信息处理的具体事项，这体现了对当事人意思自治的尊重与保护，与其他依法处理个人信息的情形存在明显区别。同时，由于依法处理个人信息的各种情形属于法律规定的例外情形，为了防止其适用范围被不当扩大、变相架空个人同意规则的适用，应当对其适用条件进行严格把握。

另一方面，二者的适用范围不同。如前所述，就依法处理个人信息的各种事由而言，其仅适用于法律规定的特定情形，适用范围较为狭窄；而对基于个人同意而处理个人信息的情形而言，其适用范围较为广泛，个人信息处理者可以基于各种合法需要与个人就个人信息处理作出约定，并基于个人同意处理相关的个人信息。

此外，二者的适用顺序也不同。虽然基于个人同意处理个人信息是依法处理个人信息的一般情形，基于法律规定处理个人信息是例外情形，但在当事人就处理个人信息的合法性发生争议的情形下，首先应当看个人信息处理者处理个人信息是否已经取得个人同意，如果已经取得个人同意，则不需要考虑其他个人信息处理的法定事由；如果个人信息处理者并未取得个人同意，就要看其是否符合依法处理个人信息的情形，进而认定相关的个人信息处理行为是否具有合法性。因此，与法律适用从特殊规则到一般规则的适用规则不同，在判断个人信息处理行为合法性时，一般遵循的是从个人同意这一一般情形到法律规定这一特殊情形的判断顺序。

可见，个人同意不仅是依法处理个人信息最为重要的事由，而且是依法处理个人信息的一般情形。从《民法典》《个人信息保护法》等法律的规定来看，除依法不需要取得个人同意的情形外，个人信息处理者处理个人信息均需要取得个人的同意。

二、个人同意的性质

我国《民法典》《个人信息保护法》虽然都对基于个人同意处理个人信息的规则作出了规定，但关于个人同意的性质，立法并未作出明确规定。从学理层面看，学者主要从侵权与合同两个层面观察个人同意的性质。从侵权的层面看，个人同意应当具有阻却违法的效力，换言之，在个人作出同意后，个人信息处理者处理其个人信息的行为即具有了合法性，

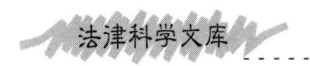

不再构成侵权，个人信息处理者也无须对此承担侵权责任。① 对于个人同意具有的阻却违法的效力，理论上并不存在大的争议。② 而从合同的层面看，个人同意是否为意思表示？在个人作出同意后，能否在个人与个人信息处理者之间成立合同关系？对此存在较大争议。

（一）个人同意的意思表示属性

在个人信息处理过程中，关于个人同意在性质上是否为意思表示，存在不同观点。一是肯定说。此种观点认为，个人同意在性质上属于意思表示，同时，为了保证个人同意的有效性，个人在作出同意的意思表示时应当是自由的。因此，意思表示的效力规则也应当适用于同意行为，如果个人在作出同意时受到欺诈或者胁迫，则可能导致个人同意的意思表示在效力上存在瑕疵。③ 个人同意个人信息处理者处理其个人信息体现了个人的自主、自治，同意的法律后果也是基于当事人的意思而产生的。④ 按照上述观点，个人同意在性质上属于意思表示，应当适用意思表示的相关规则认定个人同意的效力。二是否定说。此种观点认为，个人信息处理活动中，在获得个人同意后，个人信息处理者即享有处理个人信息的特权，个人同意在性质上属于侵权法意义上的责任抗辩事由，即"受害人同意"⑤。从消极的层面看，个人同意属于违法阻却事由，而从积极的层面看，个人同意是个人信息处理活动的合法根据，不属于意思表示。⑥

---

① 参见程啸：《论个人信息处理中的个人同意》，载《环球法律评论》2021年第6期，第43页；陆青：《个人信息保护中"同意"规则的规范构造》，载《武汉大学学报（哲学社会科学版）》2019年第5期，第121页；刘召成：《人格权法上同意撤回权的规范表达》，载《法学》2022年第3期，第84页。

② 因此，本书在探讨同意的效力以及撤回同意的性质及其效力等问题时，主要从个人积极利用其个人信息权益（意思表示）层面进行探讨，而不过多地探讨其违法阻却层面的效力。

③ 参见陈甦、谢鸿飞主编：《民法典评注·人格权编》，中国法制出版社2020年版，第379页。

④ 参见于海防：《个人信息处理同意的性质与有效条件》，载《法学》2022年第8期，第101页。

⑤ 参见张新宝主编：《〈中华人民共和国个人信息保护法〉释义》，人民出版社2021年版，第126页。

⑥ 参见程啸：《论个人信息处理中的个人同意》，载《环球法律评论》2021年第6期，第43~47页。

第二章　基于个人同意处理个人信息

从我国《个人信息保护法》的立法过程来看，《个人信息保护法》（草案一审稿）曾经将个人同意规定为意思表示，该草案第 14 条第 1 款第一句规定："处理个人信息的同意，应当由个人在充分知情的前提下，自愿、明确作出意思表示。"但后来《个人信息保护法》删除了这一表述。对于《个人信息保护法》立法过程中的此种变化，有观点认为，《个人信息保护法》删除了草案规定个人同意为意思表示的规则，表明立法机关放弃了意思表示说的立场。① 但也有学者主张，这一立法变化只是表明立法者回避了个人同意的定性问题，不能当然认定立法否定了同意的意思表示属性。②

应当看到，《个人信息保护法》虽然没有明确保留草案中将个人同意明确规定为意思表示的规则，但也没有明确否定其意思表示的属性。③ 意思表示是民事法律行为的核心要素，个人作出意思表示的意图在于使法律关系发生变动，而且只要当事人追求的意图不违反法律、行政法规的强制性规定和公序良俗，通常即可产生当事人所预期的效力。④ 同时，当事人实施民事法律行为是按照其意愿来安排相关的利益关系，即相关的法律效果是当事人主动追求的，而非法律直接规定的，这也是民事法律行为与事实行为的重要区别。

笔者认为，从个人同意的理论基础和实践情况来看，应当将其认定为意思表示更为妥当，主要理由有两点：一方面，个人同意会引起民事权利义务关系的变化。就个人信息处理活动而言，个人同意实际上是对个人信息处理者处理其个人信息作出了授权⑤这将在个人与个人信息处理者之间产生一定的权利义务关系，就个人信息处理者而言，其因个人授权取得处

---

① 参见程啸：《个人信息保护法理解与适用》，中国法制出版社 2021 年版，第 147 页。

② 参见于海防：《个人信息处理同意的性质与有效条件》，载《法学》2022 年第 8 期，第 104 页。

③ 从域外法的规定来看，有的国家立法明确将信息主体的同意规定为意思表示。参见《爱沙尼亚个人数据保护法》第 12 条第 7 款，《韩国个人信息保护法》第 15 条、第 18 条。

④ 参见王利明：《民法总则研究》，中国人民大学出版社 2018 年版，第 505 页。

⑤ Brendon Beheshti, "Cross-Jurisdictional Variation in Internet Contract Regulation", *Journal of International Commercial Law and Technology*, Vol. 8, Issue 1 (2013), p. 52.

理相关个人信息的权利；而对个人而言，个人信息处理者在其同意的范围内处理其个人信息时，其负有容忍的义务。上述权利、义务的产生均源于个人同意。另一方面，上述民事权利义务关系的变化是当事人意欲追求的结果。在个人信息处理活动中，多数情形下，虽然个人并非主动作出同意，主要基于个人信息处理者的要求而同意①，但个人在作出同意时，也意在赋予个人信息处理者处理其个人信息的权利，个人信息处理者在授权范围内实施个人信息处理行为时，其负有容忍的义务。个人在同意时对这一法律效果是明知的。这是个人作出同意时主动追求的效果，也是个人行使信息自决权的重要体现。②

此外，将个人同意界定为意思表示，即使其可以成为个人积极利用其个人信息的媒介。有观点主张，在不同情形下同意的性质和效力存在一定的区别。在某些情形下，其只具有排除行为人行为不法性的效力，如个人在医疗行为中作出的同意，仅具有排除医务人员行为不法性的效力；而在某些情形下，同意不仅具有排除行为人行为不法性的作用，而且具有积极利用其人格利益的功能。③ 此种观点值得赞同，就个人信息处理活动而言，个人同意不仅具有排除个人信息处理者行为不法性的作用，还体现了个人对其个人信息的积极利用，主要理由有两点。

一方面，个人信息并非纯粹精神性人格利益，也包含一定的财产价值。按照传统观点，人格权在性质上属于纯粹精神性权利，不包含财产价值，在人格权遭受侵害时，权利人也仅能主张精神损害赔偿，而无权主张财产损失赔偿。④ 随着人格利益许可使用制度的发展，人格权中的财产利

---

① See Paul M. Schwartz & Daniel J. Solove, "The PII Problem: Privacy and a New Concept of Personally Identifiable Information", *New York University Law Review*, Vol. 86, Issue 6C (2011), pp. 1814-1894.

② 参见谢远扬：《信息论视角下个人信息的价值——兼对隐私权保护模式的检讨》，载《清华法学》2015年第3期，第104～106页。

③ 参见陆青：《个人信息保护中"同意"规则的规范构造》，载《武汉大学学报（哲学社会科学版）》2019年第5期，第121页。

④ 参见王叶刚：《人格权商业化利用与人格尊严保护关系之辨》，载《当代法学》2018年第3期，第22页。事实上，我国在《侵权责任法》颁行前，侵害人格权益的财产损害赔偿也缺乏法律依据，《侵权责任法》第20条（《民法典》第1182条）对侵害人格权益的财产损失赔偿规则作出了规定，有效回应了人格权益中财产价值的法律保护问题。

益逐步受到法律保护。个人信息同样如此,一般认为,个人信息并非纯粹的精神性人格利益,其也包含一定的财产价值[1],而有效发挥个人信息的财产价值是大数据产业发展的重要基础。《民法典》第 993 条规定:"民事主体可以将自己的姓名、名称、肖像等许可他人使用,但是依照法律规定或者根据其性质不得许可的除外。"一般认为,此处"依照法律规定或者根据其性质不得许可"的人格利益主要是生命、身体、健康等物质性人格利益,不包括个人信息。这也为个人许可个人信息处理者利用其个人信息提供了法律依据。

另一方面,个人同意个人信息处理者处理其个人信息,也体现了个人对其个人信息中财产利益的积极利用。个人对其个人信息的积极利用本质上是个人行使其个人信息自决权的一种体现,即个人有权自主决定其个人信息的利用方式,有权自主决定个人信息处理者在何种范围内、何种期限内、以何种方式处理其个人信息,而在个人信息处理活动中,这种自主决定权就主要以个人同意的方式实现。有观点认为,由于个人在个人信息处理流程中通常处于弱势地位,可供其选择的信息处理目的并不具有明显的获益性,更多的是承担风险和代价,此种情形下个人行使的是防御性的个人信息权益,而非主动行使自己的信息权益。[2] 此种观点具有一定的合理性,但即便个人同意在此种情形下不具有明显的获益性,个人在作出同意时仍然有权自主决定同意个人信息处理者在何种范围内、以何种方式处理其个人信息,这仍然是个人积极行使个人信息权益的一种体现,其与个人信息权益遭受侵害后个人寻求侵权救济这种消极防御方式存在明显区别。可见,个人同意同时体现了个人对其个人信息的消极和积极控制,个人同意并不仅具有排除个人信息处理者个人信息处理行为不法性的效力,其也体现了个人对其个人信息的积极利用。

(二)个人同意在性质上属于合同缔结行为而非合同履行行为

关于个人同意在合同层面的意义,有观点认为,在个人信息处理活动

---

[1] 参见王利明:《人格权重大疑难问题研究》,法律出版社 2019 年版,第 679 页;彭诚信:《论个人信息的双重法律属性》,载《清华法学》2021 年第 6 期,第 85~86 页。

[2] 参见万方:《个人信息处理中的"同意"与"同意撤回"》,载《中国法学》2021 年第 1 期,第 169 页。

中，个人同意可能成为合同给付内容的一部分①；虽然同意与合同缔结行为可能是同时作出的，甚至是在同一份文件中作出的，但同意不同于合同缔结行为，应当对二者进行严格区分。缔约行为产生的是合同法上的权利义务关系，而同意使个人信息处理者取得针对个人信息的介入权限。② 按照此种观点，个人同意并非缔约行为，而属于合同履行行为。笔者认为，此种观点值得商榷，主要理由如下所述。

第一，个人同意是合同订立的重要环节。从实践来看，个人信息处理者一般通过网络服务协议或者网络隐私政策公示其个人信息处理内容，个人的同意通常也体现为对网络服务协议或者网络隐私政策中有关个人信息处理条款的同意③，在个人同意后，即可在个人与个人信息处理者之间成立合同关系。④ 因此，个人同意本身是合同订立的重要环节，此种合同关系的成立采取的仍然是要约、承诺的方式，个人信息处理者通过网络服务协议或者网络隐私政策对个人公示相关的个人信息处理规则应当构成要约，而个人同意应当属于承诺，该承诺生效后，当事人之间的合同关系即成立。当然，在个人作出同意后，并不意味相关文件的所有条款都可以成为合同的内容⑤，尤其是网络隐私政策，其中可能包含大量的企业自律规则，或者与个人信息处理无关的条款，个人信息处理者公示此类内容，可

---

① 参见陆青：《个人信息保护中"同意"规则的规范构造》，载《武汉大学学报（哲学社会科学版）》2019年第5期，第121页。

② 参见刘召成：《人格权法上同意撤回权的规范表达》，载《法学》2022年第3期，第84~85页。

③ 参见姚佳：《知情同意原则抑或信赖授权原则——兼论数字时代的信用重建》，载《暨南学报（哲学社会科学版）》2020年第2期，第49页；王叶刚：《论网络隐私政策的效力——以个人信息保护为中心》，载《比较法研究》2020年第1期，第129~131页。

④ Scott Killingsworth, "Minding Your own Business: Privacy Policies in Principle and in Practice", *Journal of Intellectual Property Law*, Vol. 7, Issue 1（1999），p. 91；谈咏梅、钱小平："我国网站隐私保护政策完善之建议"，载《现代情报》2006年第1期，第216页。

⑤ Daniel J. Solove, Woodrow Hartzog, "The FTC and the New Common Law of Privacy", *Columbia Law Review*, Vol. 114，Issue 3（2014），p. 595.

能是出于依法、合规处理个人信息的需要①，而不是为了与个人订立合同关系。从个人信息处理的层面而言，个人作出同意后，即意味当事人就相关的个人信息处理规则达成了合意，此时可认定当事人之间成立了合同关系。

第二，个人同意并非合同履行行为。按照前述观点，个人同意赋予了个人信息处理者处理个人信息的权限，其在性质上属于合同履行行为。②此种观点具有一定的合理性，如果当事人事先在合同中约定，个人应当在合同履行过程中同意个人信息处理者处理其个人信息，此时，个人同意在性质上即属于合同履行行为。但此种情形较为少见，在个人信息处理过程中，个人同意通常体现为对网络服务协议或者网络隐私政策中个人信息处理条款的同意，个人同意与合同订立通常是同时发生的，个人同意个人信息处理者处理其个人信息的同时，当事人之间的合同关系随之成立。换言之，在个人作出同意前，当事人之间并不存在合同关系，更不可能事先约定个人负有作出此种同意的义务。

当然，在特殊情形下，个人也可能在合同履行阶段作出同意，例如，在合同履行过程中，个人在使用某种特殊的网络服务功能时，可能需要专门授权个人信息处理者处理其特殊类型的个人信息，如个人在使用某购物App时，如果需要该App向其推送附近的商家，就可能需要单独同意个人信息处理者处理其地理位置信息、购物偏好信息等。虽然此种个人同意行为发生在合同履行阶段，但个人在使用该项特殊的网络服务之前，当事人并未就个人同意个人信息处理者处理其特定个人信息作出约定，因此，不宜将此种个人同意认定为合同履行行为。笔者认为，此种情形下，应当认定当事人之间就相关个人信息的处理订立了新的合同关系，即个人在使

---

① Ian King, "On-Line Privacy in Europe-New Regulation for Cookies", *Information & Communications Technology Law*, Vol. 12, Issue 3 (2003), p. 234. 从我国现行立法规定来看，个人信息处理者在处理个人信息时，也应当公开其个人信息处理规则，《个人信息保护法》第7条规定，"处理个人信息应当遵循公开、透明原则，公开个人信息处理规则，明示处理的目的、方式和范围"。个人信息处理者通过网络服务协议或者网络隐私政策公示其个人信息处理规则，也是为了满足该条所规定的公开、透明原则。

② 参见刘召成：《人格权法上同意撤回权的规范表达》，载《法学》2022年第3期，第84~85页。

用该特定网络服务功能之前,个人信息处理者就个人信息处理对个人作出的提示在性质上属于要约,个人同意在性质上属于承诺,该承诺生效后,即在当事人之间就该特殊类型的个人信息处理成立合同关系。

第三,个人同意本质上是个人对个人信息处理者处理其个人信息的许可,与其他人格利益的许可使用并不存在本质差别,应当进行同样的法律评价。在个人信息处理活动中,个人同意实质上是对个人信息处理者处理处理其个人信息的一种许可,除个人信息外,许多人格利益如姓名、肖像等,也都存在许可使用的现象。个人信息许可使用与其他人格利益的许可使用的外在表现形式存在一定的区别。一方面,对姓名、肖像等人格利益的许可使用而言,当事人通常会就此类人格利益的许可使用专门订立合同;而就个人信息的许可使用而言,当事人通常并不是就个人信息的许可使用专门订立合同,当事人的合意通常体现为就网络服务协议或者网络隐私政策中相关个人信息处理条款达成合意。另一方面,对姓名、肖像等人格利益的许可使用而言,当事人约定的被许可使用的人格利益具有单一性,即通常仅包括姓名或者肖像等某一特定的人格利益;而对个人信息许可使用而言,当事人通常会约定个人信息处理者有权处理个人的多种个人信息,被许可使用的个人信息的范围较广、类型较多,如当事人可能在一份网络协议中约定个人信息处理者有权处理个人的年龄、地址、消费习惯、电话号码、电子邮箱地址等多种个人信息。此外,姓名、肖像等人格利益的许可使用通常是有偿的,被许可人通常需要向权利人支付一定的许可使用费;而在个人信息许可使用的情形下,个人信息处理者通常并没有向个人支付相应的许可使用费。①

尽管二者存在上述区别,但并不影响二者在功能和本质属性上的一致:无论是个人信息的许可使用,还是姓名、肖像等人格利益的许可使用,当事人对特定人格利益的许可使用实际上都存在合意,并且当事人都是通过要约、承诺的方式达成合意。② 无论是个人同意个人信息处理者处

---

① 需要指出的是,个人信息处理者不向个人支付费用并不能成为否定当事人之间存在个人信息许可使用关系的理由,只要当事人之间就个人信息的使用达成合意,就应当认定当事人之间成立了个人信息许可使用关系,个人信息处理者是否支付相应的对价只在判断该许可使用关系是否具有有偿性方面具有意义,而不应当影响该许可使用关系的认定。

② 即便就需要取得个人单独同意的个人信息处理活动而言,当事人通常也是通过要约、承诺的方式达成合意。

理其个人信息，还是个人同意受许人利用其姓名、肖像等人格利益，实际上都存在个人对相对人的赋权行为，即赋予相对人利用其特定人格利益的权利。二者均体现了个人对其特定人格利益的积极利用，个人作出同意或者许可后，都可以产生前述违法阻却的效力，也都体现了个人对其人格利益的积极利用。因此，应当对个人信息许可使用与姓名、肖像等的许可使用进行同样的法律评价，既然姓名、肖像等人格利益的许可使用可以在当事人之间成立合同关系，也应当认定，在个人同意后，可以在个人与个人信息处理者之间成立合同关系。

三、个人同意的效力

就个人信息处理活动而言，个人同意后，对个人与个人信息处理者产生一定的效力。

（一）个人同意对个人的效力

在个人作出同意后，对个人主要产生两方面的效力。

一是个人应当受到其同意的拘束。在个人同意个人信息处理者处理其个人信息后，个人应当受到其同意的拘束，如前所述，个人同意在合同法与侵权法层面均会产生相应的效力。在合同法层面，个人在作出同意后，将在个人与个人信息处理者之间成立合同关系，个人有权按照网络服务协议、网络隐私政策等协议的约定利用个人信息处理者提供的网络服务或者产品等，而其也应当允许个人信息处理者在其同意的范围内实施个人信息处理行为。在侵权法层面，个人同意个人信息处理者处理其个人信息将成立受害人同意，具有阻却违法的效力。所谓受害人同意，是指权利人就他人针对自己民事权益的侵权行为或者将要对自己民事权益造成的特定的损害后果予以同意并表现于外部的意愿。① 虽然我国《民法典》侵权责任编没有将受害人同意规定为独立的免责事由，但我国《民法典》在一些具体情形中对受害人同意作出了规定。例如，依据《民法典》第 1219 条第 1 款规定："医务人员在诊疗活动中应当向患者说明病情和医疗措施。需要实施手术、特殊检查、特殊治疗的，医务人员应当及时向患者具体说明医疗风险、替代医疗方案等情况，并取得其明确同意；不能或者不宜向患者

---

① 参见程啸：《个人信息保护法理解与适用》，中国法制出版社 2021 年版，第 345 页。

说明的，应当向患者的近亲属说明，并取得其明确同意。"在取得患者或者其近亲属明确同意的情形下，即便相关医疗措施造成患者损害，患者也无权请求医疗机构承担侵权责任。对个人信息处理活动而言，个人同意也会产生阻却违法的效力，对于个人信息处理者在约定范围内处理其个人信息的行为，个人不得请求个人信息处理者承担侵权责任。

二是个人享有任意撤回同意的权利。在个人作出同意后，虽然应当受到其同意意思表示的拘束，但为了保障个人的信息自决权，保障个人对其个人信息处理行为的控制和决定权，《个人信息保护法》第15条规定了个人撤回同意的规则。该规则的确立体现了个人信息权益优先于债权受到法律保护的理念，值得赞同。依据该规定，在个人作出同意后，其有权随时撤回同意而无须任何理由。而个人撤回同意后，也无须再受其同意的意思表示的拘束。

（二）个人同意对个人信息处理者的效力

在个人作出同意后，对个人信息处理者主要产生如下效力。

一是个人信息处理者有权基于个人同意实施相关的个人信息处理行为。依据《民法典》第1035条与《个人信息保护法》第13条，个人的同意为个人信息处理者实施个人信息处理行为的合法性事由，因此，在个人作出同意后，个人信息处理者可以基于个人的同意实施相关的个人信息处理行为，不构成对个人信息的侵害，也无须就个人信息处理行为承担民事责任。当然，个人信息作为人格利益，具有人身专属性，个人同意个人信息处理者处理其个人信息，不会因此导致个人信息的移转，个人信息处理者仅享有合同债权。① 在第三人未经许可利用相关个人信息的情形下，即

---

① 从个人信息许可使用的角度看，在取得个人授权后，个人信息处理者就个人信息的处理仅享有合同债权，但从数据权益保护的角度看，也应当承认数据处理者对相关的个人数据享有数据权益。以平台数据为例，平台数据中的个人数据也是平台数据的组成部分，虽然平台经营者主要是基于用户个人的授权而处理相关的个人信息，即基于个人的许可而获得相关的个人信息，但平台经营者对该部分个人信息也应当享有数据权益，而非仅享有合同债权，我国司法实践也采取了此种立场。例如，在"北京淘友天下技术有限公司等与北京微梦创科网络技术有限公司不正当竞争纠纷案"中，二审法院认为，第三方应用在通过开放平台获取用户个人信息时，应当遵循所谓"三重授权原则"，即"用户授权＋平台方/公司授权＋用户授权"，按照该原则，第三人在通过平台获取用户个人信息时，既需要取得用户的再次同意，也需要取得平台的授权，这实际上是承认了平台经营者对其平台数据中的个人信息依法享有权利，而且此种权利并非人身权，而应当是财产权。参见北京知识产权法院（2016）京73民终588号民事判决书。

便个人对个人信息处理者进行的是专有许可，个人信息处理者也无权请求第三人承担民事责任，仅个人有权依法请求第三人承担民事责任。当然，如果第三人实施的个人信息处理行为构成对个人信息处理者数据权益的侵害，如第三人非法爬取个人信息处理者的数据，其中包含相关的个人信息，个人信息处理者有权以其数据权益遭受侵害为由请求行为人承担民事责任。例如，在北京知识产权法院审结的"上诉人北京创锐文化传媒有限公司（简称创锐公司）与被上诉人北京微播视界科技有限公司（简称微播公司）不正当竞争纠纷案"中，微播公司在经营过程中，收集、存储、加工、传输了抖音平台数据，形成了包括抖音平台的用户信息、短视频、用户评论所构成的数据集合，该数据集合具有规模集聚效应，为微播公司带来了巨大的经济利益，在市场竞争中形成竞争优势。创锐公司未经微播公司许可，直接爬取了微播公司平台数据集合中的 5 万余条短视频文件、1 万多个用户信息、127 条用户评论内容，并在刷宝 App 进行展示和传播。微播公司主张创锐公司的行为构成不正当竞争，并请求其承担民事责任。法院认为，涉案数据集合对于微播公司具有独立的商业价值，微播公司享有反不正当竞争法保护的合法权益，创锐公司的行为构成不正当竞争，因此判决驳回上诉，维持原判。① 在该案中，创锐公司非法爬取微播公司的数据，也构成对其数据权益的侵害。

在此情形下，个人与个人信息处理者请求权的救济对象不同，应当可以同时主张。当然，在行为人侵害个人信息处理者所处理的个人数据时，个人与个人信息处理者在损害的认定、侵权责任的承担方式、损害赔偿数额的确定等方面存在区别，在具体适用时需要进行必要的区分。例如，个人在主张财产损害赔偿时，确定财产损害赔偿数额的依据应当是《民法典》第 1182 条与《个人信息保护法》第 69 条，具体可以主张按照实际损失赔偿，按照行为人获利赔偿，或者由法院酌定赔偿数额；而个人信息处理者在主张财产损害赔偿时，由于数据权益在性质上属于财产权益，因此应当依据《民法典》第 1184 条关于侵害财产权益的损害赔偿规则确定赔偿数额，具体按照损失发生时的市场价格或者其他合理方式计算财产损失数额。

二是个人信息处理者仅能在个人同意的范围内实施个人信息处理行

---

① 参见北京知识产权法院（2021）京 73 民终 1011 号民事判决书。

为。在个人作出同意后，个人信息处理者仅有权在个人同意的范围内实施个人信息处理行为，个人信息处理者处理个人信息的类型、范围以及处理个人信息的方式、期限等，均不得超出个人同意的范围。例如，如果个人信息仅同意个人信息处理者自己实施相关的个人信息处理行为，而没有赋予个人信息处理者共享个人信息的权利，则个人信息处理者就只能自己处理相关的个人信息，而不得将向其他个人信息处理者提供个人信息。又如，个人仅同意个人信息处理者在特定期间内实施个人信息处理行为，该期限届满后，个人信息处理者即不得再实施相关的个人信息处理行为。个人信息处理者超出个人同意范围处理相关个人信息的，其行为不再具有合法性，个人既有权依法请求个人信息处理者承担违约责任，又有权依法请求个人信息处理者承担侵权责任等民事责任。

三是个人信息处理者超越同意范围实施个人信息处理行为的，应当取得个人的同意。在个人作出同意后，如果个人信息处理者要超出个人同意的范围实施个人信息处理行为，其应当依据法律规定取得个人同意。例如，在前例中，个人并未同意个人信息处理者实施个人信息共享行为，个人信息处理者需要实施个人信息共享行为的，应当对个人尽到告知义务，并依据法律规定取得个人的单独同意。对此，《个人信息保护法》第 23 条第一句规定："个人信息处理者向其他个人信息处理者提供其处理的个人信息的，应当向个人告知接收方的名称或者姓名、联系方式、处理目的、处理方式和个人信息的种类，并取得个人的单独同意。"

第二节　基于个人同意处理个人信息的条件

关于个人同意，《个人信息保护法》第 14 条规定："基于个人同意处理个人信息的，该同意应当由个人在充分知情的前提下自愿、明确作出。法律、行政法规规定处理个人信息应当取得个人单独同意或者书面同意的，从其规定。个人信息的处理目的、处理方式和处理的个人信息种类发生变更的，应当重新取得个人同意。"该条对个人信息处理情形下的个人同意作出了明确规定。依据该条第 1 款规定，个人同意包括一般要件与特别要件。所谓一般要件，是指一般情形下个人作出同意应当具备的条件，具体包括个人应当对个人信息处理行为充分知情、个人应当自愿同意以及个人应当明确同意。所谓特别要件，是指在法律、行政法规对个人作出同意的形式等方面作出特别规定时，个人作出同意应当具备的条件，包括个人的单独同意与书面同意。此外，依据该条第 2 款规定，个人信息处理行为的相关内容发生变更时应当重新取得个人同意。上述规则共同构成了个人同意的要件体系，下文将具体探讨。

一、个人同意的一般要件

（一）个人对个人信息处理行为充分知情

1. 个人充分知情概述

所谓个人对个人信息处理行为充分知情，是指个人十分清晰地了解个人处理者处理其个人信息的目的、方式以及处理处理个人信息的种类、范围等内容。从域外法的规定来看，许多国家和地区的立法都对个人同意中的个人知情规则作出了规定。例如，依据 GDPR 第 4 条第 11 款的规定，数据主体的同意是指"任何自由、具体、知情和毫不含糊地表示数据主体意愿的行为，通过声明或明确的肯定行动表示同意处理与其有关的个人数据"。该条在界定数据主体同意的概念时，明确将数据主体的知情作为其必要条件。我国《个人信息保护法》第 14 条在规定个人同意的要件时，将个人的充分知情作为个人同意的基本条件，体现了对个人信息自决权利的保护，该条规定的个人充分知情是个人信息处理公开、透明原则的具体化。《个人信息保护法》第 7 条规定："处理个人信息应当遵循公开、透明原则，公开个人信息处理规则，明示处理的目的、方式和范围。"该条对个人信息处理的公开、透明原则作出了规定：一方面，个人充分知情规则是公开、透明原则的落实和具体化；另一方面，公开、透明原则对于明确个人充分知情的内涵以及解释适用个人充分知情规则等，对于具有指导性作用。进一步而言，虽然《个人信息保护法》第 14 条规定了个人充分知情规则，但对于何为充分知情，该条并未作出具体规定，而《个人信息保护法》第 7 条所规定的公开、透明原则可以为明确充分知情的内涵提供指导，即个人充分知情至少应当包括对个人信息处理规则、个人信息处理的目的、方式以及范围的知情。

从个人信息处理者的角度看，为保障个人充分知情的实现，个人信息处理者应当负担相应的告知义务。换言之，个人能否对个人信息处理活动充分知情，在很大程度上取决于个人信息处理者的告知义务。《个人信息

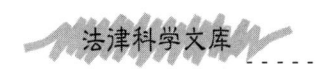

保护法》第 14 条在规定个人的知情规则时强调个人应当"充分知情"而非"知情",即个人信息处理者应当保障个人充分了解其个人信息处理事项,这意味着个人信息处理者的告知义务水平应当高于一般情形下的告知义务水平。

2. 个人信息处理者告知义务的体系构成

从我国《个人信息保护法》的规定来看,其既规定了个人信息处理者告知义务的一般规则,也在特殊情形下规定了个人信息处理者的告知义务,二者共同构成了个人信息处理者告知义务的体系。

(1) 个人信息处理者告知义务的一般规则。

《个人信息保护法》第 17 条第 1 款对个人信息处理者的告知义务作出了一般规定,该条规定:"个人信息处理者在处理个人信息前,应当以显著方式、清晰易懂的语言真实、准确、完整地向个人告知下列事项:(一)个人信息处理者的名称或者姓名和联系方式;(二)个人信息的处理目的、处理方式,处理的个人信息种类、保存期限;(三)个人行使本法规定权利的方式和程序;(四)法律、行政法规规定应当告知的其他事项。前款规定事项发生变更的,应当将变更部分告知个人。"从该条规定来看,个人信息处理者的告知义务一般包括如下内容。

一是告知的方式。依据该条规定,个人信息处理者应当以显著方式、清晰易懂的语言真实、准确、完整地向个人告知相关个人信息处理事项。为了保障个人对个人信息处理活动的"充分"知情,该条在规定个人信息处理者履行告知义务的方式时,使用了"显著""清晰易懂""准确""完整"等表述,强化了个人信息处理者的告知义务。

二是告知的效果。虽然《个人信息保护法》第 17 条没有明确规定个人信息处理者履行告知义务应当起到的效果,但按照体系解释规则,依据《个人信息保护法》第 14 条规定,其应当达到使个人对个人信息处理活动"充分知情"的效果,即应当使个人"充分"了解其个人信息被处理的具体情况和处理后果。

三是告知的内容。该条对个人信息处理者告知义务的内容作出了规定,其既采用具体列举的方式规定了个人信息处理者的基本情况、个人信息处理活动的相关情况等内容,又采用了兜底规定,将法律、行政法规规定应当告知的其他事项纳入个人信息处理者告知义务的范畴。同时,依据《个人信息保护法》第 17 条第 2 款规定,如果以上告知事项发生了变更,

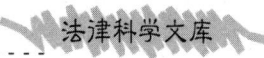

个人信息处理者应当将变更的部分告知个人。

（2）个人信息处理者在特殊情形下的告知义务。

除前述告知义务的一般规则外，为了使个人对特定个人信息处理行为"充分知情"，《个人信息保护法》还对一些特殊情形下的个人信息处理者的告知义务作出了规定，分述如下。

一是个人信息处理者因合并、分立、解散、被宣告破产等原因需要转移个人信息时的告知义务。《个人信息保护法》第22条规定："个人信息处理者因合并、分立、解散、被宣告破产等原因需要转移个人信息的，应当向个人告知接收方的名称或者姓名和联系方式。接收方应当继续履行个人信息处理者的义务。接收方变更原先的处理目的、处理方式的，应当依照本法规定重新取得个人同意。"依据该条规定，个人信息处理者因合并、分立、解散、被宣告破产等原因需要转移个人信息时，应当向个人告知接收方的相关信息，因为在个人信息处理者发生合并、分立、解散以及被宣告破产等情形下，个人信息处理者可能会发生变更，新的个人信息处理者是否具有处理个人信息的能力，能否保障个人信息的安全等，均存在一定的不确定性，因此，为了保障个人对其个人信息处理者的充分知情，个人信息处理者在上述情形下应当对个人尽到告知义务。

二是个人信息共享情形下个人信息处理者的告知义务。《个人信息保护法》第23条规定："个人信息处理者向其他个人信息处理者提供其处理的个人信息的，应当向个人告知接收方的名称或者姓名、联系方式、处理目的、处理方式和个人信息的种类，并取得个人的单独同意。接收方应当在上述处理目的、处理方式和个人信息的种类等范围内处理个人信息。接收方变更原先的处理目的、处理方式的，应当依照本法规定重新取得个人同意。"依据该条规定，在个人信息共享的情形下，个人信息处理者应当向个人告知个人信息接收方的相关信息以及个人信息处理的相关情况。

三是处理敏感个人信息时个人信息处理者的告知义务。《个人信息保护法》第30条规定："个人信息处理者处理敏感个人信息的，除本法第十七条第一款规定的事项外，还应当向个人告知处理敏感个人信息的必要性以及对个人权益的影响；依照本法规定可以不向个人告知的除外。"依据该规定，在处理敏感个人信息的情形下，个人信息处理者一般应当向个人告知处理敏感个人信息的相关情况。其目的在于使个人充分了解其敏感个人信息的处理情况，从而使个人更好地判断其敏感个人信息处理可能产生

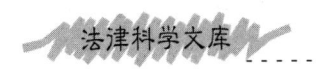

的影响。

四是国家机关为履行法定职责时的告知义务。《个人信息保护法》第35条规定:"国家机关为履行法定职责处理个人信息,应当依照本法规定履行告知义务;有本法第十八条第一款规定的情形,或者告知将妨碍国家机关履行法定职责的除外。"在国家机关为履行法定职责而处理个人信息的情形下,国家机关本身也是个人信息处理者,也应当依法履行告知义务。

五是个人信息处理者向境外提供个人信息时的告知义务。《个人信息保护法》第39条规定:"个人信息处理者向中华人民共和国境外提供个人信息的,应当向个人告知境外接收方的名称或者姓名、联系方式、处理目的、处理方式、个人信息的种类以及个人向境外接收方行使本法规定权利的方式和程序等事项,并取得个人的单独同意。"依据该规定,个人信息处理者向境外提供个人信息的,相关的个人信息将被境外的个人信息处理者处理,这可能增加个人信息处理中的风险,因此,个人信息处理者应当对个人尽到告知义务,并取得个人的单独同意。

除上述规定外,有关行政法规也对个人信息处理者的告知义务作出了规定。例如,《征信业管理条例》第15条规定:"信息提供者向征信机构提供个人不良信息,应当事先告知信息主体本人。但是,依照法律、行政法规规定公开的不良信息除外。"依据该规定,除法律、行政法规另有规定外,信息提供者向征信机构提供个人的不良信息前,应当对个人尽到告知义务。又如,《非银行支付机构监督管理条例》第32条第4款规定:"非银行支付机构与其关联公司共享用户信息的,应当告知用户该关联公司的名称和联系方式,并就信息共享的内容以及信息处理的目的、期限、方式、保护措施等取得用户单独同意。非银行支付机构还应当与关联公司就上述内容以及双方的权利义务等作出约定,并对关联公司的用户信息处理活动进行监督,确保用户信息处理活动依法合规、风险可控。"该条同样对相关主体实施个人信息共享行为之前对个人的告知义务作出了规定。

3. 个人信息处理者未尽到告知义务的法律后果

《个人信息保护法》等虽然规定了个人信息处理者的告知义务,但如果个人信息处理者在处理个人信息前未依法履行告知义务,将产生何种法律后果?有观点认为,如果个人信息处理者未尽到告知义务或者告知不充分,使个人在完全不知情或者不充分知情的情形下作出同意的,个人作出的同意是无效的。① 此种观点值得赞同。如果个人信息处理者是通过格式条款的方式取得个人同意,如果个人信息处理者未尽到告知义务,使个人对相关的个人信息处理条款不知情,则依据《民法典》第 496 条第 2 款规定,个人有权主张相关的个人信息处理条款不成为合同的内容。如果个人信息处理者未尽到告知义务,使个人对相关个人信息处理条款的理解存在重大误解,或者个人信息处理者未尽到告知义务构成欺诈的,个人有权依法行使撤销权。在上述情形下,个人作出的同意无法成为个人信息处理者处理个人信息的合法性基础②,如果个人信息处理者已经实施了相关个人信息处理行为的,个人有权依法请求个人信息处理者承担民事责任。

(二) 个人自愿同意

所谓个人自愿同意,是指个人作出同意时的意思是自由的,即个人基于自己的意愿而作出同意。从意思表示的层面看,个人非自愿同意主要有两种形式:一是个人在作出同意时受到欺诈。例如,个人信息处理者在履行其告知义务时,故意隐瞒处理个人信息的范围,或者隐瞒处理个人信息的方法,此种情形即构成欺诈,个人对此作出同意的,即构成非自愿同意。二是个人在作出同意时受到胁迫。所谓胁迫,是指行为人通过威胁、恐吓等不法手段对个人思想上施加强制,从而使他人产生恐惧心理并基于此种恐惧心理而作出意思表示的行为。③ 如果个人信息处理者在要求个人作出同意时实施了胁迫行为,并使个人基于此种恐惧心理作出同意,则此种同意同样构成非自愿同意。《个人信息保护法》第 14 条要求个人必须自愿作出同意,旨在更好地保护个人的信息自决权利,防止个人信息处理者利用其优势地位欺诈个人,或者迫使个人作出同意。

在此需要探讨的是:如果个人并非基于自愿而作出同意,将产生何种效力?有观点认为,对个人信息处理活动而言,如果个人的同意不是自愿作出的,则不应当使个人承受此种因不自愿同意而产生的后果,此时个人

---

① 参见程啸:《个人信息保护法理解与适用》,中国法制出版社 2021 年版,第 152 页。

② 参见张新宝:《个人信息处理的基本原则》,载《中国法律评论》2021 年第 5 期,第 23 页。

③ 参见黄薇主编:《中华人民共和国民法典总则编解读》,中国法制出版社 2020 年版,第 486~487 页。

的同意应当是无效的。① 笔者认为，在个人非自愿作出同意的情形下，不宜一概认定同意是无效的。主要理由在于，按照本书前述观点，个人同意在性质上应当属于意思表示，因此，在个人非自愿作出同意的情形下，应当依据民事法律行为效力的规则认定其效力。具体而言，如果个人信息处理者欺诈个人作出同意，依据《民法典》第148条的规定，个人有权请求人民法院或者仲裁机构予以撤销；如果个人信息处理者胁迫个人作出同意，依据《民法典》第150条规定，个人同样有权请求人民法院或者仲裁机构予以撤销。因此，在个人非自愿同意的情形下，如果个人行使撤销权，其同意将无效；但如果个人并未请求人民法院或者仲裁机构予以撤销，则其同意仍可发生效力，此时个人的同意仍属于个人信息处理者处理个人信息的合法性基础。还应当看到，在个人非自愿同意的情形下，个人在作出同意后，可能已经实际使用个人信息处理者提供的产品或者服务，一概认定其同意无效，个人可能需要负担相应的返还义务，这对个人权益保护并非当然有利。因此，在个人信息处理者实施欺诈或者胁迫行为的情形下，依据《民法典》的上述规定，应当由个人自主决定是否行使撤销权，而不宜一概否定个人同意的效力。

从实践来看，一些个人信息处理者可能将个人同意作为其提供产品或者服务的前提，即如果个人不作出同意，就无法使用相关的产品或者服务，此种情形是否构成胁迫？个人在此种情形下作出同意的，能否产生同意的效力？笔者认为，此种情形不应当构成胁迫。如前所述，胁迫指行为人通过威胁、恐吓等不法手段对个人思想上施加强制，并使个人基于恐惧心理而作出意思表示。而在个人信息处理者将个人同意作为其提供产品或者服务的前提的情形下，个人信息处理者未对个人实施威胁、恐吓等手段，也未使个人产生恐惧心理，因此，此种情形不构成胁迫。关于此种行为的效力，《个人信息保护法》第16条规定："个人信息处理者不得以个人不同意处理其个人信息或者撤回同意为由，拒绝提供产品或者服务；处理个人信息属于提供产品或者服务所必需的除外。"依据该规定，通常情形下，个人信息处理者不得以个人不同意处理其个人信息为由拒绝提供产品或者服务，如果个人信息处理者实施此种行为，其可能需要依据《个人

---

① 参见程啸：《论个人信息处理中的个人同意》，载《环球法律评论》2021年第6期，第51~52页。

信息保护法》第 66 条承担相应的行政处罚。在个人作出同意后，由于个人作出同意时并未遭受欺诈或者胁迫，其同意应当具有法律效力。同时，《人脸识别处理个人信息司法解释》第 4 条就人脸信息处理中的个人同意规则作出了规定："有下列情形之一，信息处理者以已征得自然人或者其监护人同意为由抗辩的，人民法院不予支持：（一）信息处理者要求自然人同意处理其人脸信息才提供产品或者服务的，但是处理人脸信息属于提供产品或者服务所必需的除外；（二）信息处理者以与其他授权捆绑等方式要求自然人同意处理其人脸信息的；（三）强迫或者变相强迫自然人同意处理其人脸信息的其他情形。"依据该规定，如果个人信息处理者以个人同意处理其人脸信息作为提供产品或者服务的前提，个人信息处理者就不得将个人同意作为抗辩。关于此处"抗辩"的内涵，该条并未作出明确规定。笔者认为，即便个人信息处理者实施上述行为，就个人信息处理者与个人之间的关系而言，其并不意味着个人信息处理者处理个人信息的行为当然具有非法性，此时如果个人信息处理者的行为构成欺诈或者胁迫，个人有权依法行使撤销权，个人信息处理者的行为不再具有合法性；但如果个人并未行使撤销权，则不宜认定个人的同意行为无效。当然，在个人信息处理者实施上述行为的情形下，其可能需要依法承担相应的行政处罚，此时，个人信息处理者不得以其已经取得个人同意为由提出抗辩。

此外，依据上述规定，如果处理个人信息属于提供产品或者服务必需，个人信息处理者可以将个人同意作为其提供产品或者服务的前提条件。例如，个人信息处理者在向个人提供个性化广告推送服务时，需要收集个人的网页浏览记录、购物偏好等个人信息，否则将无法提供相关的服务。在此情形下，个人信息处理者即可以将个人同意其处理相关的个人信息作为提供相关服务的前提。

（三）个人明确同意

在基于个人同意处理个人信息的情形下，个人信息处理者在处理个人信息之前，必须取得个人的明确同意。依据《民法典》第 1033 条第 5 项，处理他人的私密信息，应当取得他人的明确同意，该规则意在强化对个人私密信息的保护[1]，但对于处理私密信息之外的其他个人信息，《民法典》

---

[1] 参见黄薇主编：《中华人民共和国民法典人格权编解读》，中国法制出版社 2020 年版，第 201~202 页。

并未规定个人明确同意的规则。而依据《个人信息保护法》第 14 条规定，在基于个人同意而处理个人信息的情形下，个人必须明确作出同意，可见，与《民法典》的规定相比，《个人信息保护法》实际上扩张了个人明确同意规则的适用范围，不再将其局限于私密信息，而是扩张适用于所有个人信息，这更有利于强化对个人信息的保护。

关于何为个人明确同意，《民法典》《个人信息保护法》均未作出具体规定。笔者认为，理解此处的个人明确同意，应当注意三点。

第一，个人明确同意要求个人同意的意思表示应当是清晰明确的。换言之，应当能够从个人的意思表示中清晰地解释出个人同意个人信息处理者处理其个人信息。例如，个人信息处理者对个人表示，将在何种时间内、以何种方式处理其哪些个人信息，个人收到个人信息处理者的意思表示后，对个人信息处理者表示同意其个人信息处理行为，在此情形下，即可认定个人已经明确同意相关的个人信息处理行为。由于《个人信息保护法》第 14 条明确要求处理个人信息时，必须个人作出"明确"同意，因此，在个人同意的意思含糊、模棱两可时，不宜将其解释为个人已经明确同意。

第二，个人明确同意强调的是个人意思表示内容的明确性，而非意思表示的形式。也就是说，无论个人采用何种形式作出同意的意思表示，只要能够确定个人同意的意思是清晰、明确的，即应当认定个人已经明确同意。个人在作出同意时，既可以采用书面形式，也可以采用口头形式或者其他形式。例如，在个人信息处理者对个人表示其将处理个人的相关个人信息后，个人既可以口头表示同意，又可以以书面形式或者其他形式表示同意，只要能够确定个人同意的意思是清晰无误的，即可认定个人已经明确同意。当然，如果法律对个人作出同意的形式有特别要求，则个人作出同意应当符合法律规定的形式。

第三，个人同意的明确性与个人作出同意的方式没有直接关联。有观点认为，《个人信息保护法》第 14 条所规定的明确同意不宜采用默示的方式作出，如默示、预选方框或者不作为等，都不构成此处的明确同意。[①]按照此种观点，此处个人的明确同意只能以明示的方式作出。笔者认为，

[①] 参见程啸：《论个人信息处理中的个人同意》，载《环球法律评论》2021 年第 6 期，第 53 页。

此种观点值得商榷，在此应当区分意思表示作出方式中的明示方式与此处个人同意的明确性，二者的内涵不同。明示意思表示强调的是民事主体以语言、文字等能够使相对人直接了解其意思表示内容的方式作出意思表示。而个人明确同意强调的是个人同意意思的明确性，即强调的是个人同意的内容而非作出意思表示的方式。因此，无论个人以明示的方式作出同意，还是以默示的方式作出同意，只要其同意的意思是明确的，就应当认定个人已经明确同意。例如，个人信息处理者对个人表示，只要其使用相关的网络服务，就表明其已经同意个人信息处理者处理其相关的个人信息，在此情形下，个人使用相关网络服务这一行为，就表明其已经同意个人信息处理者处理其特定的个人信息，此种情形就属于个人以默示的方式作出意思表示。此外，依据《民法典》第140条的规定，在法律有特别规定、当事人有特别约定或者当事人之间有相关交易习惯的情形下，个人的沉默也可以视为意思表示，该规则也同样适用于此处个人的明确同意。

二、个人同意的特别要件
（一）个人的单独同意

在法律、行政法规有特别规定的情形下，个人信息处理者处理相关个人信息应当取得个人的单独同意。所谓单独同意，是指个人信息处理者依据法律、行政法规的规定，将相关的个人信息处理事项单独提醒个人，并取得个人的同意。依据《个人信息保护法》第14条规定，如果法律、行政法规规定相关个人信息的处理需要取得个人的单独同意，个人信息处理者应当取得个人的单独同意。从实践来看，个人信息处理者可能将各类需要个人同意的事项合并在一起，一并向个人进行告知，并由个人对诸多事项作出同意。例如，个人信息处理者可能会通过冗长的网络隐私政策、网络服务协议向个人告知相关的个人信息处理事项，而个人可能难以仔细阅读相关条款，甚至在未经阅读的情形下即作出同意。[①] 通过此种方式取得个人同意虽然可以提高取得个人同意的效率，但可能不利于个人信息的保护。例如，个人信息处理者可能会将一些重要的个人信息处理行为（如对个人敏感个人信息的处理）与其他个人信息处理行为一并规定，从而使个

[①] 参见林洹民：《论个人信息主体同意的私法性质与规范适用——兼论〈民法典〉上同意的非统一性》，载《比较法研究》2023年第3期，第144页。

人"忽略"相关的个人信息处理行为，或者难以准确判断相关个人信息处理行为对其个人信息的影响。因此，《个人信息保护法》第14条规定个人的单独同意规则，对于保障个人信息处理者履行其告知义务、保障个人对其个人信息处理的知情权以及强化个人信息保护等，均具有重要意义。

从《个人信息保护法》的规定来看，个人信息处理者需要依法取得个人单独同意的情形主要包括五种。

一是个人信息处理者向他人提供个人信息。《个人信息保护法》第23条第一句规定："个人信息处理者向其他个人信息处理者提供其处理的个人信息的，应当向个人告知接收方的名称或者姓名、联系方式、处理目的、处理方式和个人信息的种类，并取得个人的单独同意。"个人信息处理者向他人提供个人信息，即所谓的个人信息共享行为，在个人信息共享的情形下，将使其他个人信息处理者取得处理相关个人信息的权限，对个人信息权益的保护有重大影响，因此，《个人信息保护法》第23条要求此种情形应当取得个人的单独同意。

二是个人信息公开行为。个人信息公开行为也是个人信息处理行为的一种类型，个人信息公开行为将使个人信息转变为已公开的个人信息。依据《个人信息保护法》第13条第1款第6项的规定，已公开个人信息的处理原则上无须取得个人的同意，可见，个人信息处理者将个人信息公开后，将在一定程度上"弱化"相关个人信息的保护。因此，《个人信息保护法》第25条规定："个人信息处理者不得公开其处理的个人信息，取得个人单独同意的除外。"依据该规定，个人信息处理者公开个人信息应当取得个人的单独同意。

三是将公共场所安装图像采集、个人身份识别设备所收集的个人图像、身份识别信息用于维护公共安全之外的其他目的。《个人信息保护法》第26条规定："在公共场所安装图像采集、个人身份识别设备，应当为维护公共安全所必需，遵守国家有关规定，并设置显著的提示标识。所收集的个人图像、身份识别信息只能用于维护公共安全的目的，不得用于其他目的；取得个人单独同意的除外。"依据该规定，个人信息处理者将在公共场所安装图像采集、个人身份识别设备所收集的个人图像、身份识别信息用于维护公共安全之外的其他目的的，应当取得个人的单独同意。因为个人的图像和身份识别信息属于个人的敏感个人信息，对个人的人身、财产安全具有重大影响，将其用于维护公共安全所必需之外的其他目的的，应当取得个人的单独同意，此种情形下的单独同意规则也是《个人信息保护法》第29条规定的敏感个人信息处理需个人单独同意规则的一种具体化。

四是敏感个人信息的处理。敏感个人信息对个人的人身、财产安全具有重大影响，个人信息处理者在处理个人的敏感个人信息前，应当取得个人的单独同意。对此，《个人信息保护法》第29条规定："处理敏感个人信息应当取得个人的单独同意；法律、行政法规规定处理敏感个人信息应当取得书面同意的，从其规定。"

五是个人信息处理者向境外提供个人信息。《个人信息保护法》第39条规定："个人信息处理者向中华人民共和国境外提供个人信息的，应当向个人告知境外接收方的名称或者姓名、联系方式、处理目的、处理方式、个人信息的种类以及个人向境外接收方行使本法规定权利的方式和程序等事项，并取得个人的单独同意。"依据该规定，个人信息处理者向境外提供个人信息的，无论该个人信息是一般个人信息还是敏感个人信息，均需要取得个人的单独同意。

除《个人信息保护法》的上述规定外，有关的行政法规也对个人信息处理中的个人单独同意规则作出了规定。例如，《非银行支付机构监督管理条例》就对特殊情形下的个人信息处理行为规定了个人单独同意规则，该条例第32条第4款第一句规定："非银行支付机构与其关联公司共享用户信息的，应当告知用户该关联公司的名称和联系方式，并就信息共享的内容以及信息处理的目的、期限、方式、保护措施等取得用户单独同意。"该条例就用户个人信息共享行为规定了个人单独同意规则，该规则也是《个人信息保护法》第23条的具体化。《非银行支付机构监督管理条例》第33条第1款规定："非银行支付机构相关网络设施、信息系统等被依法认定为关键信息基础设施，或者处理个人信息达到国家网信部门规定数量的，其在境内收集和产生的个人信息的处理应当在境内进行。确需向境外提供的，应当符合法律、行政法规和国家有关规定，并取得用户单独同意。"该条规定个人信息处理者向境外提供个人信息时的个人单独同意规则，也是《个人信息保护法》第39条有关向境外提供个人信息情形下个人单独同意规则的具体化。

在法律、行政法规要求个人信息处理者必须取得个人单独同意的情形下，如果个人信息处理者未取得个人单独同意，此时将产生何种效力？从前述规定来看，需要个人单独同意的情形都是对个人具有重大利害关系的条款，从实践来看，个人信息处理者通常通过网络服务协议或者网络隐私政策取得个人同意，相关条款通常属于格式条款，如果个人信息处理者未按照法律规定取得个人的单独同意，意味着个人信息处理者没有尽到相关的告知和提示说明义务。《民法典》第496条第2款第二句规定："提供格式条款的一方未履行提示或者说明义务，致使对方没有注意或者理解与其有重大利害关系的条款的，对方可以主张该条款不成为合同的内容。"依据该规定，个人信息处理者未依法取得个人单独同意的情形下，个人有权主张相关的条款不成为合同的内容，在此情形下，个人信息处理者依据相关条款处理个人信息不再具有合法性，个人有权依法请求个人信息处理者承担民事责任。

（二）个人的书面同意

依据《个人信息保护法》第14条规定，在法律、行政法规有特别规定的情形下，个人信息处理者处理相关的个人信息应当取得个人的书面同意。所谓个人的书面同意，是指个人以书面形式对个人信息处理者处理其个人信息的行为作出同意。对于此处的书面形式究竟包括哪些形式，《个人信息保护法》并未作出明确规定，依据《民法典》第469条第2款规定，书面形式包括合同书、信件、电报、电传、传真等可以有形地表现所载内容的形式。在法律、行政法规要求个人书面同意的情形下，个人信息处理者可以通过上述形式取得个人的同意。

从《民法典》与《个人信息保护法》的规定来看，一般情形下其没有就个人信息处理者取得个人同意的形式作出规定，即个人信息处理者可以采用口头、书面或者其他形式取得个人的同意，个人信息处理者只要能够证明个人已经作出同意，其基于该同意处理相关的个人信息的行为即具有合法性。但在法律、行政法规明确要求个人信息处理者必须取得个人书面同意的情形下，个人信息处理者应当依法取得个人的书面同意，这实际上提高了个人信息处理者取得个人同意的要求，有利于督促个人谨慎地就个人信息处理者处理其个人信息作出同意。

从《个人信息保护法》的规定来看，个人信息处理者需要取得个人书面同意限于处理敏感个人信息的情形，对此，《个人信息保护法》第29条规定："处理敏感个人信息应当取得个人的单独同意；法律、行政法规规定处理敏感个人信息应当取得书面同意的，从其规定。"与处理一般个人信息相比,《个人信息保护法》要求个人信息处理者处理敏感个人信息必须取得个人的书面同意,提高了敏感个人信息的保护标准,其一方面有利于督促个人在作出同意前谨慎考虑是否同意个人信息处理者处理其敏感个人信息;另一方面,其也有利于固定当事人有关敏感个人信息处理的约定的内容,以减少纠纷的发生。除《个人信息保护法》外,有关的行政法规也对个人信息处理者取得个人书面同意的规则作出了规定,例如,《征信业管理条例》第14条第2款规定:"征信机构不得采集个人的收入、存款、有价证券、商业保险、不动产的信息和纳税数额信息。但是,征信机构明确告知信息主体提供该信息可能产生的不利后果,并取得其书面同意的除外。"依据该规定,征信机构在采集个人的收入、存款等信息时,除需要尽到相应的告知义务外,还应当取得个人的书面同意,否则不得采集相关的个人信息。又如,《征信业管理条例》第29条第2款规定:"从事信贷业务的机构向金融信用信息基础数据库或者其他主体提供信贷信息,应当事先取得信息主体的书面同意,并适用本条例关于信息提供者的规定。"依据该规定,从事信贷业务的机构在向相关主体提供个人的信贷信息前,也应当取得个人的书面同意。

法律、行政法规要求必须取得个人书面同意的,如果个人信息处理者没有取得个人的书面同意,将产生何种效力?笔者认为,法律、行政法规要求个人信息处理者必须取得个人书面同意,一方面是为了提高个人信息处理者的提示、说明义务,另一方面是为了督促个人谨慎作出同意个人信息处理者处理其特定个人信息的决定。在个人信息处理者未取得个人书面同意的情形下,如果其行为符合欺诈的要件,则个人有权依法行使撤销权。在个人信息处理者能够证明个人已经作出同意的情形下,如果不存在意思表示瑕疵的法定情形,则应当认定个人的同意有效,此时,个人信息处理者仍有权基于该同意处理相关的个人信息。但由于个人信息处理者未依法取得个人书面同意,构成《个人信息保护法》第66条规定的"违反本法规定处理个人信息",有关部门有权对其依法进行行政处罚。

三、个人信息处理活动发生变更情形下个人的重新同意

在个人信息处理活动发生变更的情形下,个人信息处理者需要依法重新取得个人同意。对此,《个人信息保护法》第14条第2款规定:"个人信息的处理目的、处理方式和处理的个人信息种类发生变更的,应当重新

取得个人同意。"个人信息的处理目的是指个人信息处理者处理个人信息时追求的特定效果。个人信息的处理方式是指个人信息处理者以何种方式处理相关的个人信息。处理的个人信息种类是指个人信息处理者处理哪些类型的个人信息。按照学者的观点,《个人信息保护法》第 14 条之所以要求个人信息处理的上述内容发生变化时需要重新取得个人同意,主要是因为,上述内容对个人的权益具有重要影响,因此,其变更需要取得个人的重新同意,如个人信息处理目的的变化,通常会导致个人信息处理者处理个人信息的方式发生变化,即便个人信息处理方式不发生变化,新的个人信息处理目的将对个人信息保护产生何种影响,也存在一定的不确定性,需要重新取得个人的同意。① 同时,按照此种观点,个人信息的处理目的、处理方式和处理的个人信息种类之外的事项发生变更的,依据《个人信息保护法》第 17 条的规定,个人信息处理者仅需要告知个人即可,而不需要重新取得个人的同意。②

　　上述观点具有合理性,个人信息的处理目的、处理方式以及处理的个人信息种类对个人信息的保护具有重要影响,这三项内容发生变更的,要求个人信息处理者重新取得个人同意,有利于保护个人的信息自决权利,也有利于使个人控制其个人信息处理中的风险。同时,依据《民法典》与《个人信息保护法》的规定,除法律规定的特殊情形外,个人信息处理行为原则上应当取得个人同意,在个人信息处理活动上述内容发生变化的情形下,要求重新取得个人同意,实际上也是贯彻个人知情同意规则的当然结果。但《个人信息保护法》第 14 条第 2 款将需要重新取得个人同意的事项仅限于上述三种情形,并在上述三种情形发生变更时一概要求重新取得个人同意,则存在一定的问题。

　　一方面,需要重新取得个人同意的事项不应当仅限于上述三项内容。《个人信息保护法》第 14 条第 2 款所列举的三项内容对个人信息权益保护的影响的确较大,这三项内容发生变更时,要求个人信息处理者必须重新取得个人同意,具有一定的合理性,但问题在于,个人信息处理事项中对

---

① 参见程啸:《个人信息保护法理解与适用》,中国法制出版社 2021 年版,第 158 页。

② 参见程啸:《个人信息保护法理解与适用》,中国法制出版社 2021 年版,第 159 页。

个人权益影响较大的事项并不当然限于这三项内容。例如，个人信息处理者保存个人信息的期限，对个人信息权益的保护同样具有重要影响，除法律另有规定的情形外，个人信息处理者在何种期限内保存相关的个人信息，应当取得个人的同意，个人信息保存期限发生变更的，当然应当重新取得个人的同意。如果认为个人信息保存期限的变更不需要取得个人的同意，个人信息处理者就可能随意延长个人信息保存期限，甚至变相进行永久保存，这可能使个人享有的请求个人信息处理者删除个人信息的权利被架空（《个人信息保护法》第47条），从而不利于个人信息的保护。因此，尽管《个人信息保护法》第17条仅规定了个人信息的保存期限等发生变更的，个人信息处理者应当告知个人，但该条旨在强调个人信息处理者负有告知变更事项的义务，并不意味此种变更不需要再取得个人的同意。

又如，就个人信息处理范围的变更而言，其并不属于《个人信息保护法》第14条第2款列举的事项，但该事项与处理的个人信息种类相似，对个人信息权益保护同样具有重大影响。如果个人仅同意个人信息处理者处理其近一周的网页浏览记录信息，或者个人行为轨迹信息，依据《个人信息保护法》第14条的规定，个人信息处理者处理个人近一个月或者近一年的网页浏览记录信息与个人行为轨迹信息，就不需要重新取得个人同意，这显然不利于个人信息的保护，也会在一定程度上架空个人知情同意规则的适用。因此，在个人信息处理的内容发生变化的情形下，不应当将需要重新取得个人同意的事项严格限定为《个人信息保护法》第14条第2款所规定的三项内容。

另一方面，在《个人信息保护法》第14条第2款规定的三项内容发生变更的情形下，也不宜一概认定需要重新取得个人同意。个人信息处理的内容发生变更时，要求个人信息处理者应当取得个人同意，有利于强化对个人信息权益的保护，但重新取得个人同意也存在增加个人信息处理成本、影响个人信息处理效率等问题。笔者认为，如果该款规定的三项内容变化仅限缩个人信息处理者处理个人信息的权限，不会对个人信息权益的保护产生不利影响，就应当对《个人信息保护法》第14条第2款的适用进行目的性限缩，不宜再要求必须重新取得个人同意。例如，就个人信息的处理目的变化而言，如果个人信息处理者限缩了其个人信息的处理目的，如当事人最初约定的处理目的包括用于商业和非商业目的，后个人信息处理者将个人信息处理目的变更为非商业目的，在此情形下，这并不会不当影响个人信息保护，不宜要求个人信息处理者必须重新取得个人同意。又如，就个人信息处理方式的变化而言，如果当事人最初约定的个人信息处理方式包括收集、存储、加工和向他人提供，后个人信息处理者变更处理方式，删除了向他人提供这一处理方式，此种变更同样不会对个人信息保护产生不利影响，因而也无须重新取得个人同意。此外，就处理的个人信息种类发生变化而言，如果个人信息处理者主动减少了其处理的个人信息的种类，也不会对个人信息保护产生不利影响，因而不应要求个人信息处理者必须重新取得个人同意。

第三节 通过网络隐私政策取得个人同意

一、网络隐私政策的概念及相关纠纷

近年来，随着互联网和大数据技术的发展，个人信息的利用方式也日益多样化，作为互联网和大数据时代的"新石油"①，个人信息的经济价值正在逐步凸显。与此相伴而生的是，各种非法收集、利用个人信息的现象频发，围绕个人信息产生的纠纷也日益增多，其中引起普遍关注的一类纠纷是隐私政策纠纷。

网络隐私政策也称隐私政策，它是指网络服务提供者以在线文件的方式披露其收集、利用用户个人信息的目的、范围和方式等内容，并公示其保护用户个人信息的原则和具体措施。② 隐私政策不同于网络服务协议，其一般体现为独立网页或者链接，专门用于处理用户个人信息、隐私问题。③ 隐私政策在实践中有多种表现形式，如"隐私政策"、"隐私声明"、"个人信息保护指引"、"隐私权政策"以及"应用权限"等。网络服务提供者制定隐私政策，主要是为了履行其公示收集、利用用户个人信息的范围、方式等内容的法定义务。这点因为依据《个人信息保护法》《网络安

---

① 参见王利明：《人格权重大疑难问题研究》，法律出版社2019年版，第711页。
② 参见高秦伟：《个人信息保护中的企业隐私政策及政府规制》，载《法商研究》2019年第2期，第16页。
③ Daniel J. Solove, Woodrow Hartzog, "The FTC and the New Common Law of Privacy", *Columbia Law Review*, Vol. 114, Issue 3 (2014), p. 595.

全法》的规定，个人信息处理者在收集、使用用户个人信息时，应当明示收集、使用信息的目的、方式和范围。全国人民代表大会常务委员会《关于加强网络信息保护的决定》第 2 条也规定："网络服务提供者和其他企业事业单位在业务活动中收集、使用公民个人电子信息，应当遵循合法、正当、必要的原则，明示收集、使用信息的目的、方式和范围，并经被收集者同意，不得违反法律、法规的规定和双方的约定收集、使用信息。网络服务提供者和其他企业事业单位收集、使用公民个人电子信息，应当公开其收集、使用规则。"因此，制定隐私政策，公示用户个人信息收集、利用、保护的范围、方式等内容，可以说是网络服务提供者经营依法、合规的重要途径。同时，网络服务提供者通过隐私政策展示其用户个人信息保护水平以及具体的保护措施，也可以吸引更多的潜在用户。从实践来看，无论是大型的搜索引擎，还是各类手机应用 App，绝大多数网络服务提供者都制定了自己的隐私政策。从各类网络服务提供者制定的隐私政策来看，其一般包含如下内容：一是网络服务提供者收集、利用、共享用户个人信息的目的、范围和方式；二是网络服务提供者保护用户个人信息的具体措施；三是特殊主体（主要是儿童）个人信息收集、利用的特殊规则；四是隐私政策的变更与修改方式。有的网络服务提供者还专门在隐私政策中披露 Cookie 以及同类技术的使用方法，以及修改用户个人信息的方法等。

虽然大多数网络服务提供者都制定了自己的隐私政策，但隐私政策的性质如何，其将在网络服务提供者与用户之间产生何种法律效力，在法律上并不明确，因此也引发了一些纠纷。例如，在被称为"全国首例大数据产品不正当竞争案"的"安徽美景信息科技有限公司与淘宝（中国）软件有限公司不正当竞争纠纷案"中，当事人的争议焦点之一就是隐私政策的效力。①

原告淘宝（中国）软件有限公司（以下简称"淘宝公司"）属于阿里巴巴集团控股有限公司旗下的关联公司，也是阿里巴巴卖家端"生意参谋"零售电商数据产品的开发者和运营者。淘宝公司制定了《淘宝平台服务协议》以及《法律声明及隐私权政策》，规定淘宝公司有权收集、利用用户的个人信息，用户在使用淘宝时必须与淘宝公司签订《淘宝平台服

---

① 参见浙江省杭州市中级人民法院（2018）浙 01 民终 7312 号民事判决书。

协议》，并同意其《法律声明及隐私权政策》。在收集网络用户浏览、搜索、收藏、交易等行为痕迹产生的巨量原始数据的基础上，原告借助特定的算法深度分析用户信息、数据，得出了相关的预测型、统计型等衍生数据，从而为淘宝、天猫商家的网店运营提供系统的数据化参考服务。被告安徽美景信息科技有限公司（以下简称"美景公司"）运营的"咕咕互助平台"及"咕咕生意参谋众筹"网站，将原告数据产品中的数据内容作为自己的数据出售、传播，淘宝公司主张美景公司的行为构成不正当竞争。本案的争议焦点之一在于，淘宝公司收集并使用网络用户信息的行为是否正当？美景公司主张，淘宝公司私自抓取、公开使用淘宝网络用户的相关信息，侵犯了网络用户的个人隐私以及商户的经营秘密，所得出的数据具有违法性。而淘宝公司则主张，其已通过《淘宝平台服务协议》以及淘宝网《法律声明及隐私权政策》就用户个人信息的收集、利用等取得了用户的授权，属于正当的个人信息收集、利用行为。

在该案中，当事人争议的焦点之一，是淘宝公司通过平台服务协议与隐私政策取得收集、利用用户个人信息授权的行为是否正当、合法，这就涉及网络隐私政策的效力问题。此外，围绕一款名为"ZAO"的手机 App 产生的隐私保护问题，同样引发了社会广泛关注，根据该款 App 之前公布的隐私政策，用户上传相关内容即意味着同意授权提供该款 App 服务的公司及其关联公司连同"ZAO"的用户在"全球范围内完全免费、不可撤销、永久、可转授权和可再许可的权利，包括但不限于可以对用户内容进行全部或部分的修改与编辑"①。这种授权范围极其宽泛的隐私政策的合理性受到了普遍质疑。

学理层面对隐私政策的性质与效力同样存在争议，具体而言，学理上关于隐私政策效力的争议主要有如下几个：一是网络服务提供者在通过隐私政策公示其收集、利用用户个人信息的方式、范围时，能否产生取得用户授权的效力？也就是说，在存在隐私政策的情形下，网络服务提供者是否有必要通过其他方式（如网络服务协议）就用户个人信息的收集、利用再次取得用户的授权？二是网络服务提供者能否单方变更其隐私政策？如果网络服务提供者单方变更了其隐私政策，变更后的隐私政策对用户是否

---

① https://finance.sina.cn/2019-09-02/detail-iicezueu2827018.d.html?ivk_sa=1023197a，2022 年 9 月 5 日浏览。

具有拘束力？三是在网络服务提供者违反隐私政策时，用户能否依据隐私政策向网络服务提供者提出请求？例如，用户能否主张网络服务提供者承担违约责任？

要回答上述问题，需要首先明确隐私政策的性质，并在此基础上进一步明确其效力。美国是网络隐私政策的起源地，下文将对美国法上网络隐私政策的法律调整方式进行介绍，并进而探讨网络隐私政策在我国法上的性质及其效力。

二、美国法对隐私政策的调整及其借鉴意义

（一）美国法上隐私政策的产生——应对个人信息保护的现实需要

隐私政策起源于美国，其产生依据可溯源至美国1973年的《公平信息实践准则》（the Fair Information Practice Principles，FIPPs），该准则在个人信息保护方面确立了两项重要规则：一是透明规则（transparency），即在收集个人信息时应当告知个人其个人信息被收集、利用以及共享的范围和方式等；二是个人参与规则（individual participation），即他人在收集与利用个人信息时，应当征得个人的同意。在用户隐私、个人信息保护方面，该准则确立的上述两项规则成为美国法上企业自律规则的基石，该准则确立的规则对美国的隐私法以及世界范围内隐私法的发展产生了重要影响，例如，FIPPs规则为1980年的经合组织准则制定的个人隐私保护原则以及2004年的《亚太经合组织隐私框架》（APEC Privacy Framework）所吸收。[①] 美国法上隐私政策作为一种重要的企业自律规则，其产生也与FIPPs确立的上述两项规则直接关联：一方面，企业制定隐私政策的目的之一在于告知用户收集、利用其个人信息的方法、范围等内容，从而满足透明规则的要求；另一方面，隐私政策允许用户就其个人信息收集、利用的相关内容作出选择，在用户作出选择后，即对选择的内容作出了同意，这实际上是为了满足个人参与规则的要求。[②] 美国法上隐私政策的产生既

[①] 例如，与FIPPs的规则类似，1980年的经合组织准则制定的个人隐私保护原则包括信息收集限制原则和信息质量原则、表明目的原则和使用限制原则、安全保护原则和公开性原则、个人参与原则和负责任原则等。

[②] Daniel J. Solove, Woodrow Hartzog, "The FTC and the New Common Law of Privacy", *Columbia Law Review*, Vol. 114, Issue 3 (2014), pp. 592-593.

有美国隐私保护法律层面的原因①，也与美国互联网产业发展过程中个人信息与隐私保护的现实需求存在直接关联。

第一，美国碎片化的个人信息保护法律制度，遗留了大量的法律调整的空白领域，为隐私政策的产生提供了制度空间。与欧洲通过综合性的立法保护个人信息不同，美国的个人信息保护立法仅针对特定问题作出规定，因此，美国的个人信息保护法律制度具有碎片化、部门化、行业化的特点，也就是说，针对不同的工业和经济部门制定不同的隐私和个人信息保护法律制度，这也使同一类型的个人信息可能受到不同的法律调整。例如，同样是个人的电信记录，视频记录和电报记录就由不同的法律进行调整与保护。② 整体而言，这种部门化、行业化的个人信息保护方式只保护特定类型的个人数据，其调整的是各个不同部门和组织收集、利用个人数据的行为，这种立法模式能够增强特定领域隐私与个人信息保护的针对性，但单行法的保护范围有限，其仅保护特定领域的个人信息③，这会留下大量的空白领域。美国的隐私与个人信息保护法既包括宪法性规范，又包括联邦法和州法，既包括侵权法，又包括一些行政规范和条约，不过，在联邦立法层面，迄今为止，在联邦立法层面仍然缺乏一部直接保护隐私和调整网络服务提供者收集、利用用户个人数据的立法。对于立法尚未直接调整的领域，企业便通过制定隐私政策的方式，公示其收集、利用用户个人信息的方式，这也是隐私政策产生的直接原因。

第二，通过制定隐私政策，企业可以公示用户个人信息收集、利用的范围、方式等内容，消除网络用户的隐私、个人信息顾虑，以吸引更多的网络用户。自20世纪90年代开始，人类社会开始逐步迈入互联网时代，人们越来越多地参与网络活动，尤其是参与互联网商业活动。互联网是一把双刃剑，其在给人们的交往活动带来便利的同时，也给人们的隐私、个

---

① 美国与欧洲在隐私、个人信息保护方面的观念不同，美国称为隐私法（privacy law），而欧洲称为个人数据保护法（data protection law），比宽泛的隐私概念更为具体。William McGeveran, "Friending the Privacy Regulators", *Arizona Law Review*, Vol. 58, Issue 4 (2016), p. 965.

② Daniel J. Solove、Woodrow Hartzog, "The FTC and the New Common Law of Privacy", *Columbia Law Review*, Vol. 114, Issue 3 (2014), p. 587.

③ William McGeveran, "Friending the Privacy Regulators", *Arizona Law Review*, Vol. 58, Issue 4 (2016), p. 973.

人信息的保护带来了巨大挑战，借助于 Cookie 等技术手段，网络服务提供者可以全面了解用户如何使用其网站，可以在用户不知情的情况下收集其个人信息，甚至是用户最为私密的隐私信息，并将用户个人信息多次共享给他人。[1] 在互联网时代，相关的隐私、个人信息侵权一旦发生，通常会构成大规模侵权，涉及海量的用户[2]，而且由于互联网对损害具有无限放大功能，相关的损害后果一旦发生，便难以恢复原状，用户很难获得充分救济。[3] 例如，行为人擅自在网上发布侵权信息或者他人的不雅照片，一经发布，即可瞬间实现全球范围的传播，并可以被无数次地下载、传播。这不仅构成对用户隐私与个人信息权利的侵害，还会破坏人们对网络环境的信任感，损害互联网经济。[4] 自人类社会进入互联网时代以来，隐私与个人信息安全一直是人们关心的重点问题。随着互联网、大数据技术的发展，个人信息的收集、利用在技术上越来越简便，成本也越来越低廉，隐私与个人信息保护问题也会越来越严峻。有学者认为，许多人在使用互联网时表现得很迟疑，其中很重要的原因就在于，他们担心自己的个人信息可能会被不当地收集和利用。[5] 因此，企业通过制定隐私政策，公示其收集、利用用户个人信息的方式、范围等内容，可以在一定程度上降低用户对隐私、个人信息被不当使用的顾虑，这有利于吸引更多的网络用户，增强企业的市场竞争力。

第三，在用户个人信息保护方面减少行政干预，实现企业自律。在用户隐私与个人信息保护方面，企业十分青睐自律（self-regulation）模式，

---

[1] Robert Slattery, Marilyn Krawitz, "Mark Zuckerberg, the Cookie Monster-Australian Privacy Law and Internet Cookies", *Flinders Law Journal*, Vol. 16, Issue 1 (2014), p. 8.

[2] 参见王利明：《论个人信息权的法律保护——以个人信息权与隐私权的界分为中心》，载《现代法学》2013年第4期，第68页。

[3] 参见王利明：《论互联网立法的重点问题》，载《法律科学（西北政法大学学报）》2016年第5期，第114页。

[4] Dennis D. Hirsch, "The Law and Policy of Online Privacy: Regulation, Self-Regulation, or Co-Regulation?", *Seattle University Law Review*, Vol. 34, Issue 2 (2011), p. 439.

[5] Daniel J. Solove、Woodrow Hartzog, "The FTC and the New Common Law of Privacy", *Columbia Law Review*, Vol. 114, Issue 3 (2014), p. 590.

此种模式主要以"告知—选择"(notice and choice)机制为基础。在"告知"环节,企业会在网站公布自己的隐私政策。隐私政策通常是一个独立的网页,用户可以在网站的底部通过点击链接的方式获取,这些隐私政策通常会告知网站收集、利用以及共享用户个人信息的各种方式,当然也包括有关的个人信息保护措施。在"选择"环节,企业会给予用户一些选择权,用户可以选择其个人数据如何被收集和利用,这通常采用退出权(opt-out right)的形式,也就是说,除非用户明确表示其不同意相关的利用,否则,企业即有权按照隐私政策中描述的方法收集、利用用户的个人信息。[1] 隐私政策对美国法上的网络隐私保护的"告知—选择"模式来说是必不可少的,美国许多联邦和州的立法都将隐私政策视为网络用户与用户数据收集者(网络服务提供者)之间的法律关系的基础。[2] 隐私政策在很大程度上是企业自愿行为,其一方面是为了介绍自己的隐私实践,吸引网络用户,另一方面是为了实现自律,从而减少行政干预,即企业通过制定隐私政策,使行政机关确信,企业自律可以发挥作用,因此不再需要额外的行政干预。[3]

  关于企业制定隐私政策的情况,有学者在2018年针对美国企业展开过一项调查研究,该研究调查了十多个行业的600家公司,研究者从纳斯达克上市公司名单中按照行业(共13个行业)选取了若干公司作为样本公司,搜索了样本公司的在线隐私政策,研究结果发现,超过30%的公司在其网站上没有任何形式的隐私政策或通知,但其他公司都以不同形式制定了自己的隐私政策。[4] 虽然大多数网络服务提供者都制定了自己的隐私政策,但对于隐私政策的性质,自其产生之日起就始终存在争议,主要

---

[1] Daniel J. Solove、Woodrow Hartzog, "The FTC and the New Common Law of Privacy", *Columbia Law Review*, Vol. 114, Issue 3 (2014), p. 592.

[2] Ari E. Waldman, "A Statistical Analysis of Privacy Policy Design", *Notre Dame Law Review Online*, Vol. 93, Issue 1 (2018), p. 159.

[3] Siona Listokin, "Industry Self-Regulation of Consumer Data Privacy and Security", *John Marshall Journal of Information Technology and Privacy Law*, Vol. 32, Issue 1 (2016), pp. 17–18.

[4] Razieh Nokhbeh Zaeem, K. Suzanne Barber, "A Study of Web Privacy Policies Across Industries", *Journal of Information Privacy & Security*, Vol. 13, Issue 4 (2017), pp. 169–185.

有合同说与企业自律规则说两种不同主张。前者主张隐私政策能够在网络服务提供者与用户之间成立合同关系，而后者则主张隐私政策并不能在当事人之间成立合同关系，而是一种企业自律规则。严格地说，企业自律规则说与合同说之间并不存在根本性的冲突，二者只是从不同角度观察隐私政策，因为即便将隐私政策视为企业自律规则，也并不排斥隐私政策能够在当事人之间成立合同关系。但对隐私政策性质的认识不同，隐私政策的法律调整方式也会存在差别：如果将隐私政策界定为企业自律规则，可能主要依靠行政手段对隐私政策进行调整，在企业违反隐私政策时，用户将很难依据隐私政策向企业提出请求；反之，如果将隐私政策界定为网络服务提供者与用户之间的合同关系，虽然行政机关也可能对隐私政策的内容及其执行进行一定的干预，但在企业违反隐私政策时，用户将有权请求网络服务提供者承担违约责任，合同法将在隐私政策的调整方面发挥重要作用。与上述对隐私政策性质的不同认识相对应，美国法上隐私政策的法律调整也主要有两种方式：一是联邦贸易委员会（Federal Trade Commission，FTC）对隐私政策的调整，二是由合同法调整。当然，从总体上看，FTC对隐私政策的调整占据了主导地位，合同法在调整隐私政策方面的作用相对较小。

（二）FTC对隐私政策的调整

如前所述，美国碎片化的隐私、个人信息保护立法模式留下了许多法律调整的空白领域，但这些领域并非完全不受调整，许多公司现在都制定了自己的隐私政策，企业隐私政策主要是由FTC负责调整的，隐私政策也因此成为FTC保护个人隐私与个人信息的核心。[1] FTC成立于1914年，其最初始的功能在于保障商事交易的公平竞争，后来，FTC的职权逐步扩张，随着国会通过《惠勒里亚法案》（Wheeler-Lea Amendment）等法案，扩张了FTC的职权，将其职权从禁止不公平和欺诈行为扩张到禁止在竞争中使用不公平的手段。自20世纪90年代末，FTC开始调整企业的隐私政策，目的在于防止企业实施不公平交易和欺诈交易行为。在隐私保护领域，FTC的职权范围要大于其他机构，从实践来看，FTC对隐私政策的调整已经成为适用范围最广、影响最大的一种调整方式，FTC

---

[1] Ari E. Waldman，"A Statistical Analysis of Privacy Policy Design"，*Notre Dame Law Review Online*，Vol. 93，Issue 1（2018），p.159.

在调整隐私政策过程中形成的规则也因此成为美国隐私调整法律制度中最为重要的组成部分。①

1. FTC 调整隐私政策的法律依据

FTC 保护个人隐私与个人信息的法律依据主要有两个。

第一，单行法的规定。个别单行法对特定主体或者特定行业内的隐私与个人信息保护作出了规定，这些规定也为 FTC 调整企业隐私政策、保护该领域的用户隐私与个人信息提供了依据。例如，《儿童在线隐私保护法》（Children's Online Privacy Protection Act，COPPA）对收集儿童个人信息的行为作出了限制；《格雷姆-里奇-比利雷法》（Gramm-Leach-Bliley Act，GLB Act）要求金融机构应当制定隐私政策，并经常告知用户其个人信息收集、利用情况。② 这些单行法的规定也为 FTC 调整隐私政策提供了法律依据，在企业违反隐私政策时，FTC 可以依据这些立法的规定对其进行规制。当然，此类单行法的数量较少，涉及的领域较为特定，并不是 FTC 调整隐私政策的主要法律依据。

第二，《联邦贸易委员会法》（The Federal Trade Commission Act，FTC Act）。FTC 调整隐私政策的职权主要源于 1914 年通过的 FTC Act 第 5 节，其中规定 FTC 的职责在于保护消费者，防止不公平交易和欺诈交易行为影响交易。③ 这种功能定位也严重限制了 FTC 在保护隐私与个人信息方面的作用，在过去几十年，FTC 的职权虽然不断扩张，负责执行超过 70 部法律，但在网络隐私与个人信息保护方面，除上述个别单行法的规定以外，FTC 调整隐私政策只能依靠 FTC Act 第 5 节关于不公平交易和欺诈交易的规定。④ 从 FTC Act 第 5 节的规定来看，FTC 调整隐

---

① Daniel J. Solove、Woodrow Hartzog，"The FTC and the New Common Law of Privacy"，*Columbia Law Review*，Vol. 114，Issue 3（2014），pp. 583-588.

② Joel R. Reidenberg et al.，"Privacy Harms and the Effectiveness of the Notice and Choice Framework"，*A Journal of Law and Policy for the Information Society*，Vol. 11，Issuc 2（2015），p. 511.

③ Susan E. Gindin，"Nobody Reads Your Privacy Policy or Online Contract? Lessons Learned and Questions Raised by the FTC's Action Against Sears"，*Northwestern Journal of Technology and Intellectual Property*，Vol. 8，Issue 1（2009），p. 2.

④ Joel R. Reidenberg et al.，"Privacy Harms and the Effectiveness of the Notice and Choice Framework"，*A Journal of Law and Policy for the Information Society*，Vol. 11，Issue 2（2015），p. 509.

私政策的基础主要有两个：一是欺诈交易行为（deception），二是不公平交易行为（unfair practices）。①

对于欺诈交易行为，FTC将其界定为：在通常情况下可能误导消费者的行为，并造成消费者的损害。如果企业背离了其事先作出的书面陈述（包括隐私政策），能够造成消费者损害，该行为就可能被认定为欺诈交易行为，FTC可以对其进行规制。企业背离事先允诺的认定标准是比较宽泛的，其不限于正式的隐私政策，在交易过程中作出的允诺，或者在在线服务系统中作出的回答，又或者是一个合理、理性的消费者可以从企业网站中获得的信息，都可以被认为是企业的一种事先允诺。② 不过，按照FTC关于欺诈交易的定义，在没有造成用户损害的情形下，企业可以不告诉用户其如何收集、利用用户的个人信息，也就是说，FTC虽然可以要求企业遵守其隐私政策，但并不能要求企业必须制定隐私政策，也不能要求企业的隐私政策中必须包含特定的条款，这可能产生一个奇怪的后果：同样是侵害用户隐私的行为，没有隐私政策的企业比有隐私政策的企业更容易逃脱惩罚。③

对于不公平行为交易行为，FTC将其界定为：造成或者可能造成用户损害，且用户自己无法合理避免，而且此种损害无法通过公平竞争给用户带来的好处所抵消。与欺诈交易行为不同，不公平交易行为的成立并不需要行为人违反事先的承诺或者行为，在侵害隐私或者个人信息的案件中，受害人遭受的损害可以是金钱损失，也可以是健康、安全、情绪受损等多种损害形式。④ 在调整不公平交易行为方面，FTC依据FTC Act第5节享有的职权范围是很广泛的，无论企业的行为是否违反规定，只要其符

---

① Daniel J. Solove、Woodrow Hartzog，"The FTC and the New Common Law of Privacy"，*Columbia Law Review*，Vol. 114，Issue 3（2014），p. 599.

② William McGeveran，"Friending the Privacy Regulators"，*Arizona Law Review*，Vol. 58，Issue 4（2016），p. 978.

③ Joel R. Reidenberg et al.，"Privacy Harms and the Effectiveness of the Notice and Choice Framework"，*A Journal of Law and Policy for the Information Society*，Vol. 11，Issue 2（2015），pp. 509-510.

④ Joel R. Reidenberg et al.，"Privacy Harms and the Effectiveness of the Notice and Choice Framework"，*A Journal of Law and Policy for the Information Society*，Vol. 11，Issue 2（2015），p. 510.

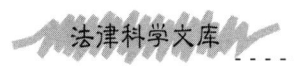

合不公平交易的特点，FTC 都可以认定该行为构成不公平交易。[1] 不过，与欺诈交易行为的认定标准相比，不公平交易行为的认定标准相对模糊，需要对各种利益进行综合衡量，因此，在调整隐私政策方面，FTC 适用不公平交易规则的概率相对较低。

FTC 调整隐私政策的依据限于上述单行法的规定以及 FTC Act 第 5 节关于欺诈交易与不公平交易的规定，也就是说，如果某企业既不受相关单行法的调整，又没有制定自己的隐私政策，则 FTC 将没有相关的执法权限。因此，从总体上看，虽然 FTC 对隐私政策的调整是适用范围最为广泛的一种方式，但其在调整企业行为、保护用户个人信息方面的权限仍然是十分有限的。[2]

2. FTC 调整隐私政策的方式

（1）提起诉讼

在企业违反其隐私政策时，FTC 可以依据 FTC Act 第 5 节关于欺诈交易、不公平交易的规则对其提起诉讼。FTC 对企业提起诉讼可能是基于自己的调查活动，也可能是基于被调查公司竞争对手的建议，虽然 FTC 也接受用户个人的投诉，可以依据个人的投诉确定其调查和起诉的对象，但 FTC 并没有义务解决用户个人的投诉。[3]

关于 FTC 针对企业违反隐私政策行为提起的诉讼的类型，有学者认为，其可以分为如下三类：一是欺诈交易，二是不公平交易，三是针对违反单行法以及"安全港"规则的诉讼。[4] 针对欺诈交易行为的诉讼又可以分为以下几种情形：违反有关隐私的允诺（broken promises of privacy）、一般欺诈（general deception）、不充分的告知（insufficient notice）以及数据安全（data security）（如提供模糊的数据安全允诺）。针对不公平交易的行为的诉讼可以分为如下几种情形：有溯及力的隐私政策变化

---

[1] William McGeveran, "Friending the Privacy Regulators", *Arizona Law Review*, Vol. 58, Issue 4 (2016), p. 978.

[2] Daniel J. Solove, "Woodrow Hartzog, The FTC and the New Common Law of Privacy", *Columbia Law Review*, Vol. 114, Issue 3 (2014), p. 599.

[3] William McGeveran, "Friending the Privacy Regulators", *Arizona Law Review*, Vol. 58, Issue 4 (2016), p. 998.

[4] Daniel J. Solove、Woodrow Hartzog, "The FTC and the New Common Law of Privacy", *Columbia Law Review*, Vol. 114, Issue 3 (2014), p. 627.

（retroactive policy changes）、欺诈用户收集其个人信息（deceitful data collection）、不当使用用户个人信息（improper use of data）、不公平的设计（unfair design）以及不公平的信息安全实践（unfair information security practices）。① 有学者没有区分欺诈交易行为与不公平交易行为，直接将 FTC 针对隐私政策提起的诉讼概括为如下几种：一是未经许可而公开用户的个人信息（unauthorized disclosure of personal information），二是秘密收集个人信息（surreptitious collection of personal information），三是未对个人信息采取充足的安全保护措施（inadequate security of personal information），四是错误保留个人信息（wrongful retention of personal information）。②

虽然学者对 FTC 针对隐私政策提起诉讼的类型的认识存在一定差异，且 FTC 针对隐私政策提起诉讼的依据仍然主要是 FTC Act 第 5 节，但 FTC 在提起诉讼时没有拘泥于 FTC Act 第 5 节关于欺诈交易与不公平交易的字面含义，而是放宽了其适用条件，扩张了其调整范围，并发展出了更为具体的规则，从而有效地应对了交易实践发展的需要。例如，关于欺诈交易的认定标准，FTC 在实践中不再将其限定为企业违反已经制定的隐私政策的行为，而将企业未对用户尽到充分提示说明就收集用户个人信息的行为也纳入其中。又如，不公平交易的认定标准也逐步具体化、类型化。在有的案件中，按照交易习惯，如果一般情况下消费者认为这些网络服务提供者应当制定隐私政策，而企业没有制定隐私政策的，FTC 甚至可以直接认定该企业的行为构成欺诈交易或者不公平交易。③ 当然，也有观点认为，FTC 在实践中扩张适用 FTC Act 第 5 节的做法（尤其是宽泛认定不公平交易的做法）无法为企业行为提供明确的指引，不公平交易认定标准的模糊性和不确定性可能对企业的经营活动带

---

① Daniel J. Solove、Woodrow Hartzog，"The FTC and the New Common Law of Privacy"，*Columbia Law Review*，Vol. 114，Issue 3（2014），pp. 627 - 643.

② Joel R. Reidenberg et al.，"Privacy Harms and the Effectiveness of the Notice and Choice Framework"，*A Journal of Law and Policy for the Information Society*，Vol. 11，Issue 2（2015），pp. 513 - 517.

③ Daniel J. Solove、Woodrow Hartzog，"The FTC and the New Common Law of Privacy"，*Columbia Law Review*，Vol. 114，Issue 3（2014），p. 674.

来潜在的威胁。①

（2）达成和解协议

在企业违反隐私政策后，FTC 还可以与企业达成和解协议，由企业按照和解协议的要求完善其用户隐私、个人信息的保护方式。在达成和解协议后，FTC 会对企业执行协议的行为进行持续、长期的监督。从 FTC 规制企业隐私政策的实践来看，几乎所有的案件最终都是通过协议解决的，很少有纠纷最终以诉讼的方式解决。② 在达成协议的过程中，FTC 会与企业进行谈判，谈判的重心在于完善企业的用户隐私、个人信息的保护方案。在长期的谈判过程中，FTC 已经形成了一套固有的方案，双方达成的协议通常包括专门的隐私保护措施、完善隐私政策的方式、定期的外部审计以及 FTC 对企业遵守该协议的持续监管。此外，和解协议的期限通常较长，20 年的履行期间是很常见的，这有利于 FTC 对企业保护用户隐私与个人信息的行为进行持续的监管。和解协议一旦生效，即对企业的行为产生法律拘束力，如果企业违反了和解协议，FTC 可能会对其处以罚款，并且企业相关行为涉及的用户越多，罚款越可能会多次翻倍，甚至企业会被持续征收违反协议的罚款。③ 例如，在 2011 年，FTC 曾指控 Facebook 违法共享和公开用户的个人信息，后 FTC 与 Facebook 达成了和解协议，依据该协议，Facebook 应当依据特定法保护消费者的隐私，但在 2019 年，Facebook 发生了 8 700 万用户个人信息泄露事件，表明其没有遵守之前达成的和解协议，据此，FTC 与 Facebook 达成了新的为期 20 年的协议，FTC 对 Facebook 处以高达 50 亿美元的罚款，并且要求 Facebook 调整管理结构，以有效保护用户的隐私与个人信息。④ 又如，在 Franklin 案中，依据 Franklin 汽车公司的隐私政策声明，其只允许有关的

---

① Gerard M. Stegmaier & Wendell Bartnick, "Psychics, Russian Roulette, and Data Security: The FTC's Hidden Data-Security Requirements", 20 *Geo. Mason L. Rev.* 673 (2013), pp. 687–694.

② William McGeveran, "Friending the Privacy Regulators", *Arizona Law Review*, Vol. 58, Issue 4 (2016), p. 998.

③ William McGeveran, "Friending the Privacy Regulators", *Arizona Law Review*, Vol. 58, Issue 4 (2016), pp. 998–999.

④ 参见"FTC 对 Facebook 处以 50 亿美元罚款 并提出新的隐私保护要求（附通告译文）"，http://www.sohu.com/a/329314600_744278，2022 年 9 月 15 日浏览。

员工了解用户的私人信息,并且公司按照联邦法律规定采取了多重措施保护用户的私人信息,但 Franklin 汽车公司网站上的一款 P2P 软件向其他的网络服务提供者共享了 95 000 名用户的姓名、地址、社保卡账号、出生日期以及驾驶证号等个人信息。由于 Franklin 公司也提供金融服务,Franklin 汽车公司没有对用户个人信息采取充分的安全措施也违反了美国格雷姆-里奇-比利雷保障规则(U. S. Gramm-Leach-Bliley Safeguards Rule),该标准要求金融机构应当制定合理的隐私政策,并采取相应的措施,以保障用户的个人信息安全。FTC 认为,涉案企业没有评估在线收集、存储用户个人信息的风险,也没有采取合理的、合适的用户个人信息安全保护措施,最终,Franklin 汽车公司与 FTC 达成履行期长达 20 年的协议,Franklin 汽车公司必须制定一项全面的信息安全计划,并且每隔一年要接受一次数据安全审核。①

FTC 通过与企业达成和解协议的方式解决相关纠纷,一方面可以为其他企业判断其隐私政策是否合法、合理提供一定的参考,为其隐私政策的制定与完善提供指引;另一方面,通过与企业达成长期的和解协议,FTC 还可以对企业后续履行隐私政策协议、保护用户隐私与个人信息的行为进行长期、持续的监管。

(3) 细化法律规则、确立隐私政策标准

在消费者隐私保护方面,FTC 最初鼓励企业自律,其中很重要的原因在于,其担心行政管制会扼杀网络行为。在 1999 年提交给国会的一份报告中,FTC 甚至宣称:"考虑到网络的快速发展和计算机技术的进步,企业自律方式在保护个人信息方面是负面影响最小而效率最高的一种方式。"② 因此,FTC 并没有制定相关的规则,而只是监督企业执行其隐私政策,确保该隐私政策具有法律效力,从而使人们确信隐私政策是有意义的,也是值得信任的,从这一意义上说,FTC 担任了类似于守门员

---

① Richard C. Donohue, Franklin Budget Car Sales, Inc.; Analysis of Proposed Consent Order To Aid Public Comment, Federal Register, Vol. 77, No. 114, 2012, p. 353.

② Dennis D. Hirsch, "The Law and Policy of Online Privacy: Regulation, Self-Regulation, or Co-Regulation?", *Seattle University Law Review*, Vol. 34, Issue 2 (2011), p. 459.

的角色。① 而随着FTC调整隐私政策实践的发展，FTC也逐步细化了相关法律规则，并确立了隐私政策的标准，这也是FTC调整企业隐私政策的重要方式。具体而言：一方面，FTC在适用法律的一般规则时产生了一些具体的规则，这些规则虽然没有被立法吸收，但由于多次使用，对企业来说，这些规则也成为企业判断其隐私政策是否合理的重要参考标准。FTC Act第5节本身是十分模糊的，其只是使用了"欺诈交易""不公平交易"这些概括性的表述，但对于欺诈交易与不公平交易的认定标准如何，该条并没有作出规定，有的企业便制定了内容冗长或者内容模糊的隐私政策，以防止表述过于具体对企业不利。FTC曾经对一些企业的隐私政策进行过调查，发现许多企业在收集用户个人信息时并没有制定隐私政策，有的企业虽然制定了隐私政策，但其条款往往使用一些自相矛盾的表述，或者使用模棱两可的语言，甚至保留未通知用户而单方变更隐私政策的权利。② 面对此种情况，FTC往往直接认定企业构成欺诈交易或者不公平交易。另一方面，为强化对用户个人信息的保护，FTC还要求企业的隐私政策中必须包含特定的条款。为了便于用户阅读隐私政策，了解隐私政策内容，隐私政策的篇幅越来越短，内容也相对简化，但由此产生的问题在于，隐私政策包含的内容较少。此时，FTC可以将相关内容添加进隐私政策，使其成为隐私政策的内容，具体有两种实现方式：一是推动行业采用统一的、标准化的隐私政策；二是FTC可以丰富隐私政策的内容，将一些内容如用户个人信息的收集、信息共享、信息安全等相关规则加入隐私政策。③

3. 小结

作为美国法上隐私政策最为重要的一种调整方式，FTC在调整隐私政策的过程中灵活适用法律规则，细化法律规定，并且发展出了一些具体的规则，有效适应了不断发展的企业隐私政策实践的现实需要。当然，从

---

① Daniel J. Solove、Woodrow Hartzog，"The FTC and the New Common Law of Privacy"，*Columbia Law Review*，Vol. 114，Issue 3（2014），p. 598.

② Dennis D. Hirsch，"The Law and Policy of Online Privacy：Regulation, Self-Regulation, or Co-Regulation?"，*Seattle University Law Review*，Vol. 34，Issue 2（2011），pp. 456-457.

③ Daniel J. Solove、Woodrow Hartzog，"The FTC and the New Common Law of Privacy"，*Columbia Law Review*，Vol. 114，Issue 3（2014），p. 674.

FTC 调整隐私政策的实践来看，其也存在一些不足，尤其是对用户的个人信息权利关注不够，具体而言：

一方面，FTC 调整隐私政策过程中保护的用户个人信息范围有限，除特别法另有规定外，只有企业违反隐私政策的行为构成不公平交易与欺诈交易时，FTC 才能对其进行调整，否则，即便企业的行为侵害了用户的个人信息，FTC 也无法对其进行调整。可见，FTC 调整的企业侵害用户个人信息的行为类型是很有限的。

另一方面，从目的上看，FTC 调整企业隐私政策的主要目的在于防止欺诈交易与不公平交易，以维护交易秩序与交易安全，保护用户个人信息只是一种辅助性的目的，这也使 FTC 在调整企业隐私政策时往往过多关注交易安全与交易秩序，而非对用户个人信息权利本身的保护。例如，在企业没有制定隐私政策时，即便企业存在侵害用户个人信息的行为，FTC 通常也不会对企业的行为进行有效规制。此外，从 FTC 调整隐私政策的实践可以看出，FTC 规制企业隐私政策的目的仅在于保障网站的行为与其隐私政策一致，在企业的做法与其隐私政策不一致时，个人无法依据 FTC Act 以其私人权利遭受侵害为由提起诉讼（no private right of action），如果用户主张网络服务提供者违反了其隐私政策，造成了用户损害，应当在 FTC Aat 之外寻找其他的法律基础（如合同）。①

（三）美国隐私政策的合同法调整：理论障碍与现实困境

1. 通过合同法调整隐私政策的理论障碍

合同法在调整隐私政策方面面临的困境与美国法上合同的成立标准存在直接关联。大陆法系将合同视为一种协议，即在当事人就合同内容达成合意时，合同即可以成立，而美国法上的合同则以允诺为核心。② 按照传统观点，一方的允诺要具有可执行性，要求其应当具备一定的对价，如承诺者事先已经对允诺者做了某事。不过，这种宽泛的对价概念受到了美国霍姆斯法官的批判，霍姆斯法官提出了交易性对价理论，即根据协议的内容，承诺方的对价必须是允诺方作出允诺的动机或者诱因，当事人在形式

---

① Scott Killingsworth, "Minding Your own Business: Privacy Policies in Principle and in Practice", *Journal of Intellectual Property Law*, Vol. 7, Issue 1 (1999), p. 73.

② ［美］罗伯特·A. 希尔曼：《合同法的丰富性》，郑云瑞译，北京大学出版社 2005 年版，第 23 页。

上应当具备允诺的交换，否则将无法成立合同关系。[1] 严格的交易性对价理论虽然在理论上获得了广泛支持，但在实践中，法官并没有严格遵守这一要求，也承认了一些没有对价的允诺具有可执行性，后来受科宾等人的影响，美国法逐步放弃了严格的交易性对价理论，合同的成立并不必然需要对价，只要一方的允诺使对方产生了合理的信赖，该允诺就具有可执行性。对此，美国《合同法重述（第二版）》第90条第1项规定："允诺者应合理期待其允诺会引诱承诺者或第三人的行为或不行为，并且其允诺行为确实引诱了这种行为或不行为；如果只有强制执行该允诺，不公平才得以避免，该允诺具有约束力。因违反允诺而批准的救济可限制在维护正义的需要内。"依据该条规定，虽然允诺的效力不再要求对价，但一方的允诺必须使对方产生合理的信赖，否则该允诺就不具有可强制执行性。虽然这一规定放宽了合同成立的条件，但也很难据此将网络服务提供者发布的隐私政策认定为当事人之间的合同，主要理由有两方面。

一方面，用户通常不会阅读隐私政策。从企业提供的隐私政策来看，其内容往往较为冗长，涵盖的事项较为广泛，既包括与用户个人信息收集、利用有关的事项，又包括企业采取的隐私、个人信息的保护措施，还包括特殊主体（一般是儿童）隐私与个人信息保护的特殊规则，用户可能并没有阅读隐私政策；另外，用户在接受网络服务时（如下载 App 应用程序），可能需要完成多步注册程序，用户很少有机会详细阅读隐私政策的内容。[2] 虽然一些网站在其隐私政策中会使用一些合同术语，例如，"使用本网站意味着同意我们的隐私政策"。"我们有权在任何时候变更我们的隐私政策，您应当经常查询我们的隐私政策，您继续使用本网站意味着同意了我们新的隐私政策，"但这些隐私政策有时只是在网页的底端，且有些网络服务提供者在向用户提供网络服务时，没有要求用户必须阅读并同意其隐私政策，用户可能没有注意到隐私政策，只有细心的网络用户

---

[1] 参见朱广新：《美国法上的允诺禁反悔制度研究》，载《环球法律评论》2006年第2期，第175~176页。

[2] Susan E. Gindin, "Nobody Reads Your Privacy Policy or Online Contract? Lessons Learned and Questions Raised by the FTC's Action Against Sears", *Northwestern Journal of Technology and Intellectual Property*, Vol. 8, Issue 1 (2009), p. 4.

才能发现①，多数网络用户不会留意这些隐私政策，因此，很难认定用户对隐私政策的内容产生了合理的信赖。

另一方面，即便用户阅读了隐私政策，其也可能无法真正理解隐私政策的含义。隐私政策的内容不仅较为冗长、宽泛，还会包含一些难以理解的术语，如与个人信息收集、利用相关的一些技术术语②，用户往往难以理解这些术语的内涵，即便是相关领域的专家，可能也难以准确理解相关术语的含义。③ 而且企业还可能在其隐私政策中使用一些模糊的表述，如"××可能会自行决定出于其他目的收集、使用、处理、转移或披露非识别性数据"，这些表述赋予了网络服务提供者较大的收集、利用用户个人信息的权利，即便用户能够准确理解这些表述的内涵，也难以判断其可能产生的后果。

正是基于上述原因，用户要么没有阅读企业提供的隐私政策，要么即便阅读了隐私政策，也无法准确理解其内涵，很难认为用户对网络服务提供者发布的隐私政策产生了合理的信赖，不宜认定隐私政策使网络服务提供者与用户之间成立了合同关系。一般认为，隐私政策是一个独立的文件，而不是一个合同，也不是可强制执行的一组允诺。④

2. 合同法调整隐私政策的现实困境：以 Dyer 案为例

虽然隐私政策看似合同，但司法实践中很少通过合同解决因隐私政策产生的纠纷，在有些案件中，企业违反其隐私政策时，一些当事人的确依据合同提起了诉讼，主张网站的隐私政策中调整网站收集、使用用户个人信息的行为，实际上使网站与网络用户之间形成了合同关系。⑤ 2004 年的

---

① Scott Killingsworth, "Minding Your own Business: Privacy Policies in Principle and in Practice", *Journal of Intellectual Property Law*, Vol. 7, Issue 1 (1999), p. 92.

② 例如，有的网络服务提供者在其隐私政策中声明，其将使用"Cookie"、"网站信标"以及"像素标签"等技术手段收集、处理用户的个人信息，对于专业术语的内涵是什么，用户往往很难准确理解。参见《华为隐私政策》第 2.1 条、第 2.2 条。https: //www. huawei. com/cn/privacy-policy, 2019 年 9 月 22 日浏览。

③ Ari E. Waldman, "A Statistical Analysis of Privacy Policy Design", *Notre Dame Law Review Online*, Vol. 93, Issue 1 (2018), p. 160.

④ Daniel J. Solove、Woodrow Hartzog, "The FTC and the New Common Law of Privacy", *Columbia Law Review*, Vol. 114, Issue 3 (2014), p. 590.

⑤ Joel R. Reidenberg et al., "Privacy Harms and the Effectiveness of the Notice and Choice Framework", *A Journal of Law and Policy for the Information Society*, Vol. 11, Issue 2 (2015), p. 505.

Dyer v. Northwest Airlines Corporations 案就是比较典型的案件。

该案的大致案情是： "9·11 事件"后，美国国家航空航天局（NASA）要求被告美国西北航空公司提供其系统中三个月以内的乘客数据，用于航空安全研究。西北航空公司遵守了这一要求，在未通知乘客的情形下，将 2001 年 7 月至 12 月之间乘客的姓名、住址、信用卡账号以及行程记录等信息共享给了国家航空航天局。原告认为，西北航空公司未经许可共享用户个人信息的行为违反了《电子通讯隐私法案》（Electronic Communications Privacy Act，ECPA），同时，该行为违反了其航空公司网站上公布的隐私政策的规定，构成违约。关于原告的违约主张，被告西北航空公司认为，原告违约主张的成立需要具备如下条件：一是当事人之间存在一个合同关系，二是被告违反了合同的规定，三是原告因被告的违约行为遭受了损害，原告必须同时完成上述举证义务，其违约主张才能成立，而航空公司在其网站上公布的隐私政策并不构成合同，同时，西北航空公司还主张，即便其隐私政策构成合同，原告的请求也不应当得到支持，因为其无法证明自己遭受了何种合同上的损失。

法院经审理后认为，依据法律规定，原告主张被告构成违约的主张难以成立，主要理由在于：第一，内容宽泛的隐私政策声明无法在当事人之间成立合同关系，因此，在被告违反其隐私政策时，原告也无法提出合同上的请求。第二，原告无法证明其曾经登录过被告的网站查看隐私政策，原告没有阅读和理解被告网页中的隐私政策，对其并不存在合理的信赖。第三，即便原告事先阅读了被告的隐私政策，原告也无法证明其因为被告的行为遭受了何种合同上的损失，如果原告无法证明其因为被告违反隐私政策遭受了何种损失，将无法获得救济。基于上述理由，法院最终驳回了原告的违约请求。①

在该案中，法院否定了航空公司网站公布的隐私政策可以在航空公司与乘客之间成立合同关系，主要理由就是航空公司在网站上公布隐私政策的行为并不会使乘客产生合理的信赖。事实上，这一立场不仅适用于航空公司网站的隐私政策，也适用于其他企业的网络隐私政策，尤其是在企业并未要求用户必须同意隐私政策，甚至并未提示用户阅读隐私政策的情形。因此，在美国司法实践中，虽然一些法院认为，通过合同调整隐私政

---

① Dyer v. Northwest. Airlines Corps.，334 F. Supp. 2d 1196，(D. N. D. 2004).

策是可行的，但在大多数案件中，用户的合同诉讼都是以失败而告终，上述 Dyer 案是这一司法现状的一个缩影。从整体上看，美国法上的隐私政策主要是企业自律规则，大量的违反隐私政策的行为都是由 FTC 进行调整的，FTC 在实践中成为隐私政策最为重要的规范主体。[1] 虽然少数法院也从合同的角度理解隐私政策，但合同法在调整隐私政策方面发挥的作用很小。

（四）美国隐私政策调整实践可能提供的启示

经过几十年的发展，美国形成了以行政手段为主、以消费者保护为核心的独特的企业隐私政策调整方式。在我国，立法并没有要求网络服务企业必须制定隐私政策，更没有对隐私政策的内容作出规定，但依据相关法律的规定，网络服务提供者在收集、利用用户的个人信息时，负有相应的披露义务。例如，依据《网络安全法》第 41 条的规定，网络服务提供者在收集、使用用户个人信息时，应当明示收集、使用信息的目的、方式和范围。全国人民代表大会常务委员会《关于加强网络信息保护的决定》第 2 条也规定："网络服务提供者和其他企业事业单位在业务活动中收集、使用公民个人电子信息，应当遵循合法、正当、必要的原则，明示收集、使用信息的目的、方式和范围，并经被收集者同意，不得违反法律、法规的规定和双方的约定收集、使用信息。网络服务提供者和其他企业事业单位收集、使用公民个人电子信息，应当公开其收集、使用规则。"依据《民法典》第 1035 条第 1 款规定，个人信息处理者在处理个人信息时，应当公开处理个人信息的规则，明示处理信息的目的、方式和范围。《个人信息保护法》第 7 条也作出了类似规定："处理个人信息应当遵循公开、透明原则，公开个人信息处理规则，明示处理的目的、方式和范围。"至于企业以何种方式履行其披露义务，由企业自由选择。从实践来看，许多网络服务提供者都制定了自己的隐私政策。通过隐私政策公示其收集、利用用户个人信息的范围、方式等内容，已经成为网络服务提供者经营"合规"的重要途径。但在我国，现行立法并没有对隐私政策的调整做出明确、系统的规定，立法如何调整隐私政策，值得探讨，美国法上隐私政策的法律调整经验可以为我国提供有益借鉴。

---

[1] Daniel J. Solove、Woodrow Hartzog，"The FTC and the New Common Law of Privacy"，*Columbia Law Review*，Vol. 114，Issue 3（2014），pp. 597 - 598.

1. 调整隐私政策的主要目的在于保护个人信息，而非维护交易安全与交易秩序

在用户隐私与个人信息保护方面，FTC 侧重于规范交易过程中的隐私与个人信息保护问题，也正是因为这一原因，有学者将美国的网络隐私保护模式称为消费者保护模式（consumer protection model）。[①] 此种保护模式存在一定的问题：一方面，个人信息保护范围具有局限性。FTC 侧重于维护交易秩序和交易安全，依据 FTC Act 调整企业隐私政策时，仅对欺诈交易和不公平交易中的用户个人信息提供保护，对该范围之外的用户个人信息保护，FTC 并没有执法权限，这就严格限制了个人信息的保护范围。另一方面，个人权利的缺位。消费者保护模式的侧重点在于维护交易秩序，防止企业从事欺诈交易和不公平交易，保护用户个人信息只是其产生的附带性结果，不是 FTC 调整隐私政策的主要目的。因此，法律仅仅为监管机构预留了行政执法权，个人通常不能直接依据个人信息保护法的规则提起私法上的诉讼。从 FTC Act 第 5 节的规定来看，只有 FTC 可以执行该条规定，个人无权以其权利遭受侵害为由依据个人数据保护立法提起诉讼。尽管用户个人可以向 FTC 投诉，但 FTC 并不负有解决用户投诉的法定义务。有些立法虽然允许个人提起诉讼，但也设置了许多限制性条件，如个人应当证明其遭受了特定的损害。但在企业违反隐私政策的情形下，用户的损害通常较小，或者难以证明自己遭受了何种损害。[②] 即便用户能够证明自己的损害，由于个人遭受的损害通常较小，个人能获得赔偿较少，这意味着其可能只有通过集团诉讼（class actions）的方式才能实现目的。[③]

因此，我国法律在调整隐私政策时，应当明确调整企业隐私政策的主要目的在于保护用户的个人信息，不宜采用美国法的消费者保护模式。也

[①] 与此相对应，欧洲的个人信息保护模式被称为数据保护的模式（data protection model），其保护范围和强度显然高于美国法。William McGeveran, "Friending the Privacy Regulators", *Arizona Law Review*, Vol. 58, Issue 4 (2016), p. 965.

[②] Daniel J. Solove、Woodrow Hartzog, "The FTC and the New Common Law of Privacy", *Columbia Law Review*, Vol. 114, Issue 3 (2014), p. 597.

[③] William McGeveran, "Friending the Privacy Regulators", *Arizona Law Review*, Vol. 58, Issue 4 (2016), p. 979.

就是说，调整企业隐私政策的目的并不仅仅是维护交易秩序和交易安全，更是保护用户的个人信息；同时，应当扩大调整隐私政策的范围，不再将其限定于欺诈交易与不公平交易的情形，即对企业违反隐私政策的行为进行调整时，不需要证明企业的行为构成欺诈交易或不公平交易。此外，我国《民法典》第111条以及民法典人格权编已经对个人信息的保护作出了规定，因此，企业的隐私政策侵害用户个人信息权利时，个人有权提起私法上的诉讼，不宜对个人就隐私政策提起私法上的诉讼进行额外的限制。

2. 应当对隐私政策的内容进行必要的控制，不宜完全交由企业自律

美国法的个人信息保护具有很强的企业自律色彩，除少数单行立法对特定领域的个人信息保护作出规定外，大多数个人信息保护都是交由企业自律实现的，企业可以结合自身特点，通过制定隐私政策等方式，实现对用户个人信息的灵活保护。虽然通过企业自律的方式保护用户个人信息具有一定的合理性，但不宜完全将用户个人信息保护交由企业自律，因为与用户相比，网络服务提供者在经济能力、技术支撑等方面具有明显的订约优势，其可能利用此种订约优势地位，在隐私政策中设置不合理的条款，扩张其在处理用户个人信息方面的权利，影响用户个人信息保护。例如，有的App应用要求用户必须授权网络服务提供者访问其设备信息、复制其通讯录以及通话记录、短信记录等权限，否则将无法使用该App应用。[①] 此类授权显然已经超出了网络服务提供者提供网络服务需要的权限范围，不属于合理处理用户个人信息的行为，但由于用户并不具有对等的议价能力，除非用户拒绝使用该App应用，否则其必须接受该隐私政策条款。同时，完全由企业确定隐私政策的内容，企业制定隐私政策时缺少明确的参照标准，可能难以把握隐私政策合理与不合理的界限，这既不利于保护用户的个人信息，也可能使企业的经营面临一定的不确定性。因

---

① 例如，据全国信息安全标准化技术委员会、中国消费者协会、中国互联网协会、中国网络空间安全协会成立的App专项治理工作组通报，"铃声多多""天天酷跑""趣店"等20款App存在违反《网络安全法》第41条的规定、要求用户就个人信息收集、利用进行多度授权的问题，而用户如果不同意授权，将无法安装使用相关的App。参见App违法违规收集使用个人信息专项治理工作组《关于10款App存在无隐私政策等问题的通报》（2019年第1号）。

此，虽然美国在隐私与个人信息保护方面十分重视企业自律，但也有学者主张，来自政府以外的组织、企业对个人隐私与个人信息的威胁也在与日俱增，有必要强化加强政府的干预。①

有鉴于此，隐私政策的内容不应完全交由企业自律，应当由法律对隐私政策的内容进行必要的控制。虽然我国《民法典》第111条规定了个人信息保护的基本规则，但整体而言，现行立法关于个人信息保护的规则主要是从基本民事权利的角度对个人信息保护作出的规定，此种粗线条的规则可能无法为特定场景下个人信息权利的保护提供具体的规则。例如，在隐私政策中，企业通过隐私政策取得收集、利用用户个人信息的授权时，应当属于《民法典》第111条规定的合法收集、利用个人信息的行为，但对于企业取得用户授权的行为是否妥当，能否产生取得授权的效力等内容，民事基本法无法提供具体的判断标准。因此，相关立法有必要明确用户个人信息保护的最低标准。需要指出的是，美国法上，FTC在执法过程中扩张了其职权范围，在用户个人信息保护方面不再仅仅担任消极守门人的角色，其通过灵活解释FTC Act条款、发展用户个人信息保护的具体规则、对企业隐私政策的内容进行控制等方式，实现了对用户个人信息的积极保护，此种经验值得借鉴。

3. 注重隐私政策的合同法调整，为个人信息权利的救济提供更多选择

受美国法上合同成立理论的影响，隐私政策主要被认为是一种企业自律规则，而不被认为是网络服务提供者与用户之间的合同关系，这就使用户个人主张权利面临诸多困境。我国立法在调整隐私政策时，应当注重发挥合同法在调整隐私政策中的作用，主要理由有两个方面。

一方面，合同法的调整方式符合用户与网络服务提供者之间的关系的本质特征。虽然网络服务涉及不特定多数用户利益的保护，并且与用户相比，网络服务提供者在经济能力、技术能力、订约能力等方面具有明显的优势，一般需要公权力机关的介入，才可以平衡双方当事人之间的关系。②但

---

① Richard Warner, "Surveillance and the Self: Privacy, Identity, and Technology", *DePaul Law Review*, Vol. 54, Issue 3 (2005), p. 848.

② 参见彭玉勇：《论网络服务提供者的权利和义务》，载《暨南学报（哲学社会科学版）》2014年第12期，第68页。

就单个用户与网络服务提供者之间基于网络服务协议、隐私政策产生的法律关系而言,其主要是平等主体之间的私人事务,通过合同这一私法手段调整当事人之间的权利义务关系,更符合此种法律关系的特点。

另一方面,通过合同法调整隐私政策,在我国立法中并不存在制度障碍。如前所述,美国隐私政策法律调整中合同法缺位的重要原因在于:一方当事人所作出的允诺必须使对方当事人产生合理的信赖,否则无法成立合同,而隐私政策的内容较为宽泛,用户很多情况下也不会阅读,难以对其产生合理信赖,因此无法成立合同。但按照我国《民法典》合同编的规定,只要当事人通过要约、承诺的方式,就合同主要条款达成合意,就可以成立合同,合同的成立既不需要所谓的对价,也不需要一方的允诺必须使对方产生合理信赖,因此,隐私政策内容宽泛并不能成为否定其成立合同的理由,只要当事人就隐私政策的内容达成合意,就可以在当事人之间成立合同关系。

当然,隐私政策在用户与网络服务提供者之间成立合同的前提,是用户已经同意隐私政策的内容,如果用户没有阅读隐私政策的内容,或者虽然已经阅读但并没有明确表示同意的,则无法在当事人之间成立合同关系。例如,有的网络服务提供者要求用户在阅读隐私政策后必须点击"我同意""同意并继续",否则无法获得网络服务;有的网络服务提供者在网络服务协议中单列条款,将隐私政策纳入网络服务协议,并明确规定,用户对网络服务协议的同意,即视为对其隐私政策的接受。[①] 此时,可以在当事人之间成立合同关系。但如果网络服务提供者只是要求用户阅读隐私政策,用户在阅读隐私政策之后,也仅需要点击"我已阅读""我已了解隐私政策的内容"等。此种情形下,只是认为用户已经阅读并知晓了隐私政策的内容,不能当然认定用户已经同意了隐私政策的内容。此时,不宜认定隐私政策在当事人之间成立了合同关系。

4. 注重对隐私政策进行长期、持续监管

如前所述,在企业违反隐私政策时,虽然少数纠纷是通过诉讼的方式解决的,但大多数隐私政策纠纷是通过 FTC 与企业达成和解协议的方式解决的,此类和解协议的履行期限通常较长,这也使 FTC 可以对隐私政

[①] 参见"腾讯服务协议",https://www.qq.com/contract.shtml,2022 年 9 月 5 日浏览。

策进行长期、持续的监管，此种经验值得我们借鉴。

从我国实践来看，前不久，受中央网络安全和信息化委员会办公室、工业和信息化部以及公安部等多个部门的委托，全国信息安全标准化技术委员会、中国消费者协会、中国互联网协会以及中国网络空间安全协会专门成立了 App 专项治理工作组，对有关 App 的隐私政策及其收集、利用用户个人信息的情况进行了评估，对一些 App 缺乏隐私政策以及违规收集、利用用户个人信息的行为进行了通报，并要求有关网络服务提供者在 30 日内完成整改。[①] 通过成立专门的工作组的方式对企业隐私政策进行调整，虽然有利于及时纠正企业违反隐私政策、侵害用户个人信息的行为，但此种方式也具有一定的缺陷：一方面，专门工作组的成立具有临时性，只能在特定期间内实施调查、监管行为，无法实现调整隐私政策的长效机制；另一方面，专门工作组实施的整改措施期限较短，与美国法上 FTC 与企业所达成的长期和解协议相比，限期整改措施只能在短期内发挥作用，显然无法实现对企业遵守隐私政策、保护用户个人信息进行长期、持续、动态的监管。因此，我国在调整隐私政策时，既应重视及时纠正违反隐私政策、侵害用户个人信息的行为，也应重视对隐私政策的长期、持续监管。

二、隐私政策性质的界定

（一）隐私政策——企业自律的重要方式

自隐私政策产生之日起，对于其性质与效力的争议就始终存在[②]，具体而言，关于隐私政策的性质，主要有两种主张。

一是合同说。此种观点认为，隐私政策是网络服务提供者与网络用户之间的合同。Scott Killingsworth 认为，隐私政策具有合同的目的和特点，网络服务提供者发布其隐私政策，公布其收集、利用个人信息的方式，可以看作是要约，网络用户的同意是承诺，网络服务提供者关于用户个人信息保护的允诺与网络用户同意网络服务提供者收集、利用其个人信息之间

[①] 参见 "工信部点名 30 款 App：无隐私政策、违规收集个人信息"，http：//www.sohu.com/a/327034874_99921185，2023 年 9 月 5 日浏览。

[②] Daniel J. Solove, Woodrow Hartzog, "The FTC and the New Common Law of Privacy", *Columbia Law Review*, Vol. 114, Issue 3 (2014), p. 595.

构成合同的双方义务,因此,网络用户应当有权依据合同向网络服务提供者主张隐私政策的内容。[1] 我国也有学者认为,隐私政策应当属于网络服务提供者与用户之间的协议,在提供网络服务之前,网络服务提供者需要征得用户对隐私政策的同意,否则,相关的服务条款不生效,因此,隐私政策并不是网络服务提供者的一种声明,而是建立在双方合意基础上的协议,是网络服务合同的组成部分。[2]

二是企业自律规则说。此种观点认为,隐私政策是网络服务提供者的自律规则,而不是网络服务提供者与用户之间的合同,其主要理由在于,一般而言,网络服务提供者在向用户提供网络服务时,往往会专门与用户订立网络服务协议,以明确双方的权利义务关系,隐私政策不同于网络服务协议,其涵盖的范围较为宽泛,很难将其解释为合同。[3] 隐私政策在性质上是一种市场自律规则(market self-regulation),网络服务提供者违反隐私政策时,行政机关有权对其进行处罚。[4] 按照此种观点,无论用户是否同意隐私政策,隐私政策都无法在当事人之间成立合同关系,其在性质上属于企业自律规则。

从比较法上看,无论是在美国,还是在欧洲,隐私政策均具有很强的企业自律规则色彩。隐私政策产生于美国,隐私政策的产生与美国的隐私法律保护模式存在直接关联。美国法关于隐私、个人信息保护的法律是碎片化的,主要针对特定领域或者特定的技术制定单独立法,前者如《儿童在线隐私保护法案》,后者如《联邦有线通讯政策法案》(Cable Communications Policy Act)、《视频隐私保护法》(Video Privacy Protection Act)。虽然在一些特定的领域,针对特别敏感的个人信息保护问题,也有一些一般性的

---

[1] Scott Killingsworth, "*Minding Your own Business*:*Privacy Policies in Principle and in Practice*",*Journal of Intellectual Property Law*,Vol. 7,Issue 1 (1999),p. 91.

[2] 参见谈咏梅、钱小平:《我国网站隐私保护政策完善之建议》,载《现代情报》2006年第1期,第216页。

[3] Daniel J. Solove, Woodrow Hartzog, "The FTC and the New Common Law of Privacy",*Columbia Law Review*,Vol. 114,Issue 3 (2014),p. 595.

[4] Joel R. Reidenberg et al.,"Privacy Harms and the Effectiveness of the Notice and Choice Framework",*A Journal of Law and Policy for the Information Society*,Vol. 11,Issue 2 (2015),pp. 486 - 487.

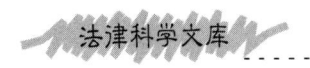

立法，^①但在联邦立法层面，迄今为止仍然没有直接保护隐私与个人信息的立法。^②此种碎片化的立法模式涉及宪法、联邦法以及州法等多个层面，虽然能够增强隐私保护的针对性，但也留下了许多法律保护的空白。对于欠缺法律调整的隐私保护领域，企业往往会制定自己的隐私政策，这一方面是为了公示自己的用户隐私保护方法，从而吸引更多的网络用户；另一方面，也是借助隐私政策实现自我规制，以减少行政机关的额外干预。[3]由此也形成了美国隐私保护的两种路径：其一是针对特定领域隐私保护的制定法调整模式，其二是制定法调整领域之外的企业自律模式。[4]从实践来看，在个人网络隐私保护方面，美国主要采用了企业自律的保护模式，[5]此种模式是以"告知—选择"机制为基础的，即网络服务提供者通过隐私政策等方式告知收集用户个人信息的方式和收集个人信息的原因，同时告知收集用户个人信息的用途以及用户信息共享的范围，并赋予网络用户一定的选择权。[6]在得到用户的同意之后，网络服务提供者收集、使用用户个人信息的行为即具有了合法性。[7]"告知—选择"机制的

---

[1] William McGeveran, "Friending the Privacy Regulators", *Arizona Law Review*, Vol. 58, Issue 4 (2016), p. 966.

[2] Daniel J. Solove, Woodrow Hartzog, "The FTC and the New Common Law of Privacy", *Columbia Law Review*, Vol. 114, Issue 3 (2014), p. 587.

[3] Daniel J. Solove, Woodrow Hartzog, "The FTC and the New Common Law of Privacy", *Columbia Law Review*, Vol. 114, Issue 3 (2014), p. 593-594.

[4] 当然，这两种保护路径对隐私的保护并不周延，在许多重要领域，个人隐私、个人信息的保护欠缺法律的调整，企业也没有制定自己的隐私政策。See Kenneth A. Bamberger, Deirdre K. Mulligan, "Privacy in Europe: Initial Data on Governance Choices and Corporate Practices", *George Washington Law Review*, Vol. 81, Issue 5 (2013), p. 1545.

[5] Joel R. Reidenberg et al., "Privacy Harms and the Effectiveness of the Notice and Choice Framework", *A Journal of Law and Policy for the Information Society*, Vol. 11, Issue 2 (2015), pp. 486-487.

[6] Scott Killingsworth, "Minding Your own Business: Privacy Policies in Principle and in Practice", *Journal of Intellectual Property Law*, Vol. 7, Issue 1 (1999), p. 57.

[7] Joel R. Reidenberg et al., "Privacy Harms and the Effectiveness of the Notice and Choice Framework", *A Journal of Law and Policy for the Information Society*, Vol. 11, Issue 2 (2015), pp. 486-490.

初衷是由用户自己决定个人信息是否被收集和利用,从而保护个人自主决定其个人信息是否被收集与利用的权利,当然,此种机制在实践中往往被认为是一种法律规定的替代形式。与法律规定相比,其形式更为灵活,实施成本更低,也更容易执行,并可以有效避免立法过度干预市场以及不当限制创新和竞争。

可见,在美国,隐私政策是企业公示其用户个人信息收集、利用以及隐私保护方式的重要方式,主要是一种企业自律规则。在企业违反其隐私政策时,主要由 FTC 提起诉讼,纠正企业违反其隐私政策的行为,以保障网络服务提供者的行为与其隐私政策一致。[①] 当用户发现企业违反其隐私政策时,也可以向 FTC 报告,但用户个人无法依据《联邦贸易委员会法案》以其私人权利遭受侵害为由提起诉讼,如果用户主张网络服务提供者违反了其隐私政策,造成了自身损害,应当在《联邦贸易委员会法案》之外寻找其他的法律基础,如合同。[②] 事实上,在有些案件中,企业违反其隐私政策时,有些当事人的确依据合同提起了诉讼,主张隐私政策调整网站收集、使用用户个人信息的行为,实际上是在网站与网络用户之间形成了合同关系。[③] 虽然一些法院认为,通过合同调整隐私政策是可行的,但在大多数案件中,用户的合同诉讼都是以失败而告终,主要原因在于:一方面,与欧洲不同,美国没有承认个人信息权利为一项基本人权,法律仅仅为监管机构预留了行政执法权,个人通常不能直接依据个人信息保护法的规则提起私法上的诉讼,一些法律虽然允许个人提起诉讼,但也设置

[①] 1914 年,美国国会通过了《联邦贸易委员会法案》,联邦贸易委员会也随之成立,其主要目的在于保护美国消费者免受不公正交易的损害,其职权包括禁止企业在交易中使用不公正的方式,禁止不公平交易以及欺诈交易。See Joel R. Reidenberg et al. "Privacy Harms and the Effectiveness of the Notice and Choice Framework", *A Journal of Law and Policy for the Information Society*, Vol. 11, Issue 2 (2015), pp. 489-490.

[②] Scott Killingsworth, "Minding Your own Business: Privacy Policies in Principle and in Practice", *Journal of Intellectual Property Law*, Vol. 7, Issue 1 (1999), p. 73.

[③] Joel R. Reidenberg et al., "Privacy Harms and the Effectiveness of the Notice and Choice Framework", *A Journal of Law and Policy for the Information Society*, Vol. 11, Issue 2 (2015), p. 505.

了大量的限制性条件，如需要个人证明其遭受了实际损害。① 但在企业违反隐私政策的情形下，用户的损害通常较小，或者难以证明自己遭受了何种损害。② 另一方面，在美国法中，要成立合同，需要一方的允诺必须使对方产生合理的信赖，即"允诺者应合理期待其允诺会引诱承诺者或第三人的行为或不行为"，并且只有强制执行该允诺，才能避免不公平的后果，此时，该允诺才具有约束力，才能成立合同。③ 而隐私政策的内容可能较为冗长，涵盖事项较为宽泛，用户可能并没有阅读隐私政策，很难认定用户对隐私政策的内容存在合理的信赖，因此，不宜将其认定为合同。例如，在前述 Dyer v. Northwest Airlines Corporations 案中，"9·11事件"发生后，应美国国家航空航天局的要求，被告美国西北航空公司将客户的姓名、住址、信用卡账号以及行程等信息共享给了国家航空航天局，其中包括原告的信息，原告主张被告的行为违反了其在网页上公布的隐私政策，构成违约，而被告主张，其在网页上公布的隐私政策并不构成合同，即便构成合同，原告也无法主张违约责任，因为原告无法证明其在合同上的损失。法院认为，原告的违约责任主张不能成立，主要原因在于：第一，被告公示的隐私政策内容较为宽泛，不宜认定为合同关系；第二，原告可能并没有登录被告的网站查看其隐私政策，对隐私政策并不存在合理的信赖；第三，即便原告事先阅读了被告的隐私政策，原告也无法证明其因为被告的行为遭受了何种合同上的损失。基于上述理由，法院最终驳回了原告的违约请求。④ 从整体上看，美国法上的隐私政策主要是企业自律规则，大量的违反隐私政策的行为都是由 FTC 进行调整的，FTC 在实践中成为隐私政策最为重要的规范主体。⑤ 虽然少数法院也从合同的角度理解隐私政策，但合同法在调整隐私政策方面发挥的作用很小。

  与美国法不同，欧洲法倾向于认为，个人对其个人信息的控制是一项

---

  ① William McGeveran, "Friending the Privacy Regulators", *Arizona Law Review*, Vol. 58, Issue 4 (2016), p. 979.

  ② Daniel J. Solove, Woodrow Hartzog, "The FTC and the New Common Law of Privacy", *Columbia Law Review*, Vol. 114, Issue 3 (2014), p. 597.

  ③ 参见《美国合同法重述（第二版）》第90条第1款。

  ④ Dyer v. Northwest Airlines Corps., 334 F. Supp. 2d 1196, (D. N. D. 2004).

  ⑤ Daniel J. Solove, Woodrow Hartzog, "The FTC and the New Common Law of Privacy", *Columbia Law Review*, Vol. 114, Issue 3 (2014), p. 597 – 598.

基本人权,是维护个人人格尊严的重要体现①,在这种理念的支配下,个人信息保护中,对个人的保护具有很大的优先性,立法对个人信息提供了强有力的保护。② 在欧盟范围内,个人信息保护主要具有三个特点。一是以统一的数据保护指令的形式确立了较高的个人信息保护标准。与美国碎片化的隐私保护法律制度不同,欧盟通过统一的数据保护指令的方式保护个人信息。欧盟在 1995 年颁行了专门的《个人数据保护指令》(the Data Protection Directive of 1995)(以下简称"1995 数据保护指令"),该指令力图协调统一欧盟范围内的个人信息保护法律③,为此,该指令确立了严格的个人信息保护标准,此外,该指令要求欧盟各成员国的国内法应当与其保持一致,这实际上确立了欧盟各成员国国内法中个人信息保护的最低标准,欧盟成员国可以根据本国情况设置更高的保护标准,当然前提是不能影响个人信息在成员国之间的流动。④ 2016 年,欧盟颁行了 GDPR,尽管 GDPR 可以适用于各成员国,但与 1995 数据保护指令类似,其也要求各成员国将其转化为国内法,目前,多数欧盟成员国已经在不同程度上将其转化为国内法。二是注重通过行政手段保护个人信息。欧盟所有的成员国都制定了个人信息保护法律,并设有专门的个人数据保护机构负责实施。⑤ 各国还设置了独立的监管机构,以保证指令已经在本国施行。该监管机构具有很大的权力,它可以阻止信息的流动,处罚非法信息处理行为,销毁违反法律处理个人信息得到的信息数据。⑥ GDPR 的施行会带来

---

① Ioannis Revolidis, "Judicial Jurisdiction over Internet Privacy Violations and the GDPR: A Case of Privacy Tourism", *Masaryk University Journal of Law and Technology*, Vol. 11, Issue 1 (2017), p. 10.

② William McGeveran, "Friending the Privacy Regulators", *Arizona Law Review*, Vol. 58, Issue 4 (2016), p. 966.

③ William McGeveran, "Friending the Privacy Regulators", *Arizona Law Review*, Vol. 58, Issue 4 (2016), p. 969.

④ Edward R. Alo, "EU Privacy Protection: A Step Towards Global Privacy", *Michigan State International Law Review*, Vol. 22, Issue 3 (2014), p. 1113.

⑤ William McGeveran, "Friending the Privacy Regulators", *Arizona Law Review*, Vol. 58, Issue 4 (2016), p. 966.

⑥ Edward R. Alo, "EU Privacy Protection: A Step Towards Global Privacy", *Michigan State International Law Review*, Vol. 22, Issue 3 (2014), p. 1107.

大量的潜在的处罚，也授予各成员国的机构更大的权力。① 同时，GDPR第51、52条还要求各成员国应当提供一个或者多个独立的政府公共机构，负责监控指令的贯彻适用，各监管机构完全独立行动，并依据指令的规定行使职权，各成员国应当为该监管机构的运行提供条件。目前，多数欧盟成员国都明确规定了本国数据保护局的职权，其享有发出违规警告、开展审查、命令删除数据等多项职权。② 三是通过对个人进行赋权的方式，强化对个人信息的保护。一方面，欧洲许多宪法性文件以及条约都将隐私视为一项基本人权，与言论自由等价值并列。③ 这些宪法文件规定的个人享有的权利可以向政府之外的主体主张，例如，个人可以援引《欧洲人权公约》（the European Convention on Human Rights）等文件向侵害其隐私权的报纸或者杂志提起诉讼。④ 这实际上是基本权利的第三人效力在个人信息保护方面的具体体现。⑤ 另一方面，GDPR 就个人对其个人信息享有的权利作出了明确、细化的规定。例如，GDPR 第 16~22 条规定了数据主体享有纠正权、删除权、限制处理权、数据可移植性权利以及拒绝权、自主决定权等权利。如果个人认为数据控制者违反了指令的规定，其有权向监督机构提出控诉。⑥ 如果个人认为数据控制者违反指令的行为侵害了其个人信息权利，造成了损害，其还有权获得有效的司法补救。⑦

当然，虽然欧盟注重通过统一的、综合性的立法为个人信息提供保护，强调政府规制，但行政机关很少采用命令控制型的规制方法，反而十

---

① William McGeveran,"Friending the Privacy Regulators", *Arizona Law Review*, Vol. 58, Issue 4 (2016), p. 963.

② 参见许可：《欧盟〈一般数据保护条例〉的周年回顾与反思》，载《电子知识产权》2019 年第 6 期。

③ William McGeveran,"Friending the Privacy Regulators", *Arizona Law Review*, Vol. 58, Issue 4 (2016), p. 967.

④ William McGeveran,"Friending the Privacy Regulators", *Arizona Law Review*, Vol. 58, Issue 4 (2016), p. 968.

⑤ 基本权利的第三人效力是指本属于对抗国家权力的基本权利，也可以在平等的民事主体之间产生效力，可以用于拘束或者规范私人之间的关系。参见张新宝：《我国人格权立法：体系、边界和保护》，载《法商研究》2012 年第 1 期，第 6 页。

⑥ 参见欧盟《一般数据保护条例》第 77 条。

⑦ 参见欧盟《一般数据保护条例》第 79 条。

分注重企业的自我规定。① 在此背景下，隐私政策成为网络服务提供者自我调整的重要方式，虽然隐私政策的内容应当符合法律关于个人信息保护的基本要求，但其仍然具有企业自律的色彩，主要体现为：一方面，网络服务提供者可以通过隐私政策履行其保护用户个人信息的相关义务。依据GDPR第5条、第13条的规定，网络服务提供者在收集、利用用户个人信息时，应当以合法、公正、透明的方式处理用户个人信息，在收集、利用用户个人信息时，应当向用户披露收集、处理个人信息的目的、方式、范围以及信息共享的相关情况等。网络服务提供者可以通过制定隐私政策的方式履行上述义务，这既是网络服务提供者履行法定义务的一种方式，又是其实现合规控制、自律的一种途径。另一方面，网络服务提供者可以根据自身情况，通过隐私政策确定其用户个人信息保护的标准。也就是说，虽然法律规定了个人信息保护的基本要求，但其实质上仅是确立了相关主体保护个人信息的最低标准，在符合该最低标准的基础上，网络服务提供者为了获得竞争优势，可以根据自身个人信息保护能力等情况，以隐私政策的方式确定更高的用户个人信息保护标准。② 当然，网络服务提供者公布其隐私政策后，自身应当受到该隐私政策的约束③，在网络服务提供者违反其隐私政策时，行政机关有权对其进行处罚，用户也有权请求网络服务提供者承担责任。

可见，无论是在美国，还是在欧盟，隐私政策均具有企业自律的色彩，当然，二者仍然存在一定的区别：一方面，二者的自律程度不同。在欧盟，企业制定的隐私政策应当符合数据保护指令与企业所在欧盟成员国国内个人信息保护法律规定的个人信息保护标准，因此，此种企业自律是法律规定范围内的自律，隐私政策规定的个人信息保护标准应当符合法律对于个人信息保护的最低要求。而美国法上的隐私政策主要是在法律没有对隐私、个人信息保护作出规定时制定的，具有替代法律规定的功能，其企业自律色彩更为浓厚。另一方面，二者的调整方式不同。美国法对隐私

---

① 参见高秦伟：《个人信息保护中的企业隐私政策及政府规制》，载《法商研究》2019年第2期，第24~25页。

② Mike Hintze, "Privacy Statements under the GDPR", *Seattle University Law Review*, Vol. 42, Issue 3 (2019), p. 1131.

③ 参见欧盟《一般数据保护条例》第24条。

政策主要进行事后规制，即事后纠正企业违反隐私政策的行为；欧盟虽然也通过行政手段与个人信息权利保护的方式事后调整隐私政策，但也通过法律确定个人信息保护的基本要求，这是企业隐私政策应当符合的法定条件，因此，欧盟实际上是采用了事先调整与事后规制相结合的方式调整企业隐私政策。

（二）隐私政策并非纯粹的企业自律规则

制定隐私政策虽然是企业自律的重要方式，但隐私政策究竟是企业自律规则，还是当事人之间的合同关系，可以说自隐私政策产生之日起，该争议就已经出现。从上述美国和欧盟的隐私政策调整方式来看，其主要是将隐私政策作为企业自律规则。严格地说，合同说与企业自律规则说是从不同角度观察隐私政策，前者是从企业与用户之间的关系观察隐私政策，而后者是从行政机关与企业之间的关系层面观察隐私政策，二者之间并不存在必然的冲突。[1] 笔者认为，从企业自律规则的角度观察隐私政策，虽然具有一定的合理性，但将隐私政策界定为纯粹的企业自律规则，并不符合隐私政策的特点，也难以有效调整隐私政策，更不利于保护个人信息权利。

第一，将隐私政策界定为纯粹的企业自律规则，与隐私政策的内容、特征等不相符。一方面，从内容上看，如果将隐私政策视为纯粹的企业自律规则，其调整事项就应当是纯粹的企业内部事项，否则很难将其视为"自律"规则。事实上，隐私政策的内容确实也涉及企业的自律，即企业内部应当设置相关的机制，规范收集、利用用户个人信息的行为，保障企业收集、利用用户个人信息的行为符合法律规定。例如，欧盟数据指令要求企业内部应当设置数据控制者（a data controller），具体负责个人数据的处理以及运用，并与本国的监管机构接触，以保障其收集、处理用户个人信息的合法性。[2] 但是，隐私政策的内容并不限于企业内部事项，更多涉及用户个人信息权利的保护，企业隐私政策甚至直接决定用户个人信息

---

[1] 参见高秦伟：《个人信息保护中的企业隐私政策及政府规制》，载《法商研究》2019 年第 2 期，第 19 页。

[2] Edward R. Alo, "EU Privacy Protection: A Step Towards Global Privacy", *Michigan State International Law Review*, Vol. 22, Issue 3 (2014), p. 1107.

保护的水平,此外,其还明确用户就其个人信息保护可以向网络服务提供者主张哪些权利,这显然已经超出了纯粹企业内部事项的范畴,将其视为纯粹的企业自律规则,显然过于片面。另一方面,从效力层面看,一些隐私政策要发生法律效力,必须经过用户同意,取得用户授权。如果将隐私政策界定为纯粹的企业自律规则,只要隐私政策不违反法律的强制性规定,满足了法律规定的个人信息保护的最低标准,就可以发生效力,而不需要用户的同意。但从实践来看,在许多情形下,隐私政策的生效需要用户同意,否则将无法发生效力。一些网络服务提供者甚至提供弹性化的隐私政策,允许用户就其个人信息的收集、利用进行个性化的授权(如有的App允许用户选择被收集、利用的个人信息的类型和范围)。网络服务提供者基于隐私政策享有的权利也限于用户的授权范围,对于用户未授权允许网络服务提供者收集的个人信息,网络服务提供者不得收集和利用,这显然不同于纯粹的企业自律规则。

第二,将隐私政策视为纯粹的企业自律规则,难以实现对隐私政策的有效调整。以隐私政策具有浓厚企业自律色彩的美国法为例,如前所述,美国隐私政策的调整主要是由 FTC 负责实现的,但受其功能的限制,FTC 对隐私政策的调整旨在规制不公平交易行为,保障具体交易过程的公平性,防止个人在交易中受到价格压迫或者受到虚假广告的损害。[①] 受这一调整目的的限制,FTC 调整隐私政策主要解决欺诈交易和不公平交易产生的消费者保护问题,而欺诈交易和不公平交易的认定条件较为严格。除不公平和欺诈行为以及特殊主体保护的情形外,FTC 在保护用户网络隐私方面缺乏法律上的依据。[②] 这也影响了 FTC 对隐私政策的调整。可见,将隐私政策视为纯粹的企业自律规则,会不当限缩调整隐私政策的方式,难以有效调整隐私政策。

此外,隐私政策的目的是保护个人信息,通过行政手段调整隐私政策的目的也是保护个人信息,企业违反隐私政策也主要造成用户的损害,因

[①] William McGeveran, "Friending the Privacy Regulators", *Arizona Law Review*, Vol. 58, Issue 4 (2016), p. 966.

[②] Joel R. Reidenberg et al., "Privacy Harms and the Effectiveness of the Notice and Choice Framework", *A Journal of Law and Policy for the Information Society*, Vol. 11, Issue 2 (2015), pp. 486 – 487, 511.

此，在确定企业违反隐私政策的法律责任时，主要应当考虑其行为后果，即用户的损害。如果将隐私政策作为企业的自律规则，行政机关在处罚违反隐私政策的行为时，并不当然需要考虑用户的损害，这可能不利于对企业进行正确归责，造成处罚结果的畸轻畸重问题。另外，还应当看到，将隐私政策界定为纯粹的企业自律规则，不利于及时纠正企业违反隐私政策的行为。企业违反隐私政策主要造成用户的损害，因此，允许用户就企业违反隐私政策的行为主张权利，可以及时发现与纠正企业违反隐私政策的行为。反之，如果将隐私政策视为纯粹的企业自律规则，企业违反隐私政策时，主要依赖行政机关纠正该行为，而行政机关发现企业违反隐私政策后一般也只是在产生一定损害后果、甚至在大规模侵权时，才会纠正企业违反隐私政策的行为，[①] 这显然不利于及时发现和纠正违反隐私政策的行为。

第三，将隐私政策视为纯粹的企业自律规则，也不利于保护用户的个人信息权利。将隐私政策界定为企业自律规则，虽然可以通过行政手段对企业隐私政策的规则设计进行控制，保障其符合法律规定的个人信息保护的最低标准，但在企业违反隐私政策时，行政手段难以有效保护用户的个人信息权利。一方面，将隐私政策视为纯粹的企业自律规则，在企业违反隐私政策时，虽然行政机关可以对企业进行处罚，但行政处罚的罚款不会用于救济受害人，这就难以实现对用户的救济。也就是说，虽然行政处罚可以有效纠正企业违反隐私政策的行为，但不能直接救济用户的损害。另一方面，在企业以网页等方式公示其隐私政策时，用户是基于对企业隐私政策的信赖而与网络服务提供者订立网络服务协议、接受网络服务的，网络服务提供者隐私政策公示的用户个人信息保护水平一般会高于法律规定的个人信息保护要求。此时，将隐私政策视为纯粹的企业自律规则，在企业违反其隐私政策时（如企业变更用户个人信息处理方式，或者变更用户个人信息储存措施、增加用户个人信息泄露风险），如果该行为并未违反法律关于个人信息保护的基本要求，用户将难以向网络服务提供者提出请求。也就是说，将隐私政策视为纯粹的企业自律规则，不能在法律规定的基础上提升用户个人信息保护的水平，隐私政策不能成为用户主张权利的依据。

---

① 从最近的企业违反隐私政策处罚的案件来看，大多是大规模侵权的案件。

（三）隐私政策并不当然能够在网络服务提供者与网络用户之间成立合同关系

由前述分析可知，虽然隐私政策是企业自律的重要工具，但不宜将其视为纯粹的企业自律规则，不应仅从行政手段调整的角度观察隐私政策，而应当从私法的视角观察隐私政策，尤其是隐私政策中网络服务提供者与用户之间的关系，从而准确认定其效力。对此，前述合同说为我们观察隐私政策的效力提供了新的视角，笔者认为，虽然隐私政策可能在网络服务提供者与用户之间成立合同关系，但一概将隐私政策视为网络服务提供者与用户之间的合同关系也不妥当，主要理由有两个方面。

一方面，并非所有的隐私政策都需要用户的同意。按照合同法的基本原理，合同的成立需要当事人就合同主要条款达成合意，否则无法成立合同关系。从实践来看，有的网络服务提供者在提供隐私政策时，要求用户必须同意，否则无法使用相关的网络服务，此时，将隐私政策解释为当事人之间的合同关系，具有一定的合理性。但在许多情形下，网络服务提供者发布隐私政策时，只是要求用户必须阅读，甚至只是提示用户阅读，而没有要求用户必须同意。例如，有的网络服务提供者只是提示用户，"关于您个人信息的相关问题请详见'××隐私政策'全文，请您认真阅读并充分理解……"但没有要求用户必须同意该隐私政策。此种情形下，对网络服务提供者来说，其发布隐私政策只是为了公示其收集、利用用户个人信息的方法，以满足法律规定的公示要求，没有同用户就隐私政策订立合同的意愿。对用户来说，其只是阅读隐私政策，在网络服务提供者提示用户阅读时，有的用户甚至并不会阅读隐私政策，其并没有同网络服务提供者就隐私政策订立合同的意愿。因此，在用户并未同意隐私政策的情形下，将隐私政策解释为当事人之间的合同关系，既不符合合同成立的基本法理，也是对当事人订立合同意愿的一种过度拟制。

另一方面，一概认定隐私政策在当事人之间成立合同关系，并不当然有利于用户个人信息保护。一概将隐私政策界定为用户与网络服务提供者之间的合同关系，虽然可以为用户主张隐私政策中的权利提供合同法上的依据，但并不当然有利于用户个人信息保护。因为依据《民法典》《个人信息保护法》《网络安全法》等法律的规定，网络服务提供者在收集、利用用户个人信息时，原则上应当取得用户的同意，如果网络服务提供者只是公示了其隐私政策，没有要求用户同意，此时，一概认定隐私政策构成

101

当事人之间的合同，进而认定网络服务提供者已经通过隐私政策就用户个人信息的收集、利用取得了用户的同意或者授权，显然并不妥当。尤其是在许多情形下，网络服务提供者提供的隐私政策比较冗长，用户通读隐私政策需要耗费大量的时间等成本，并且由于用户欠缺专业的知识，可能无法准确理解隐私政策的含义，[1] 或者即便理解了隐私政策的含义，也无法准确判断同意隐私政策可能带来的各种风险。[2] 例如，在信息共享的情形下，网络服务提供者在共享用户的个人信息之后，用户将无法预测其个人信息被再次利用和共享的风险，隐私政策也无法调整被共享者利用用户个人信息的行为。[3] 因此，在用户未阅读隐私政策，或者仅阅读隐私政策而未同意隐私政策的情形下，一概认定隐私政策在当事人之间成立合同关系，认定用户对网络服务提供者收集、利用其个人信息作出了授权，显然并不利于用户个人信息权利的保护。

可见，隐私政策作为一种企业自律规则，性质较为复杂，其既非纯粹的企业自律规则，也并不当然在网络服务提供者与用户之间成立合同关系。由前述分析可知，用户是否同意隐私政策将会对隐私政策的性质与效力产生较大影响，因此，可以考虑区分用户是否同意隐私政策，分别认定其效力。

三、经用户同意的隐私政策的效力

所谓经用户同意的隐私政策，是指用户对网络服务提供者提供的隐私政策作出了同意，明确表示接受该隐私政策的约束。从实践来看，用户同意隐私政策可以有多种形式，例如，有的网络服务提供者要求用户在使用网络产品或者网络服务前必须同意其隐私政策，或者在网络服务协议中规

---

[1] Ari E. Waldman, "A Statistical Analysis of Privacy Policy Design", *Notre Dame Law Review Online*, Vol. 93, Issue 1 (2018), p. 160.

[2] Dennis D. Hirsch, "The Law and Policy of Online Privacy: Regulation, Self-Regulation, or Co-Regulation?", *Seattle University Law Review*, Vol. 34, Issue 2 (2011), p. 457.

[3] Joel R. Reidenberg et al., "Privacy Harms and the Effectiveness of the Notice and Choice Framework", *A Journal of Law and Policy for the Information Society*, Vol. 11, Issue 2 (2015), pp. 486–487, 492.

定,用户同意网络服务协议或者使用网络服务即视为同意了网络隐私政策。但无论采用何种形式,由于用户同意隐私政策,即意味着其同意网络服务提供者按照隐私政策的要求收集、利用其个人信息,此种同意的意思表示应当是明确的,如果无法判断用户是否对隐私政策作出了同意的意思表示,出于保护用户个人信息权利的需要,应当认为用户并未同意隐私政策的内容。例如,有些网络服务提供者只是要求用户阅读隐私政策,用户在阅读隐私政策之后,也仅需要点击"我已阅读""我已了解隐私政策的内容"等,此种情形下,只是表明用户已经阅读并知晓了隐私政策的内容,但不能当然认为用户已经同意了隐私政策的内容。问题在于,如果网络服务提供者以弹窗等方式对用户作出提示,如果其使用相关的网络产品或者服务,即视为同意了相关的隐私政策,在此情形下,如果用户使用了相关的网络产品或者服务,能否认定用户同意了网络服务提供者的隐私政策?一般而言,由于网络服务提供者通常是以格式条款的方式向用户提供隐私政策,此时应当适用格式条款的相关规则认定用户行为的效力。个人信息处理条款(尤其是敏感个人信息的处理条款)对用户个人信息、隐私权的保护具有重要影响,应当属于《民法典》第 496 条、《合同编通则司法解释》第 10 条所规定的对当事人有重大利害关系的条款。依据《合同编通则司法解释》第 10 条,网络服务提供者不能仅以其采取了设置勾选、弹窗等方式为由主张其已经履行提示义务或者说明义务,因此,网络服务提供者不能仅以弹窗等方式提醒用户注意隐私政策的内容,当然,依据该条规定,如果网络服务提供者以明显的标识对用户作出了提示和说明,并且按照用户的要求依法对用户尽到了解释说明义务的,则可以认定网络服务提供者尽到了其提示义务和说明义务。此时,用户使用网络产品或者服务的,应当认定其属于以行为的方式作出了同意的意思表示。

经用户同意的隐私政策将在用户与网络服务提供者之间成立合同关系,其效力的认定也应适用合同法的相关规则,具体而言,经用户同意的网络隐私政策主要具有如下效力。

(一) 在网络服务提供者与用户之间成立合同关系

在用户同意网络服务提供者发布的隐私政策时,表明其已经同意网络服务提供者按照隐私政策的规定收集、利用其个人信息,此时,应当认为二者之间成立了合同关系,即隐私政策协议。隐私政策协议也称为"点击视为同意协议"(clickwrap agreements),如果网络服务提供者能够证明用户已经同意隐私政策，该隐私政策就应当在当事人之间成立协议关系，并且该协议具有可执行性。[1] 在该合同关系中，网络服务提供者的主要权利是按照隐私政策的规定收集、利用用户的个人信息，主要义务是遵守法律和隐私政策的规定，合理收集、利用用户的个人信息，并保障用户个人信息的安全。与之对应，网络用户的主要合同义务是允许网络服务提供者按照隐私政策的规则收集、利用其个人信息，主要合同权利是请求网络服务提供者按照法律规定和隐私政策的约定收集、利用其个人信息。当然，隐私政策的内容十分宽泛，既包括收集、利用用户个人信息的规则，又可能包括特殊主体（如儿童）个人信息保护的规则。经用户同意后，用户与网络服务提供者之间的合同关系内容应当仅限于与用户个人信息相关的隐私政策内容，与用户利益不相关的隐私政策内容，不应当属于隐私政策协议的内容。

既然经用户同意的隐私政策将在用户与网络服务提供者之间成立合同关系，那么，在网络服务提供者违反隐私政策时，用户有权请求其承担违约责任。例如，网络服务提供者超出隐私政策的授权范围收集、利用、共享用户个人信息的，用户有权请求其承担违约责任，用户遭受损失的，有权请求网络服务提供者赔偿损失，用户难以证明自身损失的，可以请求网络服务提供者继续履行合同，严格按照隐私政策协议的要求收集、利用、共享、保护用户的个人信息。此外，如果当事人对网络服务提供者收集、利用用户个人信息的范围、方式等作出了约定，网络服务提供者应当在约定的范围内行为。例如，有的网络服务提供者在其 App 隐私政策中设置了一定的选项，允许用户作出选择；有的 App 设置了读取联系人、读取存储卡的内容、录制音频等权限，允许用户勾选，此时，网络服务提供者应当在用户的授权范围内行为，否则构成违约。[2] 又如，在前述"安徽美景信息科技有限公司与淘宝（中国）软件有限公司不正当竞争纠纷案"中，如果淘宝公司既未在"淘宝平台服务协议"中约定用户个人信息共享

---

[1] Susan E. Gindin, "Nobody Reads Your Privacy Policy or Online Contract? Lessons Learned and Questions Raised by the FTC's Action Against Sears", *Northwestern Journal of Technology and Intellectual Property*, Vol. 8, Issue 1 (2009), p. 12.

[2] Lauren B. Cardonsky, "Towards a Meaningful Right to Privacy in the United Kingdom", 20 *B. U. INTL L. J.* 393, 396 (2002).

问题，也未在淘宝网《法律声明及隐私权政策》中对此作出约定，此时，如果淘宝公司擅自将用户个人信息共享给其关联公司，则用户应当有权请求其承担违约责任。

在用户同意隐私政策的情形下，在当事人之间成立的隐私政策协议不同于网络服务协议[①]，二者属于相互独立的两个合同，隐私政策协议的无效并不当然导致网络服务合同的无效，反之，网络服务合同无效，也不当然导致隐私政策协议无效。当然，由于隐私政策协议是网络服务协议的前置性协议，当事人订立隐私政策协议的目的在于订立网络服务协议，因此，二者在效力上也并非完全独立：一方面，隐私政策协议的效力瑕疵会对网络服务协议的效力产生一定影响。隐私政策协议是网络服务提供者就收集、利用用户个人信息取得用户授权的重要方式，如果隐私政策协议无效或者被撤销，网络服务提供者又没有在网络服务协议中取得用户的授权，网络服务提供者将无权在提供网络服务的过程中收集、利用用户的个人信息。另一方面，网络服务协议的效力也会对隐私政策协议的效力产生影响。在网络服务提供者要求用户必须同意隐私政策的情形下，用户同意隐私政策是其与网络服务提供者订立网络服务协议、获得网络服务的前提和基础，也就是说，用户同意隐私政策的条件，允许网络服务提供者按照隐私政策的内容收集、利用其个人信息，目的是获得网络服务提供者提供的网络服务，因此，一旦网络服务合同终止，用户订立隐私政策协议的目的也将无法实现，此时，用户应当有权解除隐私政策协议。从实践来看，一旦用户停止使用网络服务提供者提供的网络服务，如卸载所安装的 App 应用，此时，应当认定用户既解除了网络服务协议，又同时解除了隐私政策协议，用户无须单独解除隐私政策协议。隐私政策协议效力终止后，网络服务提供者无权再依据隐私政策的规定收集、利用用户个人信息。

（二）具有公示收集、利用用户个人信息方式等内容与取得用户授权的双重效力

如前所述，为了保障个人信息权利，法律要求网络服务提供者在收集、利用用户个人信息时，应当公示其收集用户个人信息的目的、范围、方式等，GDPR 第 5 条、第 13 条对此作出了规定，我国《民法典》第

[①] 当然，如果网络服务提供者明确在网络服务协议中规定，隐私政策是网络服务协议的组成部分，当事人就隐私政策所达成的合意也是网络服务协议的内容。

1035 条、《个人信息保护法》第 7 条、《网络安全法》第 41 条以及全国人民代表大会常务委员会《关于加强网络信息保护的决定》第 2 条也要求网络服务提供者应当公示其收集用户个人信息的目的、范围以及方式等内容,这也是网络服务提供者制定隐私政策的重要动因,经用户同意的隐私政策也同样具有此种公示效力。

除具有上述公示效力外,隐私政策协议还具有另外一项重要功能,即就用户个人信息的收集与利用取得用户授权的效力。在《个人信息保护法》颁行前关于网络服务提供者收集、利用用户个人信息是否需要取得用户的授权,有学者主张,我国的个人信息保护立法要实现从个人控制到社会控制,将个人同意作为个人信息收集、利用的例外情况予以对待。① 笔者认为,此种观点值得商榷,虽然在互联网、大数据时代需要充分发挥个人信息的经济效用,但鉴于个人信息保护对个人人格尊严保护至关重要,应当将个人同意作为个人信息收集、利用的基础性原则,而不应当是例外,否则可能会走向另外一个极端,即过分重视个人信息的经济利用,忽视对个人信息权利和人格尊严的保护。依据 GDPR 第 6 条的规定,除数据处理是为实现数据主体参与合同的必要行为,或处理是基于数据主体在签订合同前的请求而采取的措施等特殊情形外,处理个人信息原则上应当经过个人的同意。从我国《民法典》第 1035 条第 1 款、《个人信息保护法》第 13 条第 1 款规定来看,个人信息处理者在处理个人信息时,原则上需要取得个人的同意,取得个人同意是个人信息处理者处理个人信息的一般情形,基于个人同意之外的法定事由处理个人信息是依法处理个人信息的例外情形。我国《网络安全法》第 41 条、《消费者权益保护法》第 29 条等也规定,收集、利用个人信息,原则上应当取得个人的同意,这体现了对个人信息权利的尊重与保障。② 因

---

① 参见高富平:《个人信息保护:从个人控制到社会控制》,载《法学研究》2018 年第 3 期,第 84 页。

② 在《民法典》颁行之前,我国相关立法在涉及个人信息保护时,实际上采纳了严格的个人同意规则,例如,《消费者权益保护法》第 29 条、《网络安全法》第 41 条等,这些立法都要求除了遵循正当、必要等原则外,个人信息的收集、利用还应当经个人同意。当然,这种严格的同意规则可能不利于个人信息中财产利益的有效利用。从《民法典》第 1035 条与《个人信息保护法》第 13 条的规定来看,个人信息的收集、利用并不当然需要取得个人的同意,除个人同意外,还有其他的合法性事由,这实际上已经缓解了《网络安全法》等法律规定的严格同意的规则,考虑了个人信息权利保护与个人信息经济利用之间的关系,但其原则上仍要求个人信息的收集、利用应当经个人同意。

此，网络服务提供者在收集、利用用户个人信息时，原则上还应当取得用户的同意。①

网络服务提供者取得用户授权既可以通过网络服务协议实现，又可以通过隐私政策实现，在网络用户同意企业的隐私政策时，就意味着其接受了网络服务提供者制定的收集、利用用户个人信息的规则，这实际上对网络服务提供者收集、利用其个人信息进行了授权。② 我国司法实践也采纳了此种立场。例如，在前述"安徽美景信息科技有限公司与淘宝（中国）软件有限公司不正当竞争纠纷案"中，淘宝公司已经通过《法律声明及隐私权政策》公开了其收集、利用用户个人信息的目的、方式等内容，并且用户已经同意了服务协议与隐私权政策，这意味着淘宝公司已经通过服务协议、隐私权政策等方式就用户个人信息的收集与利用取得了用户的授权许可。③ 网络服务提供者在通过隐私政策取得用户的授权后，就无须在网络服务协议中再次取得用户的授权。此种情形下，隐私政策协议实际上具有公示网络服务提供者收集、利用用户个人信息方式等内容与取得用户授权的双重效力。

（三）涉及用户个人信息保护的隐私政策的变更应当取得用户的同意

隐私政策在经过用户同意后，应当在当事人之间成立合同关系，此时，隐私政策的变更在性质上应当属于合同变更的范畴，依据我国《民法典》第543条的规定，合同变更应当由"当事人协商一致"，也就是说，隐私政策协议的变更应当取得用户的同意，否则对用户不发生法律效力。如果网络服务提供者单方变更隐私政策，并且按照变更后的隐私政策收集、利用用户个人信息的，该行为实际上已经超出了用户按照原隐私政策授权的范围，用户有权请求其承担违约责任或者侵权责任。当然，此处的变更应当限于与用户个人信息保护相关的隐私政策内容的变更，如前所

---

① 当然，就不同类型的个人信息而言，用户同意的方式也存在一定的差别，网络服务提供者在收集、利用用户的敏感个人信息时，应当取得用户的明示同意，而对于非敏感个人信息，或者按照通常方法无法有效识别个人身份的个人信息，出于保障信息流通、发挥个人信息经济效用的需要，可以尽量弱化个人的同意。

② Brendon Beheshti, "Cross-Jurisdictional Variation in Internet Contract Regulation", *Journal of International Commercial Law and Technology*，Vol. 8，Issue 1（2013），p. 52.

③ 参见浙江省杭州市中级人民法院（2018）浙01民终7312号民事判决书。

述，隐私政策中与用户个人信息保护无关的内容，并不属于隐私政策协议的内容，其生效并不需要用户的同意，其变更也无须与用户协商或者征得用户同意。

  问题在于：如果网络服务提供者在隐私政策或者网络服务协议中以专门条款的形式保留了单方变更其隐私政策的权利，该条款的效力如何？从实践来看，有的网络服务提供者为了便于将来变更隐私政策，专门在隐私政策或者网络服务协议中保留了单方变更、更新隐私政策的权利。例如，有的网络服务提供者在其隐私政策中声明："我们有权在任何时候变更我们的隐私政策，您应当经常查询我们的隐私政策，您继续使用本网站意味着同意了我们新的隐私政策。"[1] 有的网络服务提供者在隐私政策中明确表示，其保留不时更新或者修改隐私政策的权利，并会向用户公布最新的隐私政策；如果对隐私政策作出了重大变更，会通过各种渠道通知用户。[2] 笔者认为，网络服务提供者保留单方变更隐私政策内容权利以格式条款的形式出现，应当受到格式条款法律规则的规制。关于格式条款的效力，《民法典》第497条规定："提供格式条款一方不合理地免除或者减轻其责任、加重对方责任、限制对方主要权利"，或者"提供格式条款一方排除对方主要权利"，将导致格式条款无效。笔者认为，在隐私政策协议中，网络服务提供者的主要义务是按照隐私政策的规定收集、利用用户的个人信息，并保障用户个人信息安全，与此对应，用户的主要权利也是请求网络服务提供者按照约定收集、利用、保护其个人信息，因此，虽然网络服务提供者可以在隐私政策中保留单方变更隐私政策内容的权利，但如果变更后的隐私政策条款免除了网络服务提供者违反保护用户信息义务造成用户损害后的赔偿责任，或者排除用户请求网络服务提供者按照约定收集、利用、保护其个人信息的权利的，变更后的隐私政策条款应当属于无效条款。

四、未经用户同意的隐私政策的效力

  所谓未经用户同意的隐私政策，是指网络服务提供者虽然提供了隐私

---

  [1] Scott Killingsworth, "Minding Your own Business: Privacy Policies in Principle and in Practice", *Journal of Intellectual Property Law*, Vol. 7, Issue 1 (1999), p. 92.

  [2] 参见"华为隐私政策"，https://www.huawei.com/cn/privacy-policy，2022年7月23日浏览。

政策，但并未要求用户必须同意，没有将用户同意隐私政策作为其提供网络服务的前置条件。未经用户同意的隐私政策主要具有三方面的效力。

（一）无法在当事人之间成立合同关系

如果网络服务提供者只是在其网站上公布隐私政策，没有要求用户同意，不应当认为网络服务提供者与用户之间就隐私政策达成了合意，不能认为当事人之间成立了合同关系。此时，对网络服务提供者而言，其在网站公布其隐私政策，只是为了公示其收集、利用用户个人信息的方法等内容，主要是为了满足法律规定的要求（即出于依法、合规经营的需要）[1]；对用户而言，如果网络服务提供者只是在网站公布其隐私政策，没有要求用户必须同意，用户可能并不会阅读隐私政策。有研究表明，由于隐私政策的内容往往十分复杂，难以理解，用户很少会阅读隐私政策。[2] 即便用户阅读了隐私政策，由于其并不需要明确表示同意隐私政策，此种情形下，没有独立的证据能够证明用户有与网络服务提供者就隐私政策订立合同的意愿。[3] 此种情形下的隐私政策应当是一种纯粹的企业自律规则，而不是当事人之间的合同关系，此时，网络服务提供者变更隐私政策在性质上不属于合同变更的范畴，不需要取得用户的同意。当然，网络服务提供者变更隐私政策，无论是提高原隐私政策中个人信息保护标准，还是降低个人信息保护标准，都应当符合法律规定的个人信息保护的最低标准，否则可能需要依法承担相应的法律责任，如依法受到行政机关的处罚。

（二）用户并未通过隐私政策对网络服务提供者收集、利用个人信息的行为作出授权

如果用户并未明确表示同意隐私政策，不宜认为用户对网络服务提供者收集、利用其个人信息作出了授权。也就是说，隐私政策无法起到取得用户授权的作用，此时，网络服务提供者如果需要收集、利用用户个人信息，还需要通过网络服务协议或者其他方式取得用户的授权，否则，其收

---

[1] King, Ian, "On-Line Privacy in Europe-New Regulation for Cookies", *Information & Communications Technology Law*, Vol. 12, Issue 3 (2003), p. 234.

[2] Joel R. Reidenberg et al., "Privacy Harms and the Effectiveness of the Notice and Choice Framework", *A Journal of Law and Policy for the Information Society*, Vol. 11, Issue 2 (2015), pp. 485 - 487.

[3] Scott Killingsworth, "Minding Your own Business: Privacy Policies in Principle and in Practice", *Journal of Intellectual Property Law*, Vol. 7, Issue 1 (1999), p. 92.

集、利用用户个人信息的行为将构成非法处理个人信息,用户有权依法请求网络服务提供者承担民事责任。

同时,如果网络服务提供者通过网络服务协议就用户个人信息的收集、利用取得了用户的授权,但网络服务协议与隐私政策规定的用户个人信息收集、利用的方式、目的、范围等不一致①,如网络服务协议中约定的用户个人信息保护措施可能强于隐私政策的规定②,此时,网络服务提供者应当按照网络服务协议的约定收集、利用、保护用户的个人信息,否则构成违约。

(三)隐私政策的违反

在用户并未同意隐私政策的情形下,网络服务提供者违反其隐私政策时,用户能否向网络服务提供者提出请求?笔者认为,对此应当区分不同情形,分别予以认定:(1)如果网络服务提供者违反隐私政策的行为同时违反了网络服务协议,如网络服务提供者违反网络服务协议中有关个人信息保护、共享的条款,用户有权请求网络服务提供承担违约责任。当然,在此情形下,用户请求网络服务提供者承担违约责任的依据应当是网络服务协议,而非隐私政策。(2)如果网络服务提供者违反隐私政策的行为并不构成对网络服务协议的违反,用户无权向网络服务提供者提出请求。当然,在网络服务提供者违反其隐私政策时,行政机关可能会纠正其行为,并可能对其进行行政处罚。

第四节 个人撤回同意及其效力

一、个人撤回同意概述

按照私法自治原则,个人有权自主决定同意个人信息处理者在何种期

---

① 一般而言,按照合规的要求,网络服务提供者在网络服务协议中约定的用户个人信息收集、利用、保护方式在个人信息保护程度方面要高于隐私政策的规定,如果网络服务提供者在网络服务协议中约定的用户个人信息保护水平低于隐私政策的要求,行政机关有权纠正网络服务提供者的行为,甚至可能作出行政处罚。

② 当然,如果用户先与网络服务提供者订立网络服务协议,后同意网络服务提供者的隐私政策,如果可以认定当事人就相关事项达成了新的合意,则可以认定当事人就该事项变更了网络服务协议的内容,此时应当按照当事人最新的合意确定其权利义务关系。

间内、以何种方式处理其个人信息。个人一旦作出同意,个人信息处理者即可在个人同意的范围内处理其个人信息,而不构成对个人信息的侵害。① 但个人在作出同意后,其价值观念可能发生变化,或者因其他情况的出现,使个人不愿意个人信息处理者继续处理其个人信息,此时,为了强化对个人信息自决权利和人格尊严的保护,有必要赋予个人撤回同意的权利。从域外法的规定来看,有些国家和地区的立法专门规定了个人撤回同意的规则。例如,依据 GDPR 第 7 条第 3 款的规定,在基于个人同意处理其个人数据的情形下,个人有权随时撤回其同意。再如,德国《联邦数据保护法》第 51 条第 3 款规定:"数据主体有权随时撤回其同意,撤回同意不得影响撤回前同意处理的合法性。在作出同意前应当将此事告知数据主体。"此外,意大利、加拿大、新加坡、韩国等国家的个人信息保护法也对个人撤回同意的规则作出了规定。②

我国《个人信息保护法》第 15 条同样规定了个人撤回同意的规则,依据该条规定,在基于个人同意处理个人信息的情形下,个人有权撤回其同意,同时,该条既没有限定个人撤回同意的时间,也没有对个人撤回同意设置其他限制性条件,这实际上赋予了个人任意撤回同意的权利。这不仅体现了对个人信息自决权利的保护,也体现了个人人格尊严优先于财产权受到法律保护的理念,符合比较法上个人信息保护的普遍做法,此种基本立场值得赞同。但问题在于,在个人信息处理活动中,个人撤回同意将产生何种效力?依据《个人信息保护法》第 15 条的规定,个人撤回同意"不影响撤回前基于个人同意已进行的个人信息处理活动的效力"。如何理解该法律效力?同时,个人撤回同意会对个人信息处理者的个人信息处理活动产生何种影响?例如,在个人信息处理者已经将相关的个人信息共享给其他个人信息处理者的情形下,个人撤回同意后,被共享的一方是否有权继续处理相关的个人信息?此外,如果因个人撤回同意而使个人信息处理者遭受了一定的损失,个人是否需要承担赔偿责任?理论上对此存在较

---

① 参见王利明:《人格权重大疑难问题研究》,法律出版社 2019 年版,第 705～706 页。

② 参见《意大利个人数据保护法》第 123 条、《加拿大个人信息保护和电子文件法》第 4.3.8 条、《新加坡个人数据保护法》第 16 条、《韩国个人信息保护法》第 37 条。

大争议。要准确回答上述问题，首先需要明确个人撤回同意的法律性质。

二、个人撤回同意行为性质的界定

(一) 个人撤回同意与相关概念的区分

依据《个人信息保护法》第 15 条规定，在个人信息处理过程中，个人有权撤回同意，个人撤回同意的法律属性如何？其是否属于意思表示的撤回或者撤销？对该行为性质的认定将直接影响个人撤回同意后的法律效果，学理上对此存在不同观点。一种观点认为，该条虽然使用了"撤回"这一表述，但由于意思表示的撤回通知应当在意思表示生效之前到达相对人，而在个人撤回同意的情形下，个人先前作出的意思表示已经生效，因此，撤回同意在性质上应当属于意思表示的撤销。当然，由于此种撤回带有强烈的人格利益属性，应当将其界定为人格权体系下的撤销权。[1] 另一种观点认为，个人撤回同意究竟是撤回还是撤销，取决于其是否发生效力。[2] 还有观点认为，个人同意在性质上并不属于意思表示，因此，个人撤回同意并不适用《民法典》中意思表示撤回与撤销的规则。[3]

个人撤回同意不同于意思表示的撤回。如前所述，本书将个人同意界定为意思表示，因此，本书主要从意思表示的角度探讨个人撤回同意的性质及其效力。虽然《个人信息保护法》第 15 条使用了"撤回"同意这一表述，但个人撤回同意在性质上不同于意思表示的撤回，因为依据《民法典》第 141 条规定，意思表示的撤回要求行为人撤回的通知应当在意思表示到达相对人之前或者与意思表示同时到达相对人。换言之，意思表示撤回针对的是尚未生效的意思表示。在个人信息处理活动中，个人撤回同意时，如果个人同意的意思表示尚未到达个人信息处理者，此时个人撤回同意在性质上即属于意思表示的撤回，但此种情形很难发生，也不属于《个人信息保护法》第 15 条规定的个人撤回同意的情形。因为，一方面，在

---

[1] 参见万方:《个人信息处理中的"同意"与"同意撤回"》，载《中国法学》2021 年第 1 期，第 174~175 页。

[2] 参见陆青:《个人信息保护中"同意"规则的规范构造》，载《武汉大学学报 (哲学社会科学版)》2019 年第 5 期，第 122~123 页。

[3] 参见程啸:《个人信息保护法理解与适用》，中国法制出版社 2021 年版，第 165~166 页。

个人信息处理活动中，个人通常以电子化的方式作出同意，如个人通常是通过同意相关的网络服务协议或者网络隐私政策的方式作出同意，个人一旦点击"同意"，该意思表示即可瞬间到达个人信息处理者，并不存在撤回的问题。另一方面，从《个人信息保护法》第 15 条第 2 款规定来看，个人撤回同意不影响个人撤回同意前已经进行的个人信息处理活动的效力，这意味着个人撤回同意前，该同意已经发生效力，否则，个人信息处理者擅自处理个人信息将构成非法处理个人信息。因此，第 15 条规定的撤回同意在性质上并非意思表示的撤回。

个人撤回同意也不同于意思表示的撤销。我国《民法典》总则编没有专门规定意思表示的撤销规则，但合同编对要约的撤销规则作出了规定。从《民法典》第 477 条规定来看，对于以非对话方式作出的撤销要约的意思表示，其应当在受要约人作出承诺之前到达受要约人。据此，对于有相对人的意思表示，意思表示的撤销将使已经生效的意思表示效力消灭，但其应当在民事法律行为成立之前（相对人作出相应的意思表示之前）作出。而在个人信息处理活动中，虽然个人撤回同意是在该同意的意思表示已经生效的情形下作出的，但在个人撤回同意之前，当事人之间的合同关系已经成立，因而不存在撤销的可能；并且从《个人信息保护法》第 15 条第 2 款规定来看，个人信息处理者已经基于当事人之间已经成立的合同关系开展了个人信息处理活动，因此，在此种情形下，不存在意思表示的撤销问题，不宜将个人撤回同意解释为意思表示的撤销。

个人撤回同意也不同于合同的撤销。在个人信息处理活动中，个人作出同意后，虽然可以在当事人之间成立合同关系，但不宜将个人撤回同意解释为合同的撤销。出于鼓励交易的需要，我国《民法典》中民事法律行为效力瑕疵的事由具有法定性与封闭性，换言之，只有出现了法定的民事法律行为效力瑕疵事由，相关主体才能否定民事法律行为的效力，而从《民法典》总则编的规定来看，民事法律行为撤销的事由具有法定性，其主要限于当事人作出意思表示时遭受欺诈、胁迫，或者存在重大误解的情形，而在个人信息处理活动中，个人作出同意时并不存在意思表示不自由或者意思与表示不一致的情形，依据《个人信息保护法》第 15 条规定，个人在撤回同意时并不需要证明其作出同意时的意思表示存在瑕疵，因此，此处的撤回同意不同于合同的撤销。当然，如果个人信息处理者对个人实施了欺诈或者胁迫行为,或者个人在作出同意时存在重大误解①,个人有权依法主张撤销合同,但此种撤销权的行使受到除斥期间的限制,其显然不同于《个人信息保护法》第15条规定的个人撤回同意。

(二) 撤回同意权应为单方变更合同的权利

如前所述,在个人信息处理活动中,个人同意将在个人与个人信息处理者之间成立合同关系,个人作出同意之后,该合同关系即成立;而个人撤回同意,将会终止该合同中相关个人信息处理条款的效力。关于如何评价该行为的效力,有观点认为,个人撤回同意实际上是在行使解除权。②按照此种观点,《个人信息保护法》第15条规定的个人撤回同意的权利在性质上赋予了个人依法解除合同的权利。笔者认为,此种观点值得商榷,主要理由在于:一方面,个人在撤回同意时通常并无解除合同的意愿。个人撤回同意只是终止个人信息处理者处理其个人信息的权利,没有终止整个网络服务合同的意愿,尤其是个人在撤回同意后,其仍有使用相关产品或者服务的意愿,如果将撤回同意解释为解除合同,将使个人丧失继续使用相关产品或者服务的权利,这可能并不符合个人撤回同意时的真实意愿。另一方面,从《个人信息保护法》第16条规定来看,在个人撤回同意后,个人信息处理者原则上应当继续提供产品或者服务,而如果将撤回同意解释为解除合同,则网络服务提供者应当有权拒绝提供相关的产品或者服务。因此,此种解释方案与《个人信息保护法》第16条的规定存在不合之处。

笔者认为,在个人信息处理活动中,个人撤回同意权在性质上应当属于单方变更合同的权利,即个人撤回同意仅导致网络服务合同中个人信息处理条款的效力消灭,原则上不影响其他条款的效力,因此,在个人撤回同意后,当事人之间的网络服务合同仍然有效,个人仍有权依据该合同使用相关的网络产品或者服务,而个人信息处理者仍应当按照合同约定提供相关的产品或者服务。从《个人信息保护法》第15条规定来看,此种变更合同的权利主要具有三个特点。

一是具有单方性。依据《民法典》第543条规定,合同的变更需要当

---

① 例如,个人信息处理者未依法对个人尽到告知说明义务,导致个人在作出同意时对相关的个人信息处理规则存在重大误解。

② 参见王利明:《论个人信息删除权》,载《东方法学》2022年第1期,第43页。

事人协商一致，该条没有规定一方当事人单方变更合同的规则①，当然，这并不意味着我国《民法典》完全排除了个人依法单方变更合同的权利，因为从《民法典》的相关规定来看，其也承认了合同一方当事人依法单方变更合同的权利。而从《个人信息保护法》第15条的规定来看，个人在撤回同意时，不需要与个人信息处理者协商达成合意，可以单方面撤回同意，个人信息处理者不得拒绝，其负有提供便捷撤回同意方式的义务，这实际上赋予了个人单方面变更网络服务合同的权利，不同于《民法典》第543条规定的当事人协商变更合同的情形。

二是具有法定性。个人撤回同意的权利是法律明确规定的权利，其行使不需要当事人明确约定。需要指出的是，在个人信息处理活动中，虽然个人可以依法变更网络服务合同，但其变更权并非没有任何限制，其应当在法律规定的范围内行使，具体而言：一方面，个人变更权的内容仅体现为撤回同意，即个人只能终止相关个人信息处理条款的效力，不能随意变更个人信息处理者处理相关个人信息的方式。当然，在解释上应当认为，《个人信息保护法》第15条规定的撤回同意既包括撤回全部同意，②即个人不再同意个人信息处理者处理其任何个人信息，又包括撤回部分同意，即个人仅不再同意个人信息处理者处理其部分个人信息，仍然允许个人信息处理者处理其他个人信息。在后一种情形下，个人撤回同意实际上是变更了个人信息处理者处理个人信息的范围。另一方面，个人撤回同意的行为效力的影响范围仅限于网络服务合同中的个人信息处理条款，原则上不及于其他条款。从实践来看，网络服务合同的条款内容通常较为庞杂，既

---

① 例如，《民法典》第777条规定："定作人中途变更承揽工作的要求，造成承揽人损失的，应当赔偿损失。"依据该条规定，在承揽合同中，定作人可以中途变更承揽工作要求，不需要取得承揽人的同意，当然，如果因此造成承揽人损失的，定作人负有赔偿损失的义务。又如，《民法典》第829条规定："在承运人将货物交付收货人之前，托运人可以要求承运人中止运输、返还货物、变更到达地或者将货物交给其他收货人，但是应当赔偿承运人因此受到的损失。"依据该规定，在货运合同中，托运人也享有单方变更合同的权利。因此，将《个人信息保护法》第15条规定的个人撤回同意的权利解释为单方变更合同的权利，与我国法上的合同变更制度并不存在体系冲突。

② 参见刘召成：《人格权法上同意撤回权的规范表达》，载《法学》2022年第3期，第93～94页。

包括个人信息处理条款，又可能包括未成年人个人信息保护规则、死者个人信息保护规则以及争议解决条款等与用户个人信息处理无直接关联的条款，个人撤回同意只是导致其中相应的个人信息处理条款失去效力，原则上不会导致整个网络服务协议效力消灭。也正是因为这一原因，《个人信息保护法》第 16 条规定，在个人撤回同意后，个人信息处理者原则上应当继续提供产品或者服务。

三是具有无条件性。《个人信息保护法》第 15 条没有对个人撤回同意设置任何限制性条件，这意味着，个人撤回同意是无条件的。据此，个人在撤回同意时不需要说明理由，其可以任意撤回同意。① 同时，无论当事人有没有明确约定个人信息处理的期限，个人均可以任意撤回其同意。此外，第 15 条也没有限定个人撤回同意的阶段，这表明，在个人信息处理的任何阶段，即无论是个人信息收集阶段，还是个人信息的存储、使用、加工、传输等阶段，个人均可以任意撤回其同意。②

三、个人撤回同意对个人信息处理活动的效力

（一）个人信息处理者应停止相关的个人信息处理行为

在个人撤回同意后，网络服务协议中的个人信息处理条款也相应地失去效力。此时，个人信息处理者应当停止相关的个人信息处理行为，否则将侵害个人的个人信息权益，个人也有权依法请求个人信息处理者承担民事责任。问题在于，在个人撤回同意后，个人信息处理者是否负有删除相关个人信息的义务？从比较法来看，有的立法规定了个人撤回同意后个人信息处理者的删除义务。例如，依据 GDPR 第 17 条第 1 款第 b 项的规定，在数据主体依法撤回同意后，在没有其他数据处理法律依据的情况下，数据主体有权要求控制者立即删除与其有关的个人数据，控制者也负有及时删除个人数据的义务。我国《个人信息保护法》也作出了类似规定，依据该法第 47 条规定，在个人撤回同意后，个人信息处理者应当主动删除个人信息，个人信息处理者未删除的，个人有权请求删除。该条之所以作出

---

① 参见程啸：《论个人信息处理中的个人同意》，载《环球法律评论》2021 年第 6 期，第 45 页。

② 参见程啸：《个人信息保护法理解与适用》，中国法制出版社 2021 年版，第 162 页。

此种规定，主要是因为个人与个人信息处理者之间存在信息不对称的问题，在撤回同意后，个人很难知悉个人信息处理者是否真正停止了相关的个人信息处理行为。① 上述规定具有一定的合理性，因为个人撤回同意一般体现为撤回全部同意，即个人不再允许个人信息处理者以任何方式处理其任何个人信息，在此情形下，个人信息处理者应当停止所有个人信息处理活动。由于存储也是个人信息处理方式之一，因此，在个人撤回同意后，个人信息处理者应当负有删除个人信息的义务，否则个人有权依法请求个人信息处理者承担民事责任。

但笔者认为，在个人撤回同意后，不宜一概认定个人信息处理者负有删除义务，因为如前所述，按照私法自治原则，个人有权自主决定在何种范围内行使撤回权，其既可以撤回全部同意，又可以撤回部分同意；同时，个人在同意个人信息处理者处理其个人信息时，可能授权个人信息处理者对其个人信息进行多种方式的处理，而个人在撤回同意时，也应当可以决定是否撤回个人信息处理者的全部处理权限。这都会对个人信息处理者的删除义务产生一定的影响，具体而言，在个人撤回同意后，认定个人信息处理者是否负有删除义务时，应当考虑如下因素。

一是个人撤回同意涉及的个人信息的范围。如前所述，个人有权决定就个人信息处理者处理的其全部个人信息撤回同意，抑或仅就其中部分个人信息撤回同意。在前一种情形下，个人信息处理者应当依法删除全部个人信息，而在后一种情形下，个人信息处理者仅对个人撤回同意涉及的个人信息依法负有删除义务，对该范围之外的个人信息，个人信息处理者仍可按照约定进行处理，无须删除。例如，个人在下载、安装某款 App 时，对个人信息处理者处理其姓名、手机号码、电子邮箱、个人身份信息、网页浏览记录等个人信息作出了授权。后个人为了使用该 App 的一些特殊功能，又对个人信息处理者处理其地址、金融账户、健康生理信息等敏感个人信息作出了授权。在此情形下，如果个人仅就上述敏感个人信息的处理撤回同意，个人信息处理者就仅负有删除上述敏感个人信息的义务，仍然可以处理上述姓名、电子邮箱等个人信息。

二是个人撤回同意涉及的个人信息的处理方式。依据《个人信息保护

---

① 参见程啸：《个人信息保护法理解与适用》，中国法制出版社 2021 年版，第 164 页。

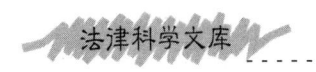

法》第4条的规定，个人信息的处理包括个人信息的收集、存储、使用、加工、传输、提供、公开、删除等多种方式，个人信息处理者以其中任何一种方式处理个人信息，都应当依法取得个人的同意，进一步而言，除前述情形外，个人撤回同意也可以体现为个人对特定个人信息处理方式作出的同意的撤回。据此，无论是个人撤回全部同意，还是撤回部分同意，如果个人只是撤回了对个人信息处理者以收集、使用、加工等方式处理其个人信息的同意，而没有撤回个人信息处理者存储其个人信息的同意，则个人信息处理者虽然负有停止相应的个人信息处理活动的义务，但仍可以继续存储相关的个人信息，而不负有删除的义务。例如，个人仅撤回允许个人信息处理者利用其个人信息进行自动化决策的同意，仍然同意个人信息处理者储存或者向他人提供其个人信息，此时，个人信息处理者仅需要停止利用个人信息进行自动化决策这一特定的个人信息处理行为，不需要删除相关的个人信息。

（二）个人信息处理者原则上应当继续提供产品或者服务

依据《个人信息保护法》第16条规定，在个人撤回同意后，个人信息处理者原则上不得以个人撤回同意为由拒绝提供产品或者服务，这就确立了个人信息处理者负有继续提供产品或者服务的义务。个人信息处理者之所以负有该义务，主要是因为：如前所述，个人撤回同意只是对网络服务协议进行了变更，没有解除该合同关系，并且个人撤回同意仅导致相关的个人信息处理条款失去效力，不当然导致合同的其他条款效力消灭。因此，在个人撤回同意后，个人信息处理者仍应当按照约定提供相关的产品或者服务。同时，在个人撤回同意后，即便个人信息处理者提供的产品或者服务可以具有差异，该产品或服务也应当具备相关产品或者服务的基本功能。①

当然，依据《个人信息保护法》第16条规定，如果处理个人信息属于提供产品或者服务必需的前提，撤回就会对个人信息处理者继续提供产品或者服务的义务产生一定的影响，此种影响具体体现为：一是如果相关个人信息的处理是个人信息处理者提供产品或者服务的必要条件，个人撤回同意后，个人信息处理者有权拒绝提供相应的产品或者服务。例如，个

---

① 参见张新宝主编：《〈中华人民共和国个人信息保护法〉释义》，人民出版社2021年版，第135页。

人信息处理者向用户提供产品推荐服务需要处理用户的购物偏好、网页浏览记录等个人信息，如果个人撤回同意，不再允许个人信息处理者处理此类个人信息，个人信息处理者就有权拒绝提供该产品推荐服务。二是如果相关产品或者服务的提供不以相关个人信息的处理为条件，个人信息处理者就仍负有提供相关产品或者服务的义务。① 例如，在前例中，如果个人撤回允许个人信息处理者收集其手机通讯录、聊天记录等个人信息的同意，不影响个人信息处理者提供产品推荐服务的，个人信息处理者就不得据此拒绝提供该服务。三是如果处理个人信息是提供产品或者服务必需的前提，并且个人撤回同意后，将导致个人信息处理者完全无法提供相关的产品或者服务，此时，个人信息处理者订立合同的目的将因个人撤回同意而无法实现，个人信息处理者应当有权依法解除网络服务合同。在个人信息处理者解除合同后，其有权拒绝提供相应的产品或者服务，个人也无权继续使用相关的产品与服务，否则将构成侵权，个人信息处理者有权依法请求个人承担民事责任。例如，在个人信息处理者解除网络服务协议后，个人不得再继续使用个人信息处理者的搜索引擎等网络产品或者服务，否则构成对个人信息处理者网络产品的侵害，个人信息处理者有权依法请求个人承担侵权责任。

（三）不影响撤回前基于个人同意已进行的个人信息处理活动的效力

《个人信息保护法》第15条第2款规定："个人撤回同意，不影响撤回前基于个人同意已进行的个人信息处理活动的效力。"所谓不影响撤回前基于个人同意已进行的个人信息处理活动的效力，是指个人撤回同意仅向将来发生效力，不具有溯及既往的效力。换言之，在个人撤回同意前，个人信息处理者实施的个人信息处理行为仍然是基于个人同意而实施的，不具有违法性，个人也无权请求个人信息处理者承担民事责任。② 个人撤回同意向将来发生效力，也意味着，个人撤回同意后，个人信息处理者即不得再实施相应的个人信息处理活动，否则将构成非法处理个人信息的行为。

---

① 参见程啸：《个人信息保护法理解与适用》，中国法制出版社2021年版，第169~170页。

② 参见程啸：《个人信息保护法理解与适用》，中国法制出版社2021年版，第165页。

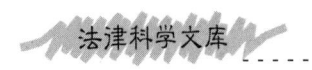

问题在于，在个人撤回同意前，如果个人信息处理者已经将相关的个人信息提供给其他个人信息处理者，即个人信息处理者实施了所谓的个人信息共享行为，那么个人撤回同意将对个人信息共享行为产生何种影响？进一步而言，例如，被共享的一方是否有权继续处理相关的个人信息？笔者认为，依据《民法典》《个人信息保护法》的相关规定，个人撤回同意对个人信息共享行为将产生如下几方面影响。

　　一是不影响个人信息共享行为的效力，即个人信息共享行为不因个人撤回同意而无效。依据《个人信息保护法》第15条规定，个人撤回同意不影响个人同意期间个人信息处理活动的效力。个人信息共享在性质上属于个人信息处理行为，依据上述规定，该行为的效力也不应受到个人撤回同意的影响，即个人信息处理者与被共享者之间达成的个人信息共享协议以及实施的共享行为的效力均不应受到影响。同时，在个人撤回同意前，个人信息处理者基于个人同意而实施的个人信息共享行为属于依法处理个人信息的行为，该行为的合法性也不因个人撤回同意而受到影响，即个人撤回同意后，不得主张个人信息处理者实施的个人信息共享行为构成对其个人信息的侵害，并据此请求个人信息处理者承担民事责任。

　　二是共享个人信息的个人信息处理者不得继续实施个人信息共享行为。由于个人信息共享需要取得个人的同意，个人撤回同意又终止个人信息处理者共享个人信息的权利，因而在个人撤回同意后，个人信息处理者不得再次与其他个人信息处理者订立个人信息共享合同，实施个人信息共享行为。问题在于，如果个人信息处理者已经与其他个人信息处理者订立了个人信息共享协议，该协议尚未履行，则在个人撤回同意后，个人信息处理者能否继续履行该合同？笔者认为，应区分两种情形分别予以认定：第一，如果该个人信息共享行为获得了个人的同意，则此种情形下，个人信息处理者仍应当履行该合同，这也是承认该个人信息共享合同效力的必然结果。既然个人撤回同意不影响个人信息共享合同的效力，那么个人信息处理者为履行该合同而实施的个人信息共享行为也应当具有合法性。第二，如果该个人信息共享行为尚未获得个人授权，那么该个人信息共享合同虽然有效，但由于此种个人信息共享行为并未获得个人授权，故在个人撤回同意后，个人信息处理者不得实施个人信息共享行为。此时，被共享的一方应有权依法主张违约责任。

　　三是被共享的个人信息处理者原则上仍可继续处理被共享的个人信

息。在个人撤回同意后，认定被共享的个人信息处理者能否继续处理相关的个人信息时，关于《个人信息保护法》第 15 条第 2 款规定，可以有如下不同的解释方案，第一种解释方案为：个人撤回同意的效力不能及于被共享的个人信息处理者。依据《个人信息保护法》第 15 条第 2 款规定，个人撤回同意"不影响撤回前基于个人同意已进行的个人信息处理活动的效力"，既然共享行为发生在个人撤回同意之前，该共享行为有效，被共享的个人信息处理者当然应当有权基于有效的共享行为处理相关的个人信息。第二种解释方案为：个人撤回同意的效力可以及于被共享的个人信息处理者。被共享的个人信息处理者处理个人信息的权限来源于个人信息处理者的授权，在个人撤回同意后，共享个人信息的个人信息处理者尚且无权继续处理个人信息，被共享的个人信息处理者也应当无权处理相关的个人信息；且如果认为个人撤回同意的效力不及于被共享的个人信息处理者，也不利于保护个人的信息自决权，并进而影响个人撤回同意制度目的的实现。

上述两种解释方案均有一定的合理性，但笔者认为，上述第一种解释方案更为合理，即个人撤回同意的效力不应当及于被共享的个人信息处理者，被共享的个人信息处理者仍有权继续处理相关的个人信息。除上述理由外，依据《民法典》《个人信息保护法》的规定，个人信息的共享（即向他人提供）在性质上属于个人信息处理行为，个人信息处理者在实施该行为时需要取得个人的授权，即在个人信息共享的情形下，个人既对共享个人信息的个人信息处理者作出了授权（即同意），也对被共享的个人信息处理者作出了授权，即在个人信息共享的情形下，实际上存在个人的双重同意。① 该双重同意虽然具有一定的关联性，但在效力上应相互独立，即就被共享个人信息的个人信息处理者而言，其虽然是基于个人信息共享合同获得了处理个人信息的权限，但该权限本质上源于个人的授权，并且此种授权为个人的单独授权，其在效力上独立于个人对共享个人信息的个人信息处理者的授权。而个人撤回同意，通常只是导致其与共享个人信息

---

① 在个人信息共享中，个人对被共享的个人信息处理者作出的授权既可以在共享行为实施前以单独授权的方式实施，也可以通过同意其与共享个人信息的个人信息处理者之间的合同中的个人信息共享条款的方式实现，但不论采用何种方式，都应当认定个人在个人信息共享中实施了双重授权。

的个人信息处理者之间的同意效力的消灭，即相应地终止该个人信息处理者处理个人信息的权限（包括继续实施个人信息共享行为的权限），而没有消灭其对被共享的个人信息处理者作出的授权。因此，在个人撤回同意后，被共享的个人信息处理者仍有权依法处理相关的个人信息。当然，为了保障个人信息自决权的实现，也应当认定个人有权依据《个人信息保护法》第 15 条撤回其对被共享的个人信息处理者一方的同意，此时，被共享的个人信息处理者处理个人信息的权利也将相应地消灭。

四、个人撤回同意后的损害赔偿责任

在个人信息处理过程中，个人撤回同意可能给个人信息处理者造成一定的损失，因为个人信息处理者在取得个人同意后，通常会对相关的个人信息进行相关的处理，个人撤回同意后，个人信息处理者可能需要调整相关的个人信息处理活动，并因此产生相应的费用损失。① 从域外法的规定来看，个人因撤回同意给个人信息处理者造成损失时，对于个人是否需要承担赔偿责任，存在不同做法。有的立法仅规定了个人随意撤回同意的规则，没有对个人撤回同意后的损害赔偿责任作出规定。例如，GDPR 第 7 条虽然规定了个人可以随时撤回同意的规则，但没有规定个人的赔偿责任。又如，依据《意大利个人数据保护法》第 123 条、第 126 条规定，对于个人在公共通信网络或电子通信服务中对个人信息处理者处理其交通数据、位置数据作出的同意，个人有权随时撤回，但同样没有规定个人撤回同意后的损害赔偿责任。② 而有的立法虽然没有明确规定个人撤回同意后的赔偿责任，但也没有明确予以排除，而是预留了一定的制度空间。例如，2012 年《新加坡个人数据保护法》第 16 条规定了个人撤回同意规则，该条并没有明确规定个人撤回同意是否需要承担赔偿责任，但依据该条规定，个人信息处理者在考量个人撤回同意的原因后，应通知个人其撤回同意可能带来的后果。这似乎是承认了个人信息处理者可以依法请求个人承担赔偿责任。《加拿大个人信息保护和电子文件法》第 4.3.8 条作出

---

① 参见万方：《个人信息处理中的"同意"与"同意撤回"》，载《中国法学》2021 年第 1 期，第 177~178 页。

② 此外，《爱沙尼亚个人数据保护法》第 12 条、《韩国个人信息保护法》第 37 条也采取了同样的立场。

了类似的规定,依据该条规定,个人可以随时撤回同意,但个人信息处理者也应当告知个人撤回同意的法律后果。

对于个人撤回同意后是否需要对个人信息处理者承担赔偿责任,学理上也存在不同观点:一是肯定说。此种观点主张,在个人信息积极利用的情形下,个人撤回同意后,应当比照适用典型合同中的任意撤销权规则,对个人撤回同意的权利进行一定的限制,如果个人因撤回同意给个人信息处理者造成损失,则个人应当承担损害赔偿责任。[1] 二是否定说。此种观点主张,对于个人撤回同意给个人信息处理者造成的损失,个人不应当承担赔偿责任,因为个人行使同意撤回权的行为具有合法性,是个人对自身权益的正当处分,因此即便造成个人信息处理者损失,也无须承担赔偿责任,否则可能架空同意撤回制度,当然,在个人具有故意或者重大过失时,个人可能需要承担赔偿责任。[2]

从我国现行立法规定来看,《个人信息保护法》第15条只规定了个人有权任意撤回同意,但对个人撤回同意后是否需要承担赔偿责任,该条未作出明确规定。如前所述,按照本书的解释立场,个人同意将在个人与个人信息处理者之间成立合同关系,个人行使撤回同意的权利在性质上属于单方变更合同的权利,在这一前提下,笔者认为,在个人撤回同意时,需要区分以下两种情形,分别认定个人的赔偿责任。

1. 当事人未明确约定合同履行期限

如果当事人没有明确约定个人信息许可使用的期限,该合同在性质上属于不定期合同,同时,对网络服务合同而言,个人信息处理者需要持续对个人信息进行处理,并且个人信息处理者也需要为个人持续提供相关的产品或者服务,因此,该合同在性质上属于以持续履行的债务为内容的不定期合同,即不定期的继续性合同。对于不定期的继续性合同的变更规则,我国《民法典》并未作出明确规定,但《民法典》规定了此类合同的解除规则,依据《民法典》第563条第2款规定,对此类合同,当事人享有任意解除合同的权利,但应当在合理期限之前通知对方。法律之所以作

---

[1] 参见陆青:《个人信息保护中"同意"规则的规范构造》,载《武汉大学学报(哲学社会科学版)》2019年第5期,第121页。

[2] 参见万方:《个人信息处理中的"同意"与"同意撤回"》,载《中国法学》2021年第1期,第178页。

出此种规定,主要是因为,此种合同关系无法永久存在,应当赋予当事人终止合同的权利,从而使其不必永久受合同关系的拘束。① 同时,对于不定期的继续性合同,当事人对合同关系的长期存续的信赖程度较低,因此,只要当事人在合理期间之前通知了对方,即可任意解除合同。② 上述规则虽然规定的是此类合同的解除问题,但基本原理也应当适用于个人信息处理活动中个人撤回同意的情形,即如果当事人没有明确约定个人许可个人信息处理者处理相关个人信息的期限,个人信息处理者对于其可以长期、持续地处理相关个人信息没有合理的信赖,此时,即便个人因撤回同意造成其损失,个人信息处理者也无权请求个人承担赔偿责任。

当然,从《民法典》第563条第2款规定来看,当事人在解除不定期的继续性合同时,应当在合理期限之前通知对方,该规则也应当可以适用于个人撤回同意的情形,即个人在任意撤回同意时,应当在合理期限之前通知个人信息处理者,以便于其作出相应的安排,减少损失。如果因个人未在合理期限之前通知个人信息处理者,造成其损失的,则个人信息处理者应当有权请求个人赔偿相应的损失。

2. 当事人明确约定了合同履行期限

如果当事人在网络服务合同中明确约定了个人信息许可使用的期限,个人因提前撤回同意造成个人信息处理者损失的,个人应当承担赔偿责任,主要理由有四点。

第一,个人撤回同意权虽然是个人依法享有的权利,但并不能当然据此排除个人的赔偿责任。按照前述观点,个人行使同意撤回权是对自身权益的正当处分,该行为具有合法性,因此个人无须对此承担责任。笔者认为,此种观点值得商榷,因为在合同履行过程中,任何一方当事人变更合同内容实际上都是对自身权益的一种处分,只不过有时处分的是人身权益,有时处分的是财产权益,在因一方变更合同造成对方损失时,当事人变更合同权利的法定性并不能成为其主张不承担责任的依据。事实上,当事人变更合同权利的法定性只是表明其变更合同权利是由法律规定的而非

---

① 参见朱广新、谢鸿飞主编:《民法典评注·合同编通则2》,中国法制出版社2020年版,第178页。

② 参见朱虎:《分合之间:民法典中的合同任意解除权》,载《中外法学》2020年第4期,第1019页。

当事人约定的，其仅揭示当事人变更合同权利的来源，与当事人变更合同后是否需要承担赔偿责任并不存在直接关联。从我国现行立法规定来看，一方当事人在依法行使变更合同的权利时，如果造成对方当事人损害，可能也需要依法承担赔偿责任。例如，依据《民法典》第777条规定，如果定作人中途变更承揽工作的要求，造成承揽人损失的，定作人应当赔偿损失。又如，依据《民法典》第829条规定，在货运合同中，因托运人变更合同造成承运人损失的，托运人应当依法赔偿损失。因此，就网络服务合同而言，虽然个人依法享有任意撤回同意的权利（即单方变更合同的权利），但并不能据此当然地排除其对个人信息处理者的赔偿责任。

第二，虽然个人撤回同意的权利是法律赋予个人的一项权利，但个人行使撤回权本质上是对当事人约定的一种"违反"，个人应当依法承担相应的不利后果。《个人信息保护法》第15条规定个人有权撤回同意，体现了对人格利益的保护优先于财产权的理念①，此种基本立场值得赞同，但并不能据此完全忽视对个人信息处理者合理信赖的保护。尤其是在当事人明确约定合同履行期限的情形下，个人信息处理者对在该期限内能够处理相关的个人信息具有合理的信赖，可能据此作出了相应的经营安排，此种合理的信赖应当受到法律保护，而科以个人承担损害赔偿责任，可以在一定程度上对个人撤回同意的权利进行必要的限制，从而兼顾个人信息处理者权益的保护。当然，科以个人承担损害赔偿责任，并不会架空个人撤回同意制度。因为，一方面，个人承担赔偿责任仅适用于当事人明确约定合同履行期限的情形，在当事人未明确约定合同履行期限的情形下，个人撤回同意通常无须承担赔偿责任；另一方面，科以个人承担赔偿责任旨在使个人更好地权衡是否行使任意撤回权，有效平衡对个人信息处理者利益的保护，该赔偿责任本身在法律上并非个人行使撤回权的限制条件，换言之，即便当事人明确约定了合同履行期限，个人也有权任意撤回同意。

第三，科以个人承担赔偿责任，有利于数据产业的发展。《个人信息保护法》第15条允许个人撤回同意，没有设置任何限制性条件，允许个人随意"毁约"，这不仅不利于保护个人信息处理者的利益，还可能对数据产业的发展产生一定的影响。为了更好地发挥数据的作用，促进数据产

---

① 参见王利明：《论民事权益位阶：以〈民法典〉为中心》，载《中国法学》2022年第1期，第45页。

业的发展,中共中央、国务院专门发布了《数据二十条》,该意见指出,要建立保障权益、合规使用的数据产权制度,根据数据来源和数据生成特征,分别界定数据生产、流通、使用过程中各参与方享有的合法权利,并在保护公共利益、数据安全、数据来源者合法权益的前提下,承认和保护依照法律规定或合同约定获取的数据加工使用权,尊重数据采集、加工等数据处理者的劳动和其他要素贡献,充分保障数据处理者使用数据和获得收益的权利。从该意见的规定来看,要发挥数据要素的作用,保障数据产业的发展,除了坚持保障个人信息权益、保障数据合规处理这一前提外,也需要通过确立数据产权等方式保护数据处理者的权益,这一方面要求保护数据处理者在数据处理过程中享有的各项权利,尤其是获得收益的权利;另一方面,也要求保障数据处理者使用数据的权利,此种使用数据的权利既体现为数据处理者可以以各种合法方式处理数据,又体现为数据处理者对于合法处理数据具有合理的预期。而在数据包含个人信息时,当事人明确约定合同履行期限的情形下,如果个人随意撤回同意而无须承担任何赔偿责任,则不利于保障个人信息处理者在数据处理过程中享有的各项权利,既难以填补个人信息处理者为处理相关个人信息的支出[①],又难以保障个人信息处理者处理相关个人信息获得收益的合理预期。同时,此种做法也会影响个人信息处理者持续处理个人信息的合理预期,在当事人明确约定个人信息处理期限的情形下,个人信息处理者对于在该期限内可以持续处理相关个人信息具有合理的预期,这也是发挥数据要素作用的重要保障。允许个人随意撤回同意并无须承担赔偿责任,难以对个人撤回同意进行必要的限制,个人信息处理者处理个人信息的合理预期也无从谈起,会影响数据产业的发展。

第四,科以个人撤回同意时承担赔偿责任,可以维持人格权益保护价值评价上的一致性。从《民法典》人格权编的规定来看,在肖像许可使用合同中,如果当事人未明确约定肖像许可使用期限,当事人有权随时解除合同,即便当事人明确约定了肖像许可使用期限,肖像权人有正当理由的,也可以解除合同,但其可能需要依法承担赔偿责任。同时,依据《民法典》第1023条第1款规定:"对姓名等的许可使用,参照适用肖像许可

[①] 参见万方:《个人信息处理中的"同意"与"同意撤回"》,载《中国法学》2021年第1期,第177~178页。

使用的有关规定。"因此，肖像许可使用合同的解除规则可以被参照适用于其他人格利益的许可使用。据此，就个人信息之外的其他人格利益的许可使用而言，当事人明确约定许可使用期限的情形下，虽然人格权人有权解除合同，终止受许可人利用其人格利益的权利，但人格权人行使该权利并非没有任何限制。从《民法典》第 1022 条规定来看，该权利的行使有如下两项限制因素：一是人格权人必须有正当的理由；二是除不可归责于人格权人的事由外，人格权人应当赔偿因此给对方造成的损失。而就个人信息许可使用而言，《个人信息保护法》第 15 条规定个人享有任意撤回同意的权利，即赋予了个人随意终止个人信息处理者处理其相关个人信息的权利。与前述《民法典》第 1022 条的立场不同，个人行使该权利时并不需要证明其有正当理由，如果再否定个人需要对个人信息处理者因此遭受的损失承担赔偿责任，则个人在行使撤回同意权、终止个人信息处理者处理其个人信息授权的权利时将没有任何限制。进一步而言，这意味着现行立法对个人信息提供了比其他人格权益更为强化的保护。但事实上，法律保护各类人格权益的根本目的都在于保护个人的人格尊严[1]，与姓名、肖像等其他人格权益的保护相比，个人信息与人格尊严、人身自由等的关联性并不当然更强，在价值层面没有予以个人信息优先保护的必要性。因此，在当事人明确约定许可使用期限的情形下，科以个人在撤回同意时承担相应的赔偿责任，可以在一定程度上对个人行使撤回同意权进行必要的限制，从而实现对个人信息与其他人格利益在价值评价上的一致性。

　　随着大数据分析技术的发展，个人信息、数据的经济效用日益凸显。为更好地发挥数据的效用，促进数据产业的发展，有关部门近几年颁行了一系列的指导性文件，对数据产业的发展作出了良好的顶层设计。但相关设计目的的实现有赖于具体法律制度的支撑，《民法典》《个人信息保护法》作为保护个人信息的基本立法，构建了个人信息利用、保护的基本制度框架，为促进数据产业发展提供了有力的制度支撑，但这两部法律在立法目的、调整对象、调整方式等方面存在一定的区别，这也导致对相关制度、规则的解释与适用难免出现分歧，个人同意撤回规则即为适例。个人同意撤回规则与《民法典》中的意思表示撤回、意思表示撤销以及合同撤

---

[1] Gert Brüggemeier, Aurelia Colombi Ciacchi, Patrick O'Callaghan ed., *Personality Rights in European Tort Law*, Cambridge University Press, 2010, p. 568.

销等制度"形似",却又存在明显的区别,因而无法直接适用相关的规则,但这并不意味着无法从民法的视角系统阐释个人同意撤回规则。当然,在从民法视角观察个人撤回同意制度时,应当考虑个人信息保护法律制度的基本立法目的,既不能片面为了促进个人信息、数据的流通、利用而忽视对个人信息权益的保护,也不能走向另一个极端,即为了片面保护个人信息而不当影响数据产业的发展,虽然个人信息保护与数据产业发展之间存在一定的张力关系,但个人信息保护绝非阻碍数据产业发展的因素。

第三章　依法处理已公开的个人信息

第一节　已公开个人信息的规范基础与实践困境

随着互联网在我国的日益普及，个人信息在互联网中进行公开的现象也愈加普遍，当然，此种个人信息的公开既包括个人主动在网络上公开其个人信息，如个人在个人网页中公开其姓名、住址、血型、星座等个人信息，也包括被动公开的个人信息，如已公开的裁判文书中公开的个人信息，以及政府网站中公开的个人信息等。已公开的个人信息具有重要的经济利用价值，但个人信息受法律保护并不以其具有私密性为前提，已公开的个人信息仍应当受到法律的保护。[①] 与未公开的个人信息相比，法律在调整已公开的个人信息时，应当更多地注重发挥其利用价值，因

[①] 参见彭诚信、王冉冉：《自行公开个人信息利用规则的合理范围研究》，载《厦门大学学报（哲学社会科学版）》2023年第3期，第113页。

此，如何有效平衡个人信息利用与个人信息权益保护之间的关系，成为已公开个人信息法律保护需要解决的现实问题。下文将对我国法上已公开个人信息保护的法律规定进行梳理，并在此基础上探讨已公开个人信息的处理规则。

一、已公开个人信息保护的规范基础

关于已公开个人信息的法律调整，我国立法和司法实践经历了一个发展过程。

（一）最高人民法院《关于审理利用信息网络侵害人身权益民事纠纷案件适用法律若干问题的规定》对已公开个人信息处理规则的规定

从立法层面，我国规范性文件中最早规定已公开个人信息处理规则的是2014年最高人民法院颁行的《关于审理利用信息网络侵害人身权益民事纠纷案件适用法律若干问题的规定》（以下简称《利用信息网络侵害人身权益规定》），该司法解释第12条规定，网络用户或者网络服务提供者利用网络公开自然人基因信息、病历资料、健康检查资料、犯罪记录、家庭住址、私人活动等个人隐私和其他个人信息，造成他人损害，被侵权人请求其承担侵权责任的，人民法院应予支持，但在"经自然人书面同意且在约定不过范围内公开""学校、科研机构等基于公共利益为学术研究或者统计的目的，经自然人书面同意，且公开的方式不足以识别特定自然人""自然人自行在网络上公开的信息或者其他已合法公开的个人信息"等情形下除外。同时，依据该司法解释第12条第2款规定，如果网络用户或者网络服务提供者以违反社会公共利益、社会公德的方式公开自然人自行在网络上公开的信息或者其他已合法公开的个人信息，或者以合法渠道获取的个人信息，或者公开该信息侵害权利人值得保护的重大利益，权利人有权依法请求网络用户或者网络服务提供者承担侵权责任。此外，依据该司法解释第13条规定，一般情形下，网络用户或者网络服务提供者根据国家机关依职权制作的文书和公开实施的职权行为等信息来源发布的信息，即便侵害他人人身权益，其原则上也无须承担侵权责任。[①]

从上述规定可以看出，《利用信息网络侵害人身权益规定》对已公开

---

① 现已修改为该司法解释第9条。

个人信息的处理规则作出了较为详细的规定，其对已公开个人信息处理规则的调整具有以下重要意义：一方面，该司法解释专门就已公开个人信息的处理规则作出规定，为调整处理已公开个人信息的行为提供了明确的法律依据。如前所述，已公开个人信息的处理涉及个人信息权益保护与个人信息利用之间的关系，如何妥当平衡二者之间的关系，成为立法和实践中的难题。该司法解释专门对此作出规定，对于有效调整已公开个人信息的处理行为具有重要意义。另一方面，该司法解释区分了个人自行公开的个人信息与其他合法公开的个人信息。个人信息公开的情形较多，无论是个人自行公开的个人信息，还是其他合法公开的个人信息，只要相关的个人信息已经公开，都应当属于已公开的个人信息。该司法解释专门规定主动个人自行的个人信息与其他合法公开的个人信息，为已公开个人信息的认定提供了有效指引。此外，该司法解释规定了已公开个人信息处理的例外性规则。该司法解释第 12 条第 2 款对已公开个人信息处理规则的例外情形作出了规定，依据该规定，即便相关的个人信息属于已公开的个人信息，但如果网络用户或者网络服务提供者公开个人信息的方式不当，权利人也有权请求其承担侵权责任。该条对已公开个人信息处理规则的例外情形作出规定，这就在保障已公开个人信息的有效利用的同时，也兼顾了个人信息权益保护的需要。

（二）《民法典》对已公开个人信息处理规则的规定

在总结我国立法和司法实践经验的基础上，我国《民法典》专门就已公开个人信息的处理规则作出了规定。《民法典》第 1036 条规定："处理个人信息，有下列情形之一的，行为人不承担民事责任：（一）在该自然人或者其监护人同意的范围内合理实施的行为；（二）合理处理该自然人自行公开的或者其他已经合法公开的信息，但是该自然人明确拒绝或者处理该信息侵害其重大利益的除外；（三）为维护公共利益或者该自然人合法权益，合理实施的其他行为。"依据该条规定，除自然人明确拒绝或者处理该已公开个人信息会侵害其重大利益的情形外，个人信息处理者合理处理自然人已经公开的个人信息，无须对此承担民事责任，具体而言，《民法典》规定的已公开个人信息的处理规则主要具有三个特征。

第一，将处理已公开个人信息作为合法处理个人信息的具体情形之一。从《民法典》第 1036 条规定来看，个人信息处理者在该条规定的具体情形下处理个人信息，无须承担民事责任，即该条规定的是合法处理个人信息的情形。对于自然人自行公开或者其他已经合法公开的个人信息，个人信息处理者原则上可以进行处理，无须取得个人的同意，该行为也构成合法处理个人信息的行为。该条将处理已公开的个人信息作为依法处理个人信息的情形，有利于充分发挥个人信息的经济效用，保障数据产业的发展。因为就已经公开的个人信息而言，如果个人信息处理者在处理此类个人信息时，仍然需要取得个人的同意，可能会不当增加个人信息处理者处理个人信息的成本，也会增加个人信息处理者处理个人信息的法律风险[1]，因此，《民法典》将处理已公开的个人信息作为合法处理个人信息的情形之一。

第二，不再将个人信息处理者限于网络用户以及网络服务提供者。从2014年《利用信息网络侵害人身权益规定》第12条规定来看，只有网络用户与网络服务提供者在处理已公开的个人信息时，才能适用该规则认定该个人信息处理行为的合法性，其无法涵盖其他个人信息处理者处理已公开个人信息的情形。而从《民法典》第1036条规定来看，其并没有对处理已公开个人信息的主体范围作出限定，这就扩张了该规则的适用范围。换言之，只要是实施了处理个人信息行为的个人信息处理者，均可适用该规则。该规定具有合理性，因为从实践来看，除了网络用户与网络服务提供者外，其他主体也可能实施个人信息处理行为，《民法典》扩张处理已公开个人信息的主体范围，可以为网络用户与网络服务提供者以外的主体处理已公开的个人信息提供合法性基础。

第三，增加了个人明确拒绝这一例外情形。2014年《利用信息网络侵害人身权益规定》第12条在规定已公开个人信息的处理规则时，规定了一些例外情形。与该司法解释的规定相比，《民法典》第1036条新增了"自然人明确拒绝"这一例外情形，即对已公开的个人信息而言，如果个人明确拒绝个人信息处理者处理该个人信息，则个人信息处理者不得实施相关的个人信息处理行为。《民法典》新增这一例外情形，更有利于保护个人的信息自决权利，因为一方面，对已公开的个人信息而言，既然个人已经选择将该个人信息公开，一般可以推定其允许他人处理该个人信息，但个人在公开相关的个人信息时，其通常只是实施了公开个人信息的行

---

[1] 参见谢登科：《公开个人信息处理中的企业合规》，载《甘肃社会科学》2023年第5期，第136页。

为，没有明确作出同意他人处理该个人信息的意思表示，上述对个人主观意愿的推定应当是可以推翻的推定，即如果个人在公开其个人信息后明确拒绝他人处理该个人信息，可以推翻上述推定，这可以更好地尊重个人处理其个人信息的意愿，更好地保护个人的信息自决。另一方面，对已公开的个人信息而言，如前所述，虽然已经公开，但其性质上仍然属于个人信息，仍应当受到个人信息保护规则的保护，个人对该个人信息的处理仍应当享有信息自决权。因此，对已公开的个人信息而言，个人有权通过拒绝的方式，排除个人信息处理者的处理行为，这也体现了对个人信息自决权的尊重与保护。

此外，与2014年《利用信息网络侵害人身权益规定》第12条规定类似，《民法典》第1036条在规定已公开个人信息的类型时，同样区分了个人自行公开的个人信息与其他已经合法公开的个人信息，这就保持了已公开个人信息类型的开放性。因为除个人自行公开的个人信息外，个人信息还可能通过其他方式进行公开，并且对个人信息处理者来说，其在处理相关的个人信息时，往往只能判断相关的个人信息究竟是已公开的个人信息，还是未公开的个人信息，通常无法判断相关的个人信息是否为个人自行公开的个人信息，因此，《民法典》第1036条将其他已经合法公开的个人信息规定为已公开的个人信息，既符合已公开个人信息的特点，又有利于降低个人信息处理者处理已公开个人信息的成本和法律风险。

（三）《个人信息保护法》对已公开个人信息处理规则的规定

《个人信息保护法》同样对已公开个人信息的处理规则作出了规定，依据该法第13条的规定，个人信息处理者依据《个人信息保护法》的规定在合理范围内处理个人自行公开的个人信息，或者其他已经合法公开的个人信息时，不再需要取得个人同意。这就将处理已公开个人信息作为个人同意的例外情形，实际上也是将处理已公开的个人信息作为合法处理个人信息的事由之一。同时，从该条规定来看，其在规定已公开个人信息的类型时，同样区分了个人自行公开的个人信息与其他已经合法公开的个人信息。

除上述规定外，《个人信息保护法》第27条还对处理已公开个人信息的处理规则作出了细化规定，该条规定："个人信息处理者可以在合理的范围内处理个人自行公开或者其他已经合法公开的个人信息；个人明确拒绝的除外。个人信息处理者处理已公开的个人信息，对个人权益有重大影响的，应当依照本法规定取得个人同意。"与《民法典》第 1036 条规定相比，该条同样将个人明确拒绝作为处理已公开个人信息的例外情形；此外，该条规定，如果处理相关的已公开个人信息会对个人的权益有重大影响，应当依法取得个人同意，这也是《个人信息保护法》新增的规定。

依据《民法典》第 1036 条规定，如果处理相关的已公开个人信息会侵害个人的重大利益，个人信息处理者不得实施相关的个人信息处理行为。但问题在于，如果处理相关的个人信息对个人的权益有重大影响，但不是当然侵害个人的重大利益，个人信息处理者能否实施该个人信息处理行为，并不明确。依据《个人信息保护法》第 27 条规定，在处理已公开的个人信息对个人权益有重大影响时，个人信息处理者应当依法取得个人的同意，这就为个人信息处理者处理此类已公开个人信息提供了更为具体的规则。换言之，即便处理相关的已公开个人信息可能会对个人的权益产生重大的不利影响，但如果个人信息处理者在实施相关个人信息处理行为时已经取得了个人的同意，该个人信息处理行为就属于合法处理个人信息的行为。这就将此种情形下个人信息处理者能否实施个人信息处理行为的决定权赋予了个人，这也体现了对个人信息自决权的尊重与保护。当然，在此种情形下，该个人信息处理行为是基于个人同意而实施的，其合法性基础不再是处理已公开的个人信息的处理规则，而应当是个人同意。

从前述我国立法、司法实践的情况来看，我国法的已公开个人信息处理规则的规范发展主要具有三个特征。

一是从无到有。我国个人信息保护规则是伴随着我国数据产业的发展而不断发展的，[①] 已公开个人信息的处理规则同样如此，在大数据分析技术大规模应用之前，个人信息保护的必要性并未凸显，因此，我国法上长期以来并不存在已公开个人信息的处理规则，甚至缺乏个人信息的保护规则。而随着互联网的日益普及和大数据分析技术应用场景的不断增多，公开个人信息的现象日益普遍，已公开个人信息的处理情形也逐渐增多，我国法上已公开个人信息的调整规则也应运而生，并随着个人信息处理实践的发展而不断丰富和发展。

二是规则不断细化。从我国法前述已公开个人信息处理规范的发展可

---

① 参见张薇薇：《公开个人信息处理的默认规则——基于〈个人信息保护法〉第 27 条第 1 分句》，载《法律科学（西北政法大学学报）》2023 年第 3 期，第 62 页。

以看出，我国法上调整已公开个人信息处理规则的法律规范在不断细化。① 例如，在调整范围上，《利用信息网络侵害人身权益规定》最初只是将调整范围限于网络服务提供者，而从实践来看，处理已公开个人信息的主体并不限于网络服务提供者，因此，《民法典》《个人信息保护法》扩张了调整范围，将所有个人信息处理者处理已公开个人信息的行为都纳入其中，这也符合已公开个人信息保护的现实需要。已公开个人信息的处理涉及个人信息权益保护与数据流通、利用之间关系的平衡，已公开个人信息处理的场景越复杂，越需要进行更为精确的利益平衡。

三是相关规则仍然需要进行进一步完善和细化。从前述已公开个人信息的规范来看，虽然其规范内容在不断细化，但相关规范仍然存在进一步完善和细化的空间。② 由于《民法典》是民事基本法，《个人信息保护法》也是调整个人信息利用与保护的基本法律规范，二者的规范需要保持适度的抽象性③，无法对相关事项作出过于细化的规定。就已公开个人信息的调整而言，从《民法典》《个人信息保护法》的规定来看，其使用了"合理""重大利益""重大影响"等不确定概念，而针对已公开个人信息的保护场景，个人信息处理者是否属于"合理"处理已公开个人信息，已公开个人信息的处理是否涉及个人"重大利益"或者对个人产生"重大影响"？这些均有赖于法官在个案中进行判断，这不仅会影响已公开个人信息的保护，也可能影响个人信息处理者有效实施已公开个人信息处理行为。因此，在《民法典》《个人信息保护法》规定的基础上，已公开个人信息的保护规则仍有进一步通过立法或者司法解释予以完善和细化的必要。

二、已公开个人信息保护的实践困境

在《民法典》与《个人信息保护法》颁行前后，我国司法实践中发生了一些涉及已公开个人信息的纠纷，下文试举两例予以说明。

---

① 参见程啸：《论公开的个人信息处理的法律规制》，载《中国法学》2022年第3期，第87页。

② 参见刘晓春：《已公开个人信息保护和利用的规则建构》，载《环球法律评论》2022年第2期，第59页。

③ 参见黄薇主编：《中华人民共和国民法典人格权编解读》，中国法制出版社2020年版，第207页。

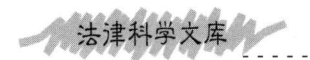

案例之一为"孙某与贾某某等侵权责任纠纷案"。在该案中,新浪微博账号"可爱娃娃贾某"(现用户名"贾某_")注册于 2014 年 5 月 3 日,微博认证为中国爽乐坊唱片旗下童星,微博的实际维护人为贾某的母亲贾某某。新浪微博账号"网络男孩 2017"注册人为原告孙某。2016 年 11 月底,贾某某将其与其女儿贾某的两张登机牌照片发布在"可爱娃娃贾某"的微博上,该登机牌姓名下方显示了与身份信息关联的数字串。后"网络男孩 2017"发布一条微博,列明了贾某某及其女儿贾某二人的身份证号码。贾某某知道后,以"可爱娃娃贾某"的账号举报"网络男孩 2017"的微博内容泄露其身份证号码。新浪微博站方受理后,判定"网络男孩 2017"言辞泄露他人隐私信息,构成"泄露他人隐私",后删除了被举报的内容。孙某主张,其是从网络公开渠道获得的相关身份证号码信息,发布相关身份证号码的行为不构成对他人隐私权的侵害。法院认为,贾某某发布相关登机牌照片的目的是与粉丝互动,而不是主动公开其与其女儿的相关信息,相关个人信息的泄露是贾某某的疏忽导致的,孙某在其微博中披露他人的身份证号码信息,既违背了法律保护个人信息的原则,也构成对他人隐私权的侵害。①

案例之二为"梁某某与北京汇法正信科技有限公司网络侵权责任纠纷案"。在该案中,上诉人梁某某因不服北京市朝阳区人民法院关于梁某某与隆腾华顺公司劳动纠纷案的判决,向北京第三中级人民法院提起上诉。北京第三中级人民法院审理后判决驳回上诉、维持原判。该终审判决后在北京法院审判信息网、中国裁判文书网公开。被上诉人北京汇法正信科技有限公司(以下简称"汇法正信公司")于 2009 年推出了大型法律资讯信息网站汇法网(www.lawxp.com),其经营范围包括向公众提供判决书等司法文书。在上诉人的上述终审判决生效后,上诉人在百度搜索栏中输入"新浪微博登录首页梁某某"时,发现搜索结果第一条显示了相关的裁判文书,并显示该裁判文书被汇法网登载。上诉人主张该行为侵害了其个人信息、隐私权与名誉权。

本案的争议焦点之一是被上诉人登载的裁判文书中包含的相关信息是否为梁某某的个人信息?以及被上诉人网站登载该裁判文书是否构成对梁某某个人信息的侵害?关于涉案裁判文书中的相关信息是否为梁某某的个人信

---

① 参见北京市海淀区人民法院(2017)京 0108 民初 30593 号民事判决书。

息，二审法院认为，个人信息是指以电子或者其他方式记录的能够单独或者与其他信息结合识别自然人个人身份的各种信息，包括但不限于自然人的姓名、出生日期、身份证件号码、个人生物识别信息、住址、电话号码、电子邮箱地址、行踪信息等。判断相关信息是否为个人信息，关键看其是否具有"可识别性"，此种"可识别性"既包括对个体身份的识别，又包括对个体特征的识别。无论是单独识别个人身份的信息，还是与其他信息结合可识别特定自然人的信息，都属于个人信息。在本案中，虽然涉案裁判文书已经对相关数据进行了脱敏处理，但相关搜索结果列表中未进行脱敏处理，仍然可以识别上诉人梁某某的身份，因此，相关信息属于个人信息。

关于被上诉人登载裁判文书的行为是否构成对梁某某个人信息的侵害，二审法院认为，汇法网登载的裁判文书来源于北京法院审判信息网，涉案文书属于法院依法向社会公开的司法数据，使用通用的爬虫技术即可收集。被上诉人收集相关的信息并未采用裁判文书网上明确禁止的提供镜像等技术，也不违反国家禁止性规定，其行为不属于非法收集个人信息的行为。同时，汇法正信公司登载的裁判文书展示的信息内容与裁判文书公开信息一致，其并未对该相关信息进行不当篡改、处理，也没有实施其他不当处理个人信息的行为，其行为具有一定的正当性。尤其在数字经济背景下，商业化利用是维持数据利用、开发的驱动力和经济保障，因此，不能因为相关的个人信息利用行为是商业化利用就当然否定其正当性。此外，法院认为，对于裁判文书的公开和利用，应当妥当协调个人信息保护与促进司法公开、数据流通和使用等多种利益关系，既要有效保护个人的个人信息，又需要符合数字经济产业的发展趋势。本案中，汇法正信公司在使用已公开的裁判文书时，不可避免地使用梁某某的个人信息，如果不允许其使用该已公开的个人信息，一方面可能损害司法公开制度，损害公众受保护的知情权、监督权等公共利益，另一方面可能造成数据的垄断，不符合数据共享、利用的理念。因此，被上诉人登载已公开裁判文书的行为不构成对梁某某个人信息的侵害。①

在上述两则案例中，行为人是否构成对他人个人信息的侵害均是当事人的争议焦点，其中涉及的个人信息纠纷均与已公开的个人信息关联，上述案件的裁判也反映出已公开个人信息保护在实践中遇到的困境。具体论述如下。一

---

① 参见北京市第四中级人民法院（2021）京04民终71号民事判决书。

是何为已公开的个人信息。依据《个人信息保护法》第13条的规定，已公开个人信息包括个人自行公开的个人信息以及其他已经合法公开的个人信息。尤其对第一类已公开个人信息，如何确定相关个人信息是否为个人自行公开？在个人主动实施相关行为的情形下，如果该行为会公开个人的相关个人信息，但个人对其个人信息的公开并不知情，此时，相关个人信息是否属于个人自行公开的个人信息？例如，在前述第一个案例中，贾某某公开载有其身份证号码的登机牌照片后，身份证号码这一个人信息是否属于已公开的个人信息？孙某通过互联网公开渠道获得贾某某的身份证号码信息，其能否基于已公开个人信息的处理规则处理该个人信息？就其他已经公开的个人信息而言，应当如何理解此处已公开个人信息的范围？如果相关公开个人信息的行为并不具有合法性，但客观上已经造成个人信息的公开，在此情形下，相关个人信息是否属于已公开的个人信息？例如，依据最高人民法院《关于人民法院在互联网公布裁判文书的规定》第10条的规定，人民法院在互联网公布相关的裁判文书时，应当删除自然人的家庭住址、通讯方式、身份证号码、银行账号、健康状况、车牌号码、动产或不动产权属证书编号等个人信息。如果人民法院在互联网公布相关的裁判文书时，没有严格依据上述规定对相关的个人信息进行去标识化处理，在此情形下，被该裁判文书公开的相关个人信息在性质上是否属于已公开的个人信息？行为人处理该裁判文书公开的个人信息，是否构成对他人个人信息的侵害？总之，虽然我国现行立法对已公开个人信息的类型作出了规定，但如何妥当解释相关的规则、准确界定已公开个人信息的范围，仍值得进一步探讨。

二是已公开个人信息的保护与处理应遵循何种规则。与非公开个人信息相比，已公开个人信息的保护具有一定的特殊性，一方面，对于非公开个人信息而言，其可能同时受到个人信息与隐私权规则的保护；而对已公开的个人信息而言，其难以受到隐私权规则的保护。另一方面，虽然已公开个人信息已经处于公开的状态，但其在性质上仍然属于个人信息，仍应受到个人信息保护规则的保护。[①] 但由于此类个人信息已经处于已公开状态，因此，已公开个人信息规则的适用更应当考虑个人信息的流通与利用

[①] 参见程啸：《论公开的个人信息处理的法律规制》，载《中国法学》2022年第3期，第88页。

价值，这也使已公开个人信息的保护具有很强的特殊性。例如，在前述第二个案例中，如果上诉人梁某某在得知被上诉人的网站登载包含其个人信息的裁判文书后，拒绝被上诉人继续刊载相关的裁判文书，被上诉人是否有权继续登载该裁判文书？虽然我国《民法典》《个人信息保护法》对已公开个人信息的保护规则作出了规定，但相关的规则较为简略，难以有效解决各类实践纠纷，如何在兼顾已公开个人信息特殊性的基础上准确解释、适用相关的规则，值得进一步探讨。

三是在已公开个人信息的保护中，如何妥当平衡个人信息流通、利用与个人信息保护之间的关系。《个人信息保护法》第1条开宗明义地宣示了个人信息保护法的立法目的，即"保护个人信息权益，规范个人信息处理活动，促进个人信息合理利用"，因此，个人信息保护需要妥当平衡个人信息保护与个人信息利用之间的关系，在已公开个人信息的保护中，同样需要妥当平衡二者之间的关系。同时，与非公开的个人信息相比，法院在平衡二者之间的关系时，可能需要进行更为复杂的利益平衡，因为对个人自行公开的个人信息而言，法院在判断个人信息处理者处理此类已公开个人信息是否合法时，需要更多地考虑个人信息流通与利用的价值，并且由于此类个人信息是个人自愿公开，对个人信息自决的保护应当受到必要的限制。就其他依法公开的个人信息而言，法院在进行利益平衡时，还需要考虑个人信息公开的不同原因，在个案中进行更为复杂的利益平衡。[①]例如，在前述第二个案例中，法院在判断行为人登载裁判文书的行为是否构成对已公开个人信息的不当处理时，不仅要考虑行为人登载裁判文书的行为是否符合法律规定，还需要考虑司法公开、司法公正以及破除司法数据垄断等诸多因素。因此，对已公开个人信息而言，法院在适用相关规则时，需要进行更为复杂的利益平衡，进而需要进行更多的说理、论证。

第二节　已公开个人信息的界定

明确依法处理已公开个人信息的规则，首先需要明确已公开个人信息

[①] 参见张薇薇：《公开个人信息处理的默认规则——基于〈个人信息保护法〉第27条第1分句》，载《法律科学（西北政法大学学报）》2023年第3期，第63页。

的内涵，即何为已公开的个人信息。如前所述，调整已公开个人信息处理规则的法律规范需要妥当平衡个人信息权益保护与数据流通、利用之间的关系。已公开个人信息与尚未公开的个人信息不同，其已经基于个人意愿或者其他方式公开，个人信息处理者在处理已公开个人信息时，某种意义上没有违反个人的意愿，或者也可以说其是合法处理个人信息的行为。因此，与尚未公开的个人信息不同，已公开个人信息的处理在利益平衡上更多地偏向于数据的利用与流通①，当然，由于已公开的个人信息在性质上仍然是个人信息，其处理应当兼顾个人信息权益的保护，除法律另有规定外，《民法典》《个人信息保护法》等法律中有关个人信息保护的规则也应当可以适用于已公开个人信息的保护。要准确适用已公开个人信息保护规则，首先需要明确已公开个人信息的内涵和界定标准，即如何识别哪些个人信息属于已公开的个人信息。笔者认为，可以从如下几个方面界定已公开个人信息的内涵：一是已公开的个人信息应当是个人信息；二是相关的个人信息的公开行为应当具有合法性；三是相关的个人信息仍然应当处于已经公开的状态。下文将具体探讨。

一、相关的信息应当属于个人信息

（一）个人信息与相关概念的区分

已公开的个人信息首先应当是个人信息。从我国个人信息、数据领域的既有研究来看，在一定程度上存在个人信息、数据、个人数据混用的现象，为保障法律规范的准确适用，明确已公开个人信息的处理规则，有必要对这一组概念进行区分。

个人信息不同于数据。一方面，二者的内涵不同。个人信息是能够直接或者间接识别个人身份的信息，以及已识别或者可识别的自然人有关的各种信息。② 个人信息最显著的特点是其身份识别性。③ 而数据是对事物

---

① 参见程啸：《论公开的个人信息处理的法律规制》，载《中国法学》2022 年第 3 期，第 92 页。

② 参见王利明：《论个人信息权的法律保护——以个人信息权与隐私权的界分为中心》，载《现代法学》2013 年第 4 期，第 64 页。

③ 参见程啸：《论大数据时代的个人数据权利》，载《中国社会科学》2018 年第 3 期，第 108 页。

进行记录的符号，是对客观事物的性质、状态以及相互关系等进行记载的物理符号或者这些物理符号的组合。数据并不以身份识别性为要件。另一方面，二者的范围不同。从个人信息与数据内涵的上述区别可以看出，数据的范围要大于个人信息。[①] 虽然个人信息也可以以数据的方式呈现（即个人数据），但在个人数据这一类型之外，还有其他类型的数据，如企业数据、公共数据等。还应当看到，个人信息与个人数据之外的数据之间也存在转化的可能性。例如，在对个人信息进行匿名化处理，相关个人信息中可以识别个人身份的要素被去除后，该个人信息将转化为纯粹的数据，而不再属于个人信息。[②] 相反，对于已经去身份化处理的个人信息，在反向身份识别技术的辅助下，仍然可能转化为可直接或者间接识别个人身份的个人信息。[③]

个人信息与个人数据在很多情形下可以混用，如在个人信息处理者处理个人信息的场景下，个人信息以个人数据的形式呈现，对个人数据的处理应当以依法处理个人信息为前提条件。当然，个人信息与个人数据也存在一定的区别，个人数据通常是在数据处理的场景下使用的概念，而个人信息并不当然体现为电子化的数据。因此，虽然个人信息与个人数据在许多情形下可以混用，但二者的侧重点仍有一定的区别。

（二）已公开个人信息仍属于个人信息

已公开的个人信息首先应当是个人信息，如果相关的个人信息已经经过匿名化处理，转化为了纯粹的数据，即便其已经被公开，也难以归入已公开个人信息的范畴。依据《个人信息保护法》第4条第1款的规定，所谓个人信息，是指以电子或者其他方式记录的与已识别或者可识别的自然人有关的各种信息，不包括匿名化处理后的信息。依据《民法典》第1034条第2款的规定，个人信息包括自然人的姓名、出生日期、身份证

[①] 参见王利明：《数据共享与个人信息保护》，载《现代法学》2019年第1期，第46页。

[②] 我国《个人信息保护法》第4条第1款也对此作出了规定，即经过匿名化处理后的个人信息不再属于个人信息，该款规定："个人信息是以电子或者其他方式记录的与已识别或者可识别的自然人有关的各种信息，不包括匿名化处理后的信息。"

[③] 当然，按照我国《个人信息保护法》的规定，个人信息在经过匿名化处理之后，不再具有复原为个人信息的可能性，而对个人信息进行其他去身份化处理，如假名化处理等，并不改变相关个人信息的属性。

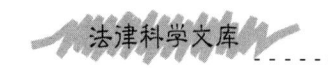

件号码、生物识别信息、住址、电话号码、电子邮箱、健康信息、行踪信息等。此外,《人脸识别处理个人信息司法解释》还对人脸信息的保护规则作出了规定。可见,个人信息的范围十分宽泛,无论是已识别个人的信息,还是可识别自然人的信息,均属于个人信息。

个人信息主要具有如下特征。

第一,个人信息是一种重要的人格利益。[①] 对于个人信息究竟是人格权还是财产权,理论上存在一定的争议,但《民法典》在人格权编中对个人信息的保护规则作出规定,其虽然没有使用"个人信息权"这一表述,但显然是将个人信息界定为一种人格利益。从个人信息中可以识别个人,个人信息的保护与个人人格尊严的保护存在直接关联,因此,不宜将个人信息认定为财产权,而应将其界定为人格利益。

第二,个人信息是与已识别或者可识别的自然人有关的各种信息。个人信息应当具有可识别性,即个人信息能够单独或者与其他信息结合识别个人,否则其属于纯粹的数据,不属于个人信息。[②] 同时,如果相关信息无法识别个人,则对该信息的利用也不会侵害特定个人的权益,此时即没有必要通过个人信息制度对个人予以保护。一般而言,个人信息的可识别性是指相关信息能够直接识别或者间接识别个人。所谓直接识别,是指单独从某项信息中能够识别个人。所谓间接识别,是指仅依据某项信息无法单独识别个人,需要与其他信息结合才能识别个人。从《民法典》第1034条的规定来看,无论是直接识别个人的信息,还是间接识别个人的信息,均属于个人信息的范畴。

第三,个人信息范围十分宽泛。[③] 从《民法典》第1034条第2款的规定来看,其一方面具体列举了个人信息的具体类型,包括自然人的姓名、出生日期、身份证件号码、生物识别信息、住址、电话号码、电子邮箱、健康信息、行踪信息;另一方面,该款规定也采用了"等"这一兜底性规

---

① 参见王叶刚:《人格权确权与人格权法独立成编——以个人信息权为例》,载《东方法学》2017年第6期,第108页。
② 参见王叶刚:《人格权确权与人格权法独立成编——以个人信息权为例》,载《东方法学》2017年第6期,第110页。
③ 参见程啸:《论我国个人信息保护法中的个人信息处理规则》,载《清华法学》2021年第3期,第57页。

定，保持了个人信息范围的开放性，即除上述具体列举的各类信息外，其他信息只要符合个人信息的条件，能够识别个人，就应当属于个人信息。同时，从《个人信息保护法》第4条的规定来看，个人信息是与已识别或者可识别自然人有关的"各种信息"，这也表明个人信息的范围较为宽泛。

第四，个人信息同时包含精神利益与财产价值。个人信息包含精神利益，保护个人信息的根本目的在于保护个人的人格尊严。[1]侵害个人信息，如泄露个人信息、非法倒卖个人信息等，可能使权利人遭受精神痛苦，权利人有权依法请求行为人承担精神损害赔偿责任。同时，个人信息包含财产价值，尤其是在互联网、大数据时代，个人信息具有重要的经济利用价值，个人信息的利用也是大数据产业发展的重要基础。[2]权利人可以自己利用其个人信息，也可以许可他人利用其个人信息，并据此获得一定的经济利益。

个人信息与作为隐私权客体的私密信息不同，私密信息强调私密性和非公开性，相关的信息一旦被公开，在相应的范围内就不再属于私密信息；[3]而个人信息受法律保护不以其具有私密性为条件，换言之，即便相关的个人信息已经被公开，其仍然属于个人信息。因此，个人信息的上述特征如具有身份识别性的特点、同时包含精神利益与财产利益等，也适用于已公开的个人信息。

二、相关的个人信息已经被合法公开

（一）已公开个人信息应当限于合法公开的情形

从《民法典》第1036条第2项以及《个人信息保护法》第13条第1款第6项规定来看，已公开的个人信息限于个人自行公开的个人信息以及其他已经合法公开的个人信息。个人对其个人信息享有信息自决权，其有权决定是否公开相关的个人信息，因此，个人自行公开其个人信息的行为当然具有合法性，而就其他已经合法公开的个人信息而言，其中的公开行

---

[1] 参见刘金瑞：《个人信息与权利配置——个人信息自决权的反思和出路》，法律出版社2017年版，第109页。

[2] 参见高志强：《个人信息人格利益与财产利益理论分析》，载《大连理工大学学报（社会科学版）》2018年第1期，第86页。

[3] 参见王利明：《论个人信息权的法律保护——以个人信息权与隐私权的界分为中心》，载《现代法学》2013年第4期，第65页。

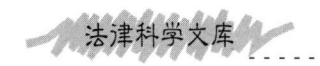

为显然也具有合法性。因此，已公开个人信息的成立要求相关的个人信息必须是被合法公开的个人信息。

法律之所以要求相关的个人信息必须是被合法公开的，主要理由有两点。

一方面，如果相关的个人信息是被非法公开的，虽然相关的个人信息处于已公开的状态，但该个人信息公开状态本身就是非法的，在此情形下，个人信息处理者也很难主张其在该非法状态下实施的个人信息处理行为具有合法性。

另一方面，就个人信息权益保护而言，在相关的个人信息被非法公开的情形下，公开行为构成对个人信息权益的侵害①，就此类个人信息而言，如果将其认定为法律规定的已公开的个人信息，并允许个人信息处理者处理此类个人信息，将导致个人信息主体损害的进一步扩大。此时，允许个人信息处理者依据上述规定处理被非法公开的个人信息，也不符合已公开个人信息处理制度的立法目的。

此外，如前所述，已公开个人信息的处理规则旨在平衡个人信息权益与数据流通、利用之间的关系，② 在个人信息被非法公开的情形下，仍然允许个人信息处理者处理此类个人信息，显然只考虑了数据流通与利用价值的实现，忽略了个人信息权益的保护。因此，立法将已公开个人信息限于被合法公开的个人信息，具有合理性。

（二）已公开个人信息的类型

从《民法典》《个人信息保护法》的规定来看，已公开个人信息包括个人自行公开的个人信息与其他已经合法公开的个人信息两种类型。

1. 个人自行公开的个人信息

所谓个人自行公开的个人信息，是指个人基于自身意愿主动公开的个人信息，既包括信息主体自己公开的个人信息，又包括个人授权他人公开的个人信息。③ 例如，个人自行在网络上发布相关的个人信息，属于个

---

① 参见宁园：《〈个人信息已公开〉作为合法处理事由的法理基础和规则适用》，载《环球法律评论》2022年第2期，第78页。

② 参见宋伟卫：《处理已公开个人信息的刑法边界》，载《吉林大学社会科学学报》2022年第6期，第81页。

③ 参见齐英程：《已公开个人信息处理规则的类型化阐释》，载《法制与社会发展》2022年第5期，第210页。

自行公开个人信息。与其他依法公开的个人信息不同，此种已公开的个人信息的公开基于个人的意愿。从《民法典》《个人信息保护法》的规定来看，其没有对个人自行公开个人信息的方式作出限定，个人既可以通过网络方式公开其个人信息，也可以通过其他方式公开相关的个人信息。个人对其个人信息享有自决权，其有权决定在何种方式、在何种范围内公开个人信息，并有权决定公开哪些个人信息。当然，如果个人的相关个人信息涉及他人的隐私或者个人信息，其在自行公开相关的个人信息时，还应当依法取得他人的同意，否则其自身的个人信息属于已公开的个人信息，但其行为构成对他人隐私权或者个人信息的侵害，此时，他人有权依法主张民事责任。例如，个人自愿公开其活动轨迹信息的，其相关的活动轨迹信息将属于已公开的个人信息，但如果个人与他人同行，其在公开自身的活动轨迹信息时，不得不当公开他人的相关个人信息，否则将构成对他人隐私权或者个人信息的侵害。

在此需要探讨的是，个人许可他人使用其个人信息，是否属于个人自行公开相关的个人信息？换言之，对此类个人信息，其他个人信息处理者能否基于已公开个人信息的处理规则对信息进行处理？因为个人在许可他人使用自身的个人信息时，当然需要向他人公开其相关的个人信息，此时是否构成个人自行公开该部分个人信息？笔者认为，个人许可他人使用的个人信息，虽然在一定程度上也属于向他人"公开"的个人信息，但不应当将该个人信息认定为个人自行公开的个人信息。因为，一方面，从《民法典》与《个人信息保护法》的规定来看，在个人许可个人信息处理者处理其个人信息的情形下，个人信息处理者向他人"提供"相关的个人信息属于个人信息处理行为，该行为应当依法取得个人的同意，否则可能构成对个人信息权益的侵害。法律作出此规定，主要是为了保护个人的信息自决权，防止个人信息的处理超出个人的意愿。在个人许可特定个人信息处理者处理其个人信息的情形下，如果据此将相关的个人信息认定为已公开的个人信息，并允许其他个人信息处理者处理该个人信息，显然有违前述立法目的，将使个人信息共享需要取得个人同意的规则沦为具文。另一方面，将此类个人信息认定为已公开的个人信息，不符合已公开个人信息的特点。既然相关的个人信息被认定为已公开的个人信息，就表明其他主体可以通过合理的途径获取该个人信息，即已公开个人信息应当是人们通过一般途径可以获取的信息，而在个人信息许可使用的情形下，相关的个人

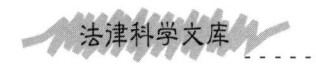

信息只是被特定的个人信息处理者知晓，没有向其他主体公开，换言之，其他主体无法通过公开、合理的途径获得该个人信息，据此难以将此类个人信息认定为已公开的个人信息。

2. 其他已经合法公开的个人信息

所谓其他已经合法公开的个人信息，是指在符合法律规定条件的情形下，由特定的主体公开的个人信息。[①] 从实践来看，其他已经合法公开的个人信息较为常见，如一些政务网站、裁判文书网等公开的个人信息。我国相关立法也对有关机关依法公开个人信息的规则作出了规定。例如，《政府信息公开条例》第 15 条规定："涉及商业秘密、个人隐私等公开会对第三方合法权益造成损害的政府信息，行政机关不得公开。但是，第三方同意公开或者行政机关认为不公开会对公共利益造成重大影响，应以公开。"依据该规定，对于会损害第三方合法权益的政府信息，行政机关不得公开，但如果第三方同意公开或者行政机关认为不公开会对公共利益造成重大影响的，应予以公开，其中就包括了个人信息，即如果政府信息中包含了个人信息，行政机关可以依据该规定予以公开。又如，最高人民法院《关于人民法院在互联网公布裁判文书的规定》对人民法院在互联网公布裁判文书公开个人信息的规则作出了规定。该司法解释第 10 条、第 11 条分别就裁判文书应当删除的个人信息以及应当予以公开个人信息作出了规定。该司法解释第 10 条规定："人民法院在互联网公布裁判文书时，应当删除下列信息：（一）自然人的家庭住址、通讯方式、身份证号码、银行账号、健康状况、车牌号码、动产或不动产权属证书编号等个人信息；（二）法人以及其他组织的银行账号、车牌号码、动产或不动产权属证书编号等信息；（三）涉及商业秘密的信息；（四）家事、人格权益等纠纷中涉及个人隐私的信息；（五）涉及技术侦查措施的信息；（六）人民法院认为不宜公开的其他信息。按照本条第一款删除信息影响对裁判文书正确理解的，用符号'×'作部分替代。"该条要求人民法院在互联网公布裁判文书时，对个人的敏感个人信息以及涉及个人隐私的信息等内容进行去标识化处理。该司法解释第 11 条规定："人民法院在互联网公布裁判文书，应当保留当事人、法定代理人、委托代理人、辩护人的下列信息：（一）除

---

① 参见宋伟卫：《处理已公开个人信息的刑法边界》，载《吉林大学社会科学学报》2022 年第 6 期，第 72 页。

根据本规定第八条进行隐名处理的以外，当事人及其法定代理人是自然人的，保留姓名、出生日期、性别、住所地所属县、区；当事人及其法定代理人是法人或其他组织的，保留名称、住所地、组织机构代码，以及法定代表人或主要负责人的姓名、职务；（二）委托代理人、辩护人是律师或者基层法律服务工作者的，保留姓名、执业证号和律师事务所、基层法律服务机构名称；委托代理人、辩护人是其他人员的，保留姓名、出生日期、性别、住所地所属县、区，以及与当事人的关系。"该条对人民法院在互联网公布裁判文书时可以公开的个人信息作出了规定，人民法院依据该规定公开的个人信息即属于《民法典》与《个人信息保护法》规定的其他已经公开的个人信息。

与个人自行公开的个人信息相比，其他已经合法公开的个人信息主要具有两个特征。

一方面，此类个人信息属于个人被动公开的个人信息。[1] 如前所述，个人自行公开的个人信息是基于个人意愿公开的个人信息，而其他已经合法公开的个人信息不是基于个人意愿公开的个人信息，即无论个人是否同意，只要符合法律规定的条件，相关主体就可以依法公开此类个人信息，因此，其在某种程度上是个人被动公开的个人信息。《民法典》《个人信息保护法》将此种情形与个人自行公开的个人信息并列，也表明其具有被动公开的特征。

另一方面，此类个人信息的公开通常是为了实现社会公共利益，这也是不考虑个人意愿而依法公开个人信息的正当性基础。[2] 例如，人民法院在裁判文书网公布相关的裁判文书时，其中包含相关的个人信息，此种情形即属于依法公开个人信息的情形，该行为之所以具有正当性，主要是因为裁判文书的公开有利于促进法官的裁判说理，并且通过裁判文书的公开，可以对司法活动进行一定的监督，裁判文书公开具有促进司法公正和司法正义等功能。

此外，此类个人信息的公开应当符合法律的规定。由于此类个人信息

---

[1] 参见宋伟卫：《处理已公开个人信息的刑法边界》，载《吉林大学社会科学学报》2022年第6期，第73页。

[2] 参见杨芳：《个人信息自决权理论及其检讨——兼论个人信息保护法之保护客体》，载《比较法研究》2015年第6期，第27页。

的公开并不考虑个人的意愿,因此,需要对其公开个人信息的条件、范围等进行严格的限制,以防止不当侵害个人信息权益。具体而言,就依法公开个人信息的情形而言,哪些个人信息可以公开,可以在何种范围内以何种方式公开,均应当依据法律规定进行,否则公开个人信息行为的合法性将受到影响。例如,最高人民法院《关于人民法院在互联网公布裁判文书的规定》第4条规定:"人民法院作出的裁判文书有下列情形之一的,不在互联网公布:(一)涉及国家秘密的;(二)未成年人犯罪的;(三)以调解方式结案或者确认人民调解协议效力的,但为保护国家利益、社会公共利益、他人合法权益确有必要公开的除外;(四)离婚诉讼或者涉及未成年子女抚养、监护的;(五)人民法院认为不宜在互联网公布的其他情形。"依据该规定,上述裁判文书依法不得在互联网公布,如果人民法院违反上述规定,擅自公开相关的裁判文书,导致相关的个人信息被不当公开,该行为不再属于合法公开个人信息的行为。同时,即便符合法律规定的条件,相关主体公开个人信息也应当严格按照法律规定的程序进行,否则公开行为也欠缺合法性。

《民法典》《个人信息保护法》在个人自行公开个人信息之外,专门规定其他已经合法公开个人信息的情形,在为其他依法公开个人信息的情形提供了法律依据的同时,也保持了合法公开个人信息情形的开放性,这为个人信息的依法公开,以及数据产业的发展创造了条件。

三、相关的个人信息仍然处于已公开的状态

已公开的个人信息在被依法处理时应当仍然处于已公开状态。从实践来看,某些个人信息在一定期间内可能属于已公开的个人信息,该期间经过后,相关的个人信息不再处于公开状态,此类个人信息仅在公开期间可以适用已公开个人信息的处理规则。例如,某些网站仅在特定期间内公示相关主体的个人信息,该公示期间届满后,即撤回相关公告,此时,相关个人信息不再处于已公开的状态,也不应再属于已公开的个人信息。

在此需要探讨的是,如果个人信息处理者着手处理相关的个人信息时,该个人信息处于已公开的状态,但在处理过程中,该个人信息不再处于已公开的状态,此时,个人信息处理者能否主张继续处理该个人信息?笔者认为,在此情形下,个人信息处理者不得再主张基于已公开个人信息

的处理规则处理相关的个人信息，主要理由有三点。

第一，从法条文义上看，《个人信息保护法》第 27 条在规定已公开个人信息的处理规则时，将其适用范围限定为已公开的个人信息，即无论是个人自行公开的个人信息，还是其他已经合法公开的个人信息，都应当处于已公开的状态。如果相关的个人信息已经由已公开的状态恢复到未公开的状态，则很难再将其纳入本条的调整范围。同时，从该条规定来看，其在规定已公开个人信息的处理规则时，并没有对个人信息处理活动行为作出限定，这也意味着，在个人信息处理活动的各个环节，无论是个人信息处理者开始处理相关的个人信息，还是个人信息处理者处理个人信息的过程中，都应当适用该规则，换言之，在个人信息处理的各个阶段，个人信息都应当处于已公开的状态。因此，一旦相关的已公开个人信息恢复到未公开的状态，个人信息处理者就不得主张依据已公开个人信息的处理规则继续处理相关的个人信息。

第二，有利于保障个人的信息自决权利。基于维护个人人格尊严的需要，个人对其个人信息享有个人信息自决权，即个人有权决定允许相关主体在何种范围内、以何种方式处理其个人信息。[①] 换言之，个人有权控制其个人信息的处理活动。在个人自愿公开其个人信息的情形下，无论是个人公开其个人信息，还是个人不愿继续公开其个人信息，都是个人行使其个人信息自决权的体现。在个人不愿其个人信息继续处于已公开状态并采取相关的措施使个人信息恢复未公开状态的情形下，法律也应当保护个人的此种意愿，此时，如果允许个人信息处理者继续处理相关的个人信息，则个人信息自决权难以实现。

当然，从《个人信息保护法》第 27 条规定来看，除个人自愿公开的个人信息外，已公开个人信息还包括其他已经合法公开的个人信息，此类个人信息的公开大多是出于维护社会公共利益的目的，从而不需要考虑个人公开其个人信息的意愿。在这一意义上，此类个人信息的公开构成对个人信息自决权的一种限制。但即便对此类已公开的个人信息，如果其已经恢复到未公开的状态，个人信息处理者也不应当继续基于已

[①] 参见杨芳：《个人信息自决权理论及其检讨——兼论个人信息保护法之保护客体》，载《比较法研究》2015 年第 6 期，第 24 页。

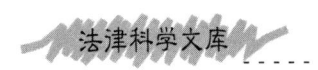

公开个人信息的处理规则处理该个人信息，因为在此类已公开个人信息恢复到未公开状态的情形下，表明公开个人信息的相关目的已经实现，此时应当侧重于保护个人对其个人信息的自决权。在此情形下，如果允许个人信息处理者继续基于已公开个人信息的处理规则处理此类个人信息，不仅逾越了已公开个人信息处理规则的调整范围，还会不当影响个人信息自决权的实现。

第三，这并不会不当影响个人信息处理者的合理期待。在此需要探讨的是，已公开个人信息转变为未公开个人信息的情形下，如果不允许个人信息处理者继续处理此类个人信息，是否会影响个人信息处理者处理个人信息的合理期待？尤其在个人信息处理者已经对已公开个人信息加以利用，甚至已经形成数据产品的情形下，不再允许个人信息处理者继续处理相关的个人信息，是否会不当影响个人信息处理者的处理行为？笔者认为，在已公开个人信息转变为未公开个人信息的情形下，不允许个人信息处理者继续处理相关的个人信息，并不会不当影响其合理期待。因为，一方面，依据《个人信息保护法》第 27 条规定，个人信息处理者在处理已公开的个人信息时，并不需要取得个人的同意，也没有向个人支付相应的对价，从某种意义上说，已公开个人信息已经成为人人皆可合理使用的"公共资源"，但已公开个人信息在性质上仍然是个人信息，个人对此类个人信息仍然依法享有个人信息权益，此类个人信息之上也仍然承载着个人的人格利益，与个人信息处理者处理已公开个人信息的合理期待相比，应当侧重于保护个人的个人信息权益。另一方面，个人信息处理者在处理已公开个人信息时，并未与个人订立合同关系，其在处理相关的已公开个人信息时，对此类个人信息在将来转变为非公开个人信息应当有一定的合理预期，因此，在已公开个人信息转变为非公开个人信息时，不再允许个人信息处理者处理相关的个人信息，也不会过分影响其处理个人信息的合理期待。

总之，在已公开个人信息基于各种原因转变为非公开个人信息时，个人信息处理者基于已公开个人信息的处理规则处理相关个人信息的合法性不再存在，其应当停止相关的个人信息处理行为，并依法履行删除个人信息等义务。当然，个人信息处理者也可以通过依法取得个人同意等方式，取得继续处理相关的个人信息的权利。

第三节 依法处理已公开个人信息的条件

一、依法处理已公开个人信息条件的界定

从《民法典》第1036条与《个人信息保护法》第13条、第27条的规定来看，个人信息处理者在处理已公开的个人信息时，并不需要取得个人的同意，但这不意味着个人信息处理者处理已公开的个人信息不受任何条件的限制。如前所述，虽然已公开的个人信息处于已公开的状态，但其在性质上仍然属于个人信息，仍受到《民法典》《个人信息保护法》相关规则的保护。具体而言：一方面，个人信息不同于隐私，其受到法律保护不以相关个人信息处于私密状态为条件，对于已公开的个人信息，虽然其保护受到一定的限制，但其仍然依法受到个人信息保护规则的保护。另一方面，与未公开的个人信息相比，虽然已公开个人信息的保护程度有所降低，但其仍然受到法律保护，行为人处理已公开个人信息的行为违反法律规定的，个人仍有权依法请求行为人承担民事责任。

《民法典》第1036条与《个人信息保护法》第13条、第27条均对已公开个人信息的处理规则作出了规定，从上述规定可以看出，无论是《民法典》还是《个人信息保护法》，均从正反两方面规定了依法处理已公开个人信息的条件，即不仅规定了依法处理已公开个人信息的积极条件，还规定了依法处理已公开个人信息的消极条件。

具体而言，依据《民法典》第1036条第2项规定，个人信息处理者应当合理处理他人已公开的个人信息，但是信息主体明确拒绝或者处理该信息侵害主体重大利益的除外。该条规定的依法处理已公开个人信息的积极条件为：个人信息处理者应当合理处理已公开的个人信息。该条规定的消极条件包括两个：一是个人明确拒绝，二是处理该已公开的个人信息将侵害个人的重大利益。

依据《个人信息保护法》第13条第1款第6项的规定，个人信息处理者处理已公开的个人信息需要"依照本法规定"，并且需要"在合理的范围内"处理相关的已公开个人信息。依据该法第27条规定，个人信息处理者应当"在合理的范围内"处理已公开的个人信息，在个人明确拒绝的情形下，不得处理已公开的个人信息。同时，个人信息处理者处理已公

开的个人信息对个人权益有重大影响的,应当依法取得个人同意。据此,《个人信息保护法》规定的依法处理已公开个人信息的积极条件包括:一是个人信息处理者应当依据《个人信息保护法》的规定处理已公开的个人信息,二是个人信息处理者应当在合理的范围内处理已公开的个人信息。该法规定的依法处理已公开个人信息的消极条件包括:一是个人明确拒绝,二是处理已公开的个人信息对个人权益有重大影响。①

可见,虽然《民法典》与《个人信息保护法》都对依法处理已公开个人信息的条件作出了规定,但二者所规定的条件存在一定的区别。

一方面,就积极条件而言,《民法典》第1036条要求个人信息处理者应当合理处理已公开的个人信息,但对于何为合理处理?其是否等同于依法处理?等等,该条并未作出明确规定。而《个人信息保护法》规定的积极条件相对具体,其既要求个人信息处理者应当依法处理已公开的个人信息,又要求个人信息处理者在合理范围内处理已公开的个人信息。笔者认为,《民法典》与《个人信息保护法》的上述规定并不存在冲突,一方面,从上述积极条件的关系来看,《个人信息保护法》规定的依法处理已公开个人信息的积极条件可以看作是《民法典》规定的具体化,即依法处理已公开的个人信息与在合理范围内处理已公开的个人信息,都是合理处理已公开个人信息的具体化。据此,应当以《民法典》的规定为基础认定依法处理已公开个人信息的积极条件,即个人信息处理者应当合理处理已公开的个人信息,但在特定场景下具体判断何为合理处理已公开的个人信息时,《个人信息保护法》的规定可以提供更为明确的标准。

另一方面,就消极条件而言,二者均将个人明确拒绝作为依法处理已公开个人信息的消极条件之一。但在另一个消极条件的认定方面,二者存在一定的区别。依据《民法典》第1036条第2项规定,如果处理已公开个人信息将侵害个人的重大利益,个人信息处理者不得处理该个人信息。而依据《个人信息保护法》第27条规定,如果处理已公开的个人信息对个人权益有重大影响,则个人信息处理者不得基于已公开个人信息的处理

---

① 从《个人信息保护法》第27条规定来看,如果处理已公开的个人信息对个人权益有重大影响,个人信息处理者应当依法取得个人同意,这意味着,在此种情形下,已公开个人信息的处理需要取得个人的同意,个人信息处理者不得主张依据已公开个人信息的处理规则处理相关的个人信息。从这一意义上说,处理已公开的个人信息对个人权益有重大影响也是依法处理已公开个人信息的消极条件之一。

152

规则处理该个人信息。相较而言，二者之间不存在根本冲突，即在处理已公开的个人信息将侵害个人的重大利益时，个人信息处理者不得处理此类个人信息。同时，处理个人信息给个人造成的损害通常是人身损害，依据《民法典》第 506 条规定[①]，个人也不得与个人信息处理者就此订立免责条款[②]，换言之，在已公开个人信息的处理将侵害个人的重大利益时，个人信息处理者原则上不得通过取得个人同意的方式获得处理相关个人信息的权限。而从《个人信息保护法》第 27 条规定来看，只要处理已公开个人信息对个人权益有重大影响，个人信息处理者在处理该个人信息时就应当取得个人的同意；在外延上，对个人权益有重大影响可以涵盖侵害个人的重大利益。因此，与《民法典》的规定相比，《个人信息保护法》实际上扩大了依法处理已公开个人信息的消极条件。据此，依据《民法典》与《个人信息保护法》的规定，依法处理已公开个人信息的消极条件包括：一是个人明确拒绝；二是处理已公开的个人信息对个人权益有重大影响。

二、依法处理已公开个人信息的积极条件：个人信息处理者应当合理处理已公开的个人信息

如前所述，依法处理已公开个人信息的积极条件是个人信息处理者应当合理处理已公开的个人信息。对于何为合理处理已公开的个人信息，《民法典》第 1036 条并未作出明确规定。"合理"本身属于不确定概念，需要予以进一步具体化，该条将合理处理作为依法处理已公开个人信息的条件，为已公开个人信息的依法处理提供了法律依据，具有积极意义，但该条在规定已公开个人信息依法处理的条件时使用了不确定概念，既可能影响已公开个人信息的有效利用，又可能影响已公开个人信息的保护。笔者认为，合理处理的内涵较为宽泛，除《个人信息保护法》第 13 条、同法第 27 条规定的个人信息处理者应当依法处理已公开个人信息，以及在合理范围内处理已公开的个人信息外，合理处理还应当包括个人信息处理者以合理的方式处理已公开的个人信息，以及将已公开个人信息的处理结果用于合理用途等内容。

[①] 依据该条第 1 项规定，造成对方人身损害的免责条款无效。

[②] 当然，如果个人信息处理者处理相关已公开的个人信息给个人造成的是财产损失，当事人之间似乎也可以就此订立免责条款。

(一) 个人信息处理者应当依法处理已公开的个人信息

依据《个人信息保护法》第 13 条第 1 款第 6 项的规定，个人信息处理者在处理已公开的个人信息时，应当"依照本法规定"。换言之，个人信息处理者在处理已公开个人信息时，应当做到依法处理。从合理处理本身的内涵来看，依法处理应当是合理处理的应有之义，甚至是合理处理行为的基本前提，因为非法处理个人信息的行为不可能属于合理处理个人信息的行为。具体而言，个人信息处理者依法处理已公开的个人信息主要包括两项内容。

一是个人信息处理者应当遵循个人信息处理原则。我国《民法典》《个人信息保护法》均对依法处理个人信息应当遵循的基本原则作出了规定。依据《民法典》第 1035 条第 1 款规定，处理个人信息应当遵循合法、正当、必要原则，依据《个人信息保护法》第 5 条规定，个人信息处理者在处理个人信息时也应当遵循合法、正当、必要和诚信原则，同时不得通过误导、欺诈、胁迫等方式处理个人信息。上述处理个人信息的基本原则也应当适用于已公开个人信息的处理活动，即个人信息处理者在依法处理已公开的个人信息时，同样应当遵循合法、正当、必要、诚信等原则，否则将不再属于合理处理已公开个人信息的行为。例如，个人信息处理者在处理已公开的个人信息时，应当遵循诚信原则，不得以违反诚信原则的方式处理已公开的个人信息，如将他人已公开的个人信息用于非法广告营销活动，就不再构成合理处理已公开个人信息的行为。

二是个人信息处理者应当遵循个人信息处理规则。个人信息处理者在处理已公开的个人信息时，同样应当遵循个人信息处理的规则，我国《民法典》《个人信息保护法》对依法处理个人信息的规则和条件作出了系统的规定，其中多数规则都可以适用于已公开个人信息的处理。例如，就敏感个人信息的处理而言，依据《个人信息保护法》第 28 条第 2 款规定，"只有在具有特定的目的和充分的必要性，并采取严格保护措施的情形下，个人信息处理者方可处理敏感个人信息"①。如果相关的已公开个人信息

---

① 《个人信息保护法》第 6 条规定了个人信息处理的目的限制原则，即任何个人信息的处理都应当具有明确、合理的目的。而依据《个人信息保护法》第 28 条，对敏感个人信息的处理还应当具有特定的目的，这就提高了依法处理敏感个人信息的条件，这也是合法处理敏感个人信息的前提和基础，即个人信息处理者只有具有特定的目的，才能依法处理个人的敏感个人信息。

属于敏感个人信息，如个人在其社交账号上公开的行踪轨迹信息、家庭住址信息、银行账户信息等，个人信息处理者在处理此类已公开的个人信息时，也应当遵守上述敏感个人信息的处理规则，即其应当证明处理此类敏感个人信息具有特定的目的和充分的必要性，并且在处理敏感个人信息时应当采取严格保护措施，否则将构成非法处理个人信息。再如，就个人信息的跨境提供而言，依据《个人信息保护法》第39条规定，个人信息处理者在向国外提供个人信息时，应当向个人告知境外接收方的相关信息，并告知个人向境外接收方行使《个人信息保护法》规定权利的方式和程序等事项，并取得个人的单独同意。从该条规定来看，其并没有将适用范围限定为非公开个人信息，因此，个人信息处理者向境外提供已公开的个人信息的，同样应当履行该条所规定的告知以及取得个人单独同意的义务。

当然，依据《民法典》与《个人信息保护法》的规定，个人信息处理者处理已公开的个人信息与基于个人同意处理相关的个人信息在性质上是并列的、相互独立的依法处理个人信息的事由，个人信息处理者处理已公开的个人信息原则上也不需要取得个人的同意，因此，《民法典》《个人信息保护法》中有关基于个人同意处理其个人信息的相关规则不应当适用于已公开个人信息的处理。例如，依据《个人信息保护法》第14条规定，在基于个人同意处理其个人信息的情形下，个人同意应当由个人在充分知情的前提下自愿、明确作出。该规则仅适用于基于个人同意处理个人信息的情形，个人信息处理者处理已公开的个人信息不应适用该规则。又如，《个人信息保护法》第15条对基于个人同意处理个人信息的撤回同意规则作出了规定，该规则也仅适用于基于个人同意处理个人信息的情形，不适用于已公开个人信息的处理。

（二）个人信息处理者应当在合理范围内处理已公开的个人信息

个人信息处理者应当在合理的范围内处理已公开的个人信息。关于如何界定依法处理已公开个人信息的合理范围，《个人信息保护法》并未作出明确规定，依据《民法典》1035条规定，个人信息处理者处理个人信息应当遵循合法、正当、必要原则，不得过度处理个人信息；同时，个人信息处理者在处理个人信息时，应当明示处理信息的目的、方式和范围。这就从范围上对依法处理个人信息作出了总体规定，该规则也适用于已公开个人信息的处理行为。《个人信息保护法》同样对个人信息处理的范围作出了一般性规定，依据该法第5条规定，个人信息处理者处理个人信息应当遵循合法、正当、必要和诚信原则。依据《个人信息保护法》第6条规定，个人信息处理者在处理个人信息时，应当具有明确、合理的目的，并且处理信息的活动应当与处理目的直接相关；此外，应采取对个人权益影响最小的方式；收集个人信息时，应当限于实现处理目的的最小范围，不得过度收集个人信息。依据《个人信息保护法》第7条规定，个人信息处理者在处理个人信息时，应当遵循公开、透明的原则，应当明示其处理个人信息的目的、方式和范围。

《民法典》与《个人信息保护法》关于个人信息处理范围的规定也应当适用于已公开个人信息的处理。同时，个人在公开其相关个人信息时，可能已经划定了其已公开个人信息的明确用途；其他已经合法公开的个人信息的公开通常也有一定的目的和用途，在此情形下，确定个人信息处理者处理已公开个人信息的范围时，应当考虑该目的和用途。① 具体而言，在确定个人信息处理者处理已公开个人信息的合理范围时，既需要考虑法律关于个人信息保护的一般性规定，又应当考虑已公开个人信息公开的目的和用途。

1. 法律关于依法处理个人信息的一般性规定

如前所述，已公开个人信息虽然已经处于公开状态，但其在性质上仍然属于个人信息，《民法典》《个人信息保护法》等法律中有关个人信息保护的规则原则上可以适用于已公开个人信息的保护。因此，前述《民法典》《个人信息保护法》中有关个人信息处理范围的一般性规定可以适用于已公开个人信息的保护，具体阐述如下。

一是个人信息处理者处理已公开个人信息时，应当遵循必要原则，不得过度处理个人信息。个人信息处理者在处理已公开的个人信息时，应当在必要的范围内处理相关的个人信息，在能够满足处理个人信息的需要的前提下，个人信息处理者应当在最小的范围内处理已公开的个人信息。同时，个人信息处理者处理已公开个人信息遵循必要原则，还要求其应当选

---

① 《个人信息保护法草案》（二次审议稿）第28条明确规定了已公开个人信息的处理范围，依据该条规定，个人信息处理者处理已公开的个人信息，应当符合该个人信息被公开时的用途，如果个人信息被公开时的用途不明确的，个人信息处理者应当合理、谨慎地处理已公开的个人信息。但最终颁行的《个人信息保护法》未保留该规则。

择对个人影响最小的方式实施个人信息处理行为,换言之,如果为实现特定的目的可以有多种方式处理已公开的个人信息,个人信息处理者应当对各类个人信息处理方式进行必要的权衡,尽可能选择对个人权益影响较小的方式实施个人信息处理行为。

二是个人信息处理者应当在自身明示处理信息的范围内处理已公开的个人信息。如果个人信息处理者在处理相关的已公开个人信息时,事先明示了其处理信息的范围,个人信息处理者对已公开个人信息的处理不得逾越该明示的范围。此种明示的范围既包括处理已公开个人信息的范围,即个人信息处理者将处理哪些已公开的个人信息,又包括处理已公开个人信息的方式,即个人信息处理者将以何种方式处理相关的已公开个人信息。虽然个人信息处理者处理已公开个人信息的合法性基础源于法律的规定,但如果其事先已经明示了处理信息的范围,就应当在该范围内实施个人信息处理行为,否则可能构成非法处理个人信息。

三是个人信息处理者处理已公开的个人信息应当符合个人信息处理的目的,[①] 并与该目的直接相关。个人信息处理者处理相关的个人信息均有一定的处理目的,依据《个人信息保护法》第 6 条规定,个人信息处理者处理个人信息的目的应当明确、合理,这就要求个人信息处理者应当以合理的方式公示其个人信息处理的目的,如通过网络隐私政策、网站公告等方式,公示其处理个人信息的目的,这也是个人信息处理者依法、合规处理个人信息的基本要求。个人信息处理者处理各类个人信息,包括已公开个人信息,均应当符合其个人信息处理的目的,否则可能构成非法处理个人信息。同时,个人信息处理者处理已公开个人信息还应当与其处理个人信息的目的直接相关,作出此种要求主要是为了对个人信息处理者处理个人信息的权利进行必要的限制,防止其实施不当处理个人信息的行为。

除上述规则外,个人信息处理者处理已公开个人信息应当遵循《民法典》《个人信息保护法》等法律规范中有关依法处理个人信息的其他规则。

[①] 参见齐英程:《已公开个人信息处理规则的类型化阐释》,载《法制与社会发展》2022 年第 5 期,第 216 页。

2. 已公开个人信息公开的目的和用途

依据《民法典》《个人信息保护法》的规定,[1] 已公开个人信息包括两大类,即个人自行公开的个人信息和其他合法公开的个人信息,无论是个人自行公开的个人信息,还是其他合法公开的个人信息,其公开都有一定的目的和用途,个人信息处理者在处理已公开的个人信息时,应当符合已公开个人信息公开的目的和用途。

所谓已公开个人信息公开的目的和用途,是指依法公开个人信息的主体在公开相关的个人信息时明确的公开个人信息的目的,以及相关个人信息可以被用于何种用途。[2] 在个人自行公开个人信息的情形下,个人在实施公开个人信息的行为时,可能会明确指出其公开自身相关的信息的目的,并可能划定其公开个人信息的用途。例如,个人在公开自身个人信息时,明确表明其公开个人信息的目的在于便于亲朋交流,在此情形下,个人信息处理者就不得擅自将相关的已公开个人信息用于其他用途。个人在公开自身个人信息时,既可能积极地划定其公开个人信息的用途,又可能明确禁止他人将其相关个人信息用于特定的用途。例如,个人在公开其个人信息时,明确表示他人不得将其个人信息用于商业用途,或者用于大数据分析等,在此情形下,个人信息处理者在依法处理相关的已公开个人信息时,应当尊重个人的意愿,如果其违背个人明示的目的和用途处理相关的个人信息,便不再属于依法处理个人信息的行为,个人有权依法请求个人信息处理者承担民事责任。当然,从实践来看,个人在通过网络平台等方式公开其相关的个人信息时,可能没有明示其公开个人信息的目的和用途,在此情形下,个人信息处理者也应当在合理范围内处理相关的已公开个人信息。换言之,即便个人在公开其个人信息时没有明确其公开个人信息的目的,也不意味个人信息处理者可以随意处理相关的已公开个人信息,其仍然应当谨慎、合理地处理相关个人信息,即个人信息处理者应当

---

[1] 需要指出的是,个人信息处理者在处理已公开的个人信息时并不需要取得个人的同意,因此,此处仅探讨并未经个人同意而处理已公开个人信息的范围,如果个人信息处理者需要在法律规定的范围之外处理已公开的个人信息,则个人信息处理者可以与个人就个人信息的处理达成合意,取得个人的同意,但此种情形已属于基于个人同意处理个人信息的情形,不属于此处探讨的范围。

[2] 参见程啸:《个人信息保护法理解与适用》,中国法制出版社2021年版,第253页。

具有明确、合理的目的，在处理相关的已公开个人信息时，也应当尽可能采取对个人影响最小的方式。①

个人信息处理者对已公开个人信息进行处理的典型情形是利用相关的已公开个人信息进行自动化决策。所谓算法自动化决策，是指借助算法，在没有人工参与的情形下通过计算机系统作出的决策。② 在数字时代，借助于海量的用户信息与大数据分析技术，算法决策已经深入我们生活的方方面面。与传统的人工决策方式相比，借助于算法的自动化决策具有决策成本低、决策效率高等优势，给我们的生活带来了极大的便利。③ 例如，算法具有精准预测的功能，能够准确预测我们的行为习惯，从而提高我们的决策效率；借助于算法，消费者可以在线对各种商品进行比较，从而选择低价商品或者选择更适合自己的商品。④ 但借助于算法的自动化决策也可能产生一定的问题。例如，算法可以精准捕捉并预测我们的行为习惯，从而仅向我们推送感兴趣的信息，久而久之，我们获取信息的来源将受到极大的限制，从而形成所谓的"信息茧房"效应。⑤ 又如，实践中出现了所谓"大数据杀熟""大数据杀生"现象，即个人信息处理者会根据用户的消费习惯、行为特征等，在交易价格等交易条件上对其实行不合理的差别待遇。⑥ 在上述情形下，个人信息处理者实际上运用算法进行了不当自

---

① 参见程啸：《个人信息保护法理解与适用》，中国法制出版社2021年版，第255页。

② 参见程啸：《个人信息保护法理解与适用》，中国法制出版社2021年版，第233页。

③ 丁晓东：《基于信任的自动化决策：算法解释权的原理反思与制度重构》，载《中国法学》2022年第1期。

④ See Michal S. Gal, "Algorithms as Illegal Agreements", *Berkeley Technology Law Journal*, 2019 (34), pp. 67-118.

⑤ 参见王利明：《〈个人信息保护法〉的亮点与创新》，载《重庆邮电大学学报（社会科学版）》2021年第六期。

⑥ 例如，在浙江省绍兴市柯桥区人民法院审理的胡女士诉上海携程商务有限公司侵权纠纷案中，原告胡女士于在携程App上预定了舟山希尔顿酒店的一间豪华湖景大床房，支付价格2 889元，但次日发现该房型的实际挂牌价加上税金、服务费仅次为1 377.63元，胡女士认为携程存在"大数据杀熟"的侵权行为，法庭一审判决原告胜诉。参见史洪举：《以司法裁判向大数据杀熟说不》，载《人民法院报》2021年7月17日第02版。

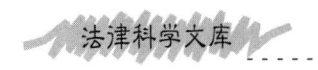

动化决策，并因此造成个人损害。因此，如何有效规范个人信息处理者利用算法进行的自动化决策行为，保障自动化决策的正当、合理，成为数字时代的重要课题。为有效规范算法自动化决策行为，我国《个人信息保护法》第24条专门对个人信息处理者利用个人信息进行自动化决策的规则作出了规定，依据该条规定，个人信息处理者在通过算法进行自动化决策时，应当保证决策的透明度和结果的公平、公正，不得对个人在交易价格等交易条件上实行不合理的差别待遇。这实际上是要求个人信息处理者应当进行正当自动化决策，不得实施不当自动化决策行为。

为避免和减少不当自动化决策行为，学者就如何规范个人信息处理者运用算法的行为展开了广泛研究。[①] 就已公开的个人信息而言，由于个人信息处理者处理此类个人信息不需要取得个人的同意，已公开个人信息可能成为个人信息处理者进行自动化决策的重要基础和依据，部分个人信息处理者可能在结合已公开个人信息以及其他个人信息的基础上，对特定用户进行"画像"，以满足特定的商业目的。笔者认为，就已公开的个人信息而言，个人信息处理者处理此类个人信息不需要取得个人的同意，其可以在合理范围内处理相关的已公开个人信息，相关的个人信息处理行为只要在合理范围内，就具有合法性。就利用个人信息进行自动化决策行为而言，在个人没有明确拒绝其已公开个人信息被用以自动化决策的情形下，如果相关的自动化决策行为以及自动化决策结果不会对个人产生不利影响，该自动化决策行为就应当具有合法性。例如，个人信息处理者利用相关已公开的个人信息分析用户的消费习惯，进行适当的产品推荐，该行为没有对个人产生不利影响，应当属于依法处理已公开个人信息的行为。但如果个人信息处理者利用已公开的个人信息进行的相关自动化决策行为不当损害了个人权益，甚至对个人的人身、财产权益造成重大损害，该行为就不再具有合法性。例如，个人信息处理者利用已公开的个人信息对用户进行"精准画像"，甚至实施"大数据杀熟""大数据杀生"等行为，该行

---

① 从目前的研究来看，学者主要探讨了如何从正面规范个人信息处理者的自动化决策行为，如研究如何保障算法运用的透明度、如何实现算法的可解释性等。参见张恩典：《大数据时代的算法解释权：背景、逻辑与构造》，载《法学论坛》2019年第4期；雷希：《论算法个性化定价的解构与规制——祛魅大数据杀熟》，载《财经法学》2022年第2期。

为不再具有合法性。

对于其他已公开的个人信息，相关主体在公开相关的个人信息时，通常都有特定的目的和用途。在此情形下，个人信息处理者在处理相关的已公开个人信息时，不得超出该特定的目的和用途。① 例如，最高人民法院《关于人民法院在互联网公布裁判文书的规定》第17条第1款规定："人民法院信息技术服务中心负责中国裁判文书网的运行维护和升级完善，为社会各界合法利用在该网站公开的裁判文书提供便利。"虽然该条主要规定的是裁判文书网的运行、维护等问题，但该条也规定了社会各界享有合法利用已公开裁判文书的权利，其中当然也包括利用已公开裁判文书中公开的个人信息的权利。当然，除明确违反法律规定的情形外，对于如何区分行为人利用此类已公开个人信息行为的合法性与非法性，该条并未作出细化规定。"中国裁判文书网"在公开裁判文书时，以"公告"的形式明确规定了行为人不得实施的行为类型，具体包括以下三种类型：一是非法使用裁判文书库信息给他人造成损害的，由非法使用人承担法律责任。依据该条规定，行为人不得非法使用已公开的裁判文书，否则受害人有权请求非法使用人承担法律责任，此处的非法使用当然包括对裁判文书中已公开的个人信息进行的非法使用。但对于何为非法使用，公告并未作为明确规定。二是行为人不得利用裁判文书库信息牟取非法利益。该条规定当然适用于裁判文书中公开的个人信息的保护，换言之，如果行为人擅自利用裁判文书公开的个人信息牟取非法利益，将构成对此类已公开个人信息的侵害，受害人有权依法请求行为人承担民事责任。三是未经允许，任何商业性网站不得建立裁判文书库的镜像（包括全部和局部镜像）。如果行为人实施该行为，涉及相关已公开个人信息的，也构成对个人信息权益的侵害，个人有权依法请求行为人承担民事责任。又如，《政府信息公开条例》第1条规定："为了保障公民、法人和其他组织依法获取政府信息，提高政府工作的透明度，建设法治政府，充分发挥政府信息对人民群众生产、生活和经济社会活动的服务作用，制定本条例。"该条宣示了行政机关公开政府信息的目的，其中就包括服务人民群众生产、生活和经济社会活动这一目的，因此，对于已公开的政府信息中包含的个人信息，相关主体有

---

① 参见宋伟卫：《处理已公开个人信息的刑法边界》，载《吉林大学社会科学学报》2022年第6期，第80页。

权基于生产、生活以及经济社会活动等合法目的对其加以利用。

(三) 个人信息处理者应当以合理的方式处理已公开的个人信息

个人信息处理者在处理已公开的个人信息时,还应当以合理的方式进行处理。这也是合理处理个人信息的应有之义。《个人信息保护法》也对个人信息处理的方式作出了规定,依据该法第 6 条规定,个人信息处理者处理个人信息应当采取对个人权益影响最小的方式,该规则也适用于已公开个人信息的处理。个人信息处理者如果以不合理的方式处理他人已公开的个人信息,就可能不当逾越个人信息公开的目的,甚至可能不当侵害个人的民事权益。从实践来看,个人已公开的个人信息类型多样,各类已公开的个人信息被单独处理可能不会侵害个人的民事权益,但如果个人信息处理者将各类已公开的个人信息进行汇集,甚至将其与基于个人同意而处理的个人信息结合,那么相关的个人信息处理活动可能违背个人的意愿,有关的个人信息处理结果也可能不当侵害个人的民事权益。[①] 例如,政府网站中可能包含一些涉及个人的行政处罚信息,银行网站中可能公布一些个人信用信息,已公开的裁判文书中可能包含个人的相关个人信息,此外,一些公开的网站中也可能包含个人的社会活动信息、活动轨迹信息等,个人信息处理者单独处理个别的已公开个人信息,可能不会对个人民事权益产生大的影响,但如果个人信息处理者将各类已公开的个人信息进行汇总,进行大规模处理,就可能形成有关个人的完整"画像",这不仅超出了公开个人信息的目的范围,还可能构成对个人隐私权、个人信息等民事权益的侵害。因此,个人信息处理者在处理已公开的个人信息时,应当以合理的方式进行处理,否则将超出合理处理的范围。

(四) 个人信息处理者应当将已公开个人信息的处理结果用于合理用途

个人信息处理者处理已公开的个人信息,应当将已公开个人信息的处理结果用于合理的用途,否则将逾越合理处理的范围。在判断个人信息处理者是否将已公开个人信息的处理结果用于合理用途时,既需要考虑个人信息处理者处理已公开个人信息的目的,也需要考虑相关个人信息被公开的目的。

[①] 参见赵政乾:《处理已公开个人信息的入罪边界——基于对信息可访问程度的类型化考察》,载《太原理工大学学报(社会科学版)》2024 年第 1 期,第 44 页。

一方面，个人信息处理者在利用已公开个人信息的处理结果时，不能超出自身的合理目的。依据《个人信息保护法》第6条规定，个人信息处理者处理个人信息应当具有明确、合理的目的，个人信息处理者处理个人信息的活动应当与该处理目的直接相关；同时，依据该法第7条规定，个人信息处理者在处理个人信息时，应当遵循公开、透明的原则，并明示处理的目的、方式和范围。上述规则也适用于已公开个人信息的处理，即个人信息处理者在处理已公开的个人信息时，除需要明确其处理个人信息的目的外，应当在该目的范围内实施个人信息处理行为，上述规则也当然包含如下含义：个人信息处理者应当在该目的范围内利用相关的个人信息处理结果，否则，上述规则的立法目的将难以实现。

另一方面，个人信息处理者处理已公开的个人信息时，应当考虑相关个人信息被公开的目的，其对已公开个人信息的处理结果的利用也不得超出该目的的合理范围。[1] 就个人自动公开的个人信息而言，个人信息处理者在处理该类个人信息时，应当考虑个人公开其个人信息的目的，如果个人公开其个人信息时明确表达了相关的意愿，或者对其相关个人信息如何被处理作出了一定的限制，个人信息处理者在处理此类已公开个人信息时，应当尊重个人的意愿，对相关已公开个人信息的处理结果的利用也不得违背个人公开其个人信息的目的。如果个人公开其个人信息时没有明确表达其公开个人信息的意愿，则应当根据个人公开其个人信息的范围、方式等因素，推定个人的意愿。就其他合法公开的个人信息而言，个人信息处理者在处理相关的个人信息时，应当考虑相关个人信息被公开的目的。从《个人信息保护法》第27条规定来看，其原则上没有对个人信息处理者处理已公开个人信息的目的作出额外限定，只是规定了已公开个人信息处理的例外规则，但该条要求个人信息处理者在合理范围内处理已公开的个人信息，其中应当包含合理目的限制的内涵。

当然，已公开个人信息的处理应当妥当平衡个人信息利用与个人信息权益保护之间的关系，在不影响个人信息权益保护的前提下，应当尽量发挥个人信息的利用价值，换言之，在个人没有明确限定其已公开个人信息的目的范围，有关机关或者组织也没有对已公开个人信息的处理目的作出

---

[1] 参见宁园：《"个人信息已公开"作为合法处理事由的法理基础和规则适用》，载《环球法律评论》2022年第2期，第80页。

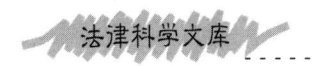

额外限制的情形下，在解释"合理处理""合理范围"等不确定概念时，如果相关的个人信息处理活动不会不当影响个人信息权益的保护，应当尽可能对其进行宽泛的解释，以保障个人信息处理者对已公开个人信息的有效利用。

三、依法处理已公开个人信息的消极条件

（一）个人明确拒绝

1. 个人明确拒绝概述

依据《民法典》第 1036 条与《个人信息保护法》第 27 条的规定，在个人明确拒绝的情形下，个人信息处理者不得再处理个人已公开的个人信息，换言之，个人明确拒绝是个人信息处理者处理已公开个人信息的消极条件之一。换言之，如果个人明确拒绝个人信息处理者处理其已公开的个人信息，则个人信息处理者即不得再以任何方式继续处理相关的个人信息，否则将构成对他人个人信息权益的侵害，个人有权依法请求个人信息处理者承担民事责任。

所谓个人明确拒绝，是指个人明确表达其拒绝自身相关的已公开个人信息被处理的意思表示。个人明确拒绝在性质上属于意思表示，关于意思表示的方式，《民法典》第 140 条第 1 款规定："行为人可以明示或者默示作出意思表示。"依据该规定，意思表示可以以明示或者默示的方式作出。所谓明示的方式，是指行为人以作为的方式使得相对人能够直接了解意思表示的内容。[①] 例如，行为人以电话、信件等方式，明确向相对人作出意思表示。所谓默示的意思表示，是指行为人虽然没有以语言、文字等明示方式作出意思表示，但行为人以行为的方式作出了意思表示。[②] 例如，行为人在搭乘地铁时，虽然没有直接向相对人作出意思表示，但其刷卡进站的行为可以解释为其以默示的方式作出了意思表示。在此需要探讨的是，依据《个人信息保护法》第 27 条规定，在个人明确拒绝的情形下，个人信息处理者不得再处理相关的已公开个人信息，该条规定的个人明确拒绝

[①] 参见黄薇主编：《中华人民共和国民法典人格权编解读》，中国法制出版社 2020 年版，第 451 页。

[②] 参见黄薇主编：《中华人民共和国民法典人格权编解读》，中国法制出版社 2020 年版，第 451 页。

是否等同于《民法典》第 140 条第 1 款规定的明示意思表示？有观点认为，"明确拒绝"应当以意思表示的方式明确作出，尤其是以书面形式作出；同时，如果个人要拒绝特定形式、特定目的的信息处理，则个人应当以足够明确的、可以被记录的形式表达拒绝其信息被处理的意愿，并且该意愿应当到达个人信息处理者，为个人信息处理者所知悉。① 笔者认为，不宜将个人明确拒绝解释为个人必须以明示的方式作出拒绝的意思表示，因为明示意思表示中的"明示"与明确拒绝中的"明确"的内涵不同，明示意思表示强调的是行为人作出意思表示的方式，即行为人以语言、文字等方式使相对人能够直接了解其意思表示的内容；而个人明确拒绝强调的是个人拒绝这一意思表示的明确性，换言之，无论个人以明示的方式拒绝个人信息处理者继续处理其已公开的个人信息，还是以默示的方式拒绝个人信息处理者继续处理其已公开的个人信息，只要能够确定个人具有明确拒绝的意思，就都应当认定构成个人明确拒绝。例如，个人公开其相关个人信息时，没有设定个人信息处理者利用其已公开个人信息的条件，但如果个人事后对其已公开的个人信息设置了利用条件，使得个人信息处理者在取得个人同意前无法利用相关的已公开个人信息，甚至使相关的个人信息不再属于已公开个人信息，此时，虽然个人没有明确向个人信息处理者作出拒绝的意思表示，但从个人的行为可以认定，个人以默示的方式作出了明确拒绝的意思表示。

对于个人明确拒绝的方式，《个人信息保护法》第 27 条并未作出明确规定。有观点认为，个人明确拒绝的意思表示既可以通过个人信息处理者建立的个人行使权利的机制发出，又可以由个人通过向法院提起诉讼要求删除相关的已公开个人信息发出。② 此种观点值得赞同。笔者认为，除上述方式外，无论个人以何种方式作出意思表示，只要能够确定个人具有明确拒绝个人信息处理者处理其已公开个人信息的意思，均可认定个人作出了明确拒绝的意思表示。同时，按照私法自治原则，个人既可以明确拒绝个人信息处理者以任何方式处理其全部的已公开个人信息，又可以限定个

---

① 参见马新彦、刘睿佳：《已公开个人信息弱化保护的解释论矫正》，载《吉林大学社会科学学报》2022 年第 3 期，第 73 页。

② 参见程啸：《个人信息保护法理解与适用》，中国法制出版社 2021 年版，第 256 页。

人信息处理者处理其已公开个人信息的方式，或者限定个人信息处理者处理其已公开个人信息的类型、范围等，在解释上都可以将其认定为个人信息处理者在某种程度上明确拒绝个人信息处理者处理其已公开的个人信息。例如，个人公开其相关的个人信息时，没有对其已公开个人信息的利用方式作出任何限定，在此情形下，个人信息处理者可以依法对相关的个人信息进行商业化利用，但如果个人之后对其已公开个人信息的利用方式作出了限定，如个人发布声明，要求他人不得对其已公开的个人信息用于商业用途，在此情形下，即可认为个人明确拒绝了个人信息处理者对其已公开个人信息进行商业化利用。

2. 个人明确拒绝的效力

对于个人明确拒绝个人信息处理者处理其已公开个人信息的效力，《个人信息保护法》第27条并未作出明确规定，笔者认为，个人明确拒绝后，将产生四方面的效力。

一是个人信息处理者不得再继续处理相关的已公开个人信息。[1] 依据《个人信息保护法》第27条规定，在个人明确拒绝后，个人信息处理者不得再继续处理相关的个人信息。并且从该条规定来看，在个人明确拒绝之后，个人信息处理者也不得以其已在合理范围内实施个人信息处理行为为由主张继续处理相关的已公开个人信息，否则将构成对他人个人信息的侵害。在我国司法实践中，有的法院也认为，对于裁判文书已经公开的个人信息，如果作为信息主体的个人明确拒绝他人使用该信息，则个人信息处理者不得再继续处理相关的已公开个人信息。例如，在"伊某与苏州贝尔塔数据技术有限公司人格权纠纷案"中，贝尔塔公司在自己的网站上发布了有关伊某的判决书，伊某要求贝尔塔公司删除相关的裁判文书和公告文书，贝尔塔公司主张相关的裁判文书已经被中国裁判文书网公开，因此拒绝予以删除，伊某诉至法院，法院认为，在伊某联系贝尔塔公司要求删除相关的文书之前，贝尔塔公司对裁判文书的使用不构成对伊某个人信息的侵害，但在伊某要求贝尔塔公司删除相关文书之后，贝尔塔公司仍未删除的，应当构成对伊某个人信息的非法使用。[2] 虽然该案发生在《个人信息

---

[1] 参见宁园：《"个人信息已公开"作为合法处理事由的法理基础和规则适用》，载《环球法律评论》2022年第2期，第82页。

[2] 参见江苏省苏州市中级人民法院（2019）苏05民终4745号民事判决书。

保护法》颁行之前，但该裁判结论符合《个人信息保护法》的立场，即对已公开个人信息而言，如果个人明确拒绝个人信息处理者继续实施个人信息处理行为，个人信息处理者不得再继续处理相关的已公开个人信息。

二是个人明确拒绝的行为不影响个人信息处理者已经实施的个人信息处理行为的效力。换言之，个人明确拒绝的行为不具有溯及力，在个人明确拒绝之前，只要个人信息处理者对已公开个人信息实施的处理行为具有合法性，个人明确拒绝后，个人信息处理者在个人拒绝之前所实施的个人信息处理者行为的合法性不受影响，个人不得请求个人信息处理者承担民事责任。在这一意义上，个人明确拒绝与《个人信息保护法》第15条规定的个人撤回同意的效力具有相似性。

三是在个人明确拒绝的范围之外，个人信息处理者仍然可以依法实施相关的个人信息处理行为。如前所述，按照私法自治原则，个人可以自主决定拒绝个人信息处理者在何种范围内以何种方式处理其已公开的个人信息，既可以明确拒绝个人信息处理者以特定方式处理其已公开的个人信息，又可以明确拒绝个人信息处理者处理其特定类型的已公开个人信息。因此，在个人明确拒绝的范围之外，个人信息处理者仍然可以依法处理相关的已公开个人信息。例如，在前例中，如果个人明确拒绝个人信息处理者对其已公开的个人信息进行商业化利用，个人信息处理者虽然不得再对相关的个人信息进行商业化利用，但仍然可以依法对相关的已公开个人信息实施商业化利用目的之外的处理行为。

四是在个人明确拒绝后，个人信息处理者要继续实施相关的个人信息处理行为，应当依法取得个人的同意。在个人明确拒绝后，个人信息处理者即不得再实施相关的个人信息处理行为，但如果个人信息处理者仍然必须处理相关的已公开个人信息，应当依法取得个人的同意，从而使其个人信息处理行为具有合法性。虽然《个人信息保护法》第27条没有规定重新取得个人同意的规则，但依据该法第13条第1款第1项的规定，取得个人同意后，个人信息处理者实施的个人信息处理行为即具有合法性。因此，在解释上应当认为，个人明确拒绝后，如果个人信息处理者取得了个人的同意，则可以继续实施相关的个人信息处理行为。

（二）处理已公开的个人信息对个人权益有重大影响

依据《个人信息保护法》第27条规定，个人信息处理者处理的已公开的个人信息对个人权益有重大影响的，应当依法取得个人同意，这意味着,对个人信息权益有重大影响是个人信息处理者依法处理已公开个人信息的消极条件之一。据此,即便个人信息处理者在合理的范围内、以合理的方式处理已公开的个人信息,但只要该行为可能对个人权益产生重大影响,该个人信息处理行为就应当依法取得个人的同意,否则将构成对他人个人信息权益的侵害。

对于何为对个人权益有重大影响,《个人信息保护法》并未作出明确规定,笔者认为,此处的对个人信息权益有重大影响不限于对个人信息权益的影响,只要对个人的人身、财产权益有重大影响,均属于此处的对个人权益有重大影响。

从我国司法实践来看,对个人权益有重大影响的情形较为广泛,例如,如果已公开个人信息的处理将使个人丧失相关的教育、就业等机会,或者使个人的私人生活安宁都到侵扰[①],或者可能使个人因此遭受网络暴力、社会评价降低等不当影响[②],均构成此处对个人权益的重大影响。当然,个人在证明相关的已公开个人信息处理会对个人权益造成重大不利影响时,即便其无法证明自身将遭受上述不利影响,但如果个人信息处理者处理已公开个人信息超出了个人公开其个人信息的目的和合理预期,可能使其遭受其他重大不利损害的,也属于此处的对个人权益有重大影响的情形。

关于应当依据何种标准判断已公开个人信息的处理是否对个人权益有重大影响,即究竟应当根据个人的主观标准判断,还是依据客观标准判断,《个人信息保护法》第 27 条并未作出明确规定。有观点认为,相关的已公开个人信息处理行为对个人权益是否有重大影响,应当依据客观标准进行判断,即专业和理性个人或者社会的客观性判断标准予以判断。[③] 此种观点具有合理性,因为"重大影响"本身就属于不确定概念,缺乏相对明确的判断认定标准,对已公开的个人信息而言,其处理是否对个人利益

---

① 参见"孙某某与山东开创集团股份有限公司隐私权纠纷案",山东省济南市天桥区人民法院(2019)鲁 0105 民初 5398 号民事判决书。

② 参见孙莹主编:《个人信息保护法条文解读与适用要点》,法律出版社 2021 年版,第 87 页。

③ 参见丁晓东:《公开个人信息法律保护的中国方案》,载《法学》2024 年第 3 期,第 12 页。

产生重大影响，如果完全按照个人主观标准进行判断，可能导致该标准的适用更加困难，这也会影响个人信息处理者处理已公开个人信息的合理预期。当然，在依据客观标准判断已公开个人信息的处理是否会对个人权益产生重大影响时，虽然需要考虑个人信息处理行为的专业性特点，即相关的已公开个人信息处理行为是否对个人权益有重大影响，需要考虑个人信息处理的具体方式、内容等因素，但相关行为是否会对个人权益产生重大影响，按照社会一般人的标准予以判断即可。

虽然《个人信息保护法》第 27 条没有明确规定此处的重大影响必须是消极的不利影响，但在解释上应当将其解释为消极的不利影响，即相关的个人信息处理行为会对个人的人身或者财产权益造成重大损害。此种损害既可能是已经现实发生的损害，又可能是可能发生的损害。[①] 例如，个人信息处理者以个人已公开的住址信息、通勤信息等个人信息为基础，分析个人的日常行为轨迹，该行为可能危及个人的人身、财产安全，依据《个人信息保护法》第 27 条的规定，个人信息处理者实施此种个人信息处理行为应当依法取得个人的同意。

[①] 参见程啸：《个人信息保护法理解与适用》，中国法制出版社 2021 年版，第 256 页。

第四章　基于公共利益等事由处理个人信息

第一节　为订立、履行个人作为一方当事人的合同等处理个人信息

一、处理个人信息为订立、履行个人作为一方当事人的合同所必需

（一）概述

依据《个人信息保护法》第 13 条第 1 款第 2 项规定，"为订立、履行个人作为一方当事人的合同所必需"，个人信息处理者可以处理相关的个人信息。这就确立了"为订立、履行个人作为一方当事人的合同所必需"可以作为个人信息处理者处理个人信息的合法性事由之一。所谓为订立、履行个人作为一方当事人的合同所必需，是指在个人与个人信息处理者订立或者履行合同时，个人信息处理者只有处理相关的个人信息才能订立或者履行合同的情形。[1]

---

[1] 参见程啸：《个人信息保护法理解与适用》，中国法制出版社 2021 年版，第 127 页。

在为订立或者履行合同所必需的情形下，允许个人信息处理者处理相关的个人信息，对于促成合同的订立或者履行具有重要意义，也有利于鼓励交易、实现当事人的订约目的。可见，《个人信息保护法》对此种依法处理个人信息的事由作出规定，实现了个人信息保护法律制度与合同法律制度的联动。

此种依法处理个人信息的事由主要具有三个特征。

第一，其是依法处理个人信息的法定事由，个人信息处理者基于此种事由处理相关的个人信息不需要经过个人的同意。依据《个人信息保护法》第13条规定，为订立、履行个人作为一方当事人的合同所必需在性质上属于依法处理个人信息的法定事由，具有法定性，不需要当事人对此作出约定。同时，从该条规定来看，其将为订立、履行个人作为一方当事人的合同所必需与"取得个人的同意"并列规定为依法处理个人信息的事由，表明个人信息处理者基于此种事由处理相关的个人信息不需要取得个人的同意，这也是其与其他依法处理个人信息的法定事由的共同特征。

第二，其存在于合同订立或者履行过程中。从《个人信息保护法》第13条规定来看，此种事由的适用范围限于合同订立或者履行过程中。此种合同关系应当是指平等主体之间订立的民事合同，不包括劳动合同、行政协议等合同关系。所谓合同订立，是指当事人磋商订立合同的过程。所谓合同的履行，是指在合同生效后，双方当事人按照合同约定履行合同义务的过程。在合同订立或者履行过程中，个人信息处理者可能需要处理相关的个人信息，否则难以顺利订立合同。尤其在现代社会，许多合同都借助互联网订立，而非采用传统的面对面订立合同的方式，在此情形下，当事人订立合同前，可能无法了解对方当事人的相关情况，以及订约的相关情况，这就不可避免地需要处理相关的个人信息。例如，在通过互联网交易的情形下，出卖人在向买受人交付标的物之前，需要收集买受人的电话、收件地址等信息，否则合同可能无法履行。需要指出的是，此种依法处理个人信息的事由仅适用于合同订立或者履行过程中，在合同履行完毕后，个人信息处理者不得再继续处理相关的个人信息，相关的个人信息处理行为将不再具有合法性。

第三，此种依法处理个人信息的事由的适用应受到严格限制。如前所述，在为订立、履行个人作为一方当事人的合同所必需的情形下，个人信息处理者处理相关的个人信息不需要取得个人的同意，在这一意义上，此

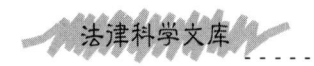

种事由是个人同意规则的例外情形。个人同意既是保障个人信息自决的重要制度，又是处理个人信息的基本制度，虽然《个人信息保护法》第13条将个人同意与其他依法处理个人信息的事由并列规定，但各项事由的地位并不相同，个人同意是依法处理个人信息的基本规则，其他合法性事由只是依法处理个人信息的例外情形，其适用应当受到严格限制。因此，就为订立、履行个人作为一方当事人的合同所必需而处理个人信息的情形而言，其适用也应当受到严格限制，否则可能在合同订立或者履行的场合下架空个人同意规则在个人信息保护方面的作用。

（二）基于此种事由处理个人信息的条件

依据《民法典》《个人信息保护法》的规定，为订立、履行个人作为一方当事人的合同所必需作为依法处理个人信息的事由，其适用应当具备三个条件。

一是个人作为合同一方当事人。在为订立或者履行合同处理个人信息的情形下，只有个人作为一方当事人，个人信息处理者才能依法处理相关的个人信息。如果个人一方并非合同当事人，而是合同关系涉及的第三人，即便处理其个人信息是合同订立或者履行所必需的，个人信息处理者处理相关的个人信息也应当依法取得个人的同意，否则将构成对个人信息的侵害。

二是处理相关的个人信息是订立或者履行合同所必需。对于何为订立或者履行合同所必需，如何判断处理相关的个人信息是否为订立或者履行合同所必需，《个人信息保护法》并未作出明确规定。有观点认为，在判断处理相关的个人信息是否为订立或者履行合同所必需时，应当依据比例原则进行判断，即如果存在其他比处理个人信息给个人造成影响更小的方式，就应当采用该更小的方式，而不应当处理相关的个人信息。[①] 此种观点值得赞同，即在纠纷发生后，如果个人能够举证证明相关个人信息的处理并非合同订立或者履行所必需，或者虽然是合同订立或者履行所必需，但存在其他对个人信息影响较小的方式，那么个人信息处理者处理个人相关的个人信息就超出了合理的范围。当然，在对各种可能影响个人信息保护的方式进行比较时，应当考虑个人信息处理者采取相关方式的成本，即

---

① 参见程啸：《个人信息保护法理解与适用》，中国法制出版社2021年版，第127～128页。

如果个人信息处理者虽然可以采取其他对个人信息影响较小的方式，但可能需要付出巨大的成本，就不能当然认定个人信息处理者处理个人信息的行为具有非法性。因此，处理相关的个人信息是否为订立或者履行合同所必需，需要综合考虑个人信息处理的方式、范围、成本等因素，进行具体判断。

在我国司法实践中，也发生了处理个人信息是否为订立、履行合同所必需的纠纷。例如，在"罗某1诉北京大生知行科技有限公司隐私权、个人信息保护纠纷案"中，被告在提供网络服务的过程中收集了原告的电话号码等个人信息，并向原告的手机号码发送短信，原告主张该行为侵害了其隐私权与个人信息。法院在认定被告的行为是否构成对原告个人信息的侵害时，即论证了被告处理原告个人信息是否为订立、履行合同所必需。法院认为，为订立、履行作为一方当事人的合同所必需时依法处理个人信息的合法性事由之一，在判断个人信息处理者处理个人信息是否属于订立、履行合同所必需时，需要结合相关行业规范和产品功能设置等具体判断。在本案中，虽然法律并未对被告收集个人信息的范围作出规定，但参考相关的行业规范，学习教育类App基本功能服务为"在线辅导、网络课堂等"，必要个人信息为注册用户移动电话号码。被告作为学习教育类软件，不应将电话号码之外的个人信息作为必要收集范围。同时，被告通过对职业类型、英语水平、学龄阶段等信息的收集以提供有针对性的课程信息，构成收集用户画像、标签信息提供个性化推送服务的行为，其并非订立、履行合同所必需。此外，从涉案软件或网站功能设置本身上看，履行合同所必需的范围应限定在软件或网络运营者提供的基本服务功能，或用户在有选择的基础上自主选择增加的附加功能，若收集的个人信息与该项基础服务和附加功能有直接关联，缺乏上述个人信息将导致相关功能无法实现，"履行服务所必须"的必要性才能够成立。①

该案的裁判说理对于准确适用《个人信息保护法》第13条所规定的"为订立、履行个人作为一方当事人的合同所必需"这一依法处理个人信息的规则具有重要参考意义，即在认定相关的个人信息处理行为是否为订立或者履行合同所必需时，首先应当依据法律规定判断相关的个人信息是否为订立、合同所必需，在法律没有明确规定时，可以参考相关的行业标

---

① 参见北京互联网法院（2021）京0491民初5094号民事判决书。

准等规范予以判断。其次，为订立、履行合同所必需通常是指缺乏对相关个人信息的处理，将导致合同无法订立或者履行，具体到提供网络服务的场景，其通常是指个人信息处理者无法提供相关的网络服务。此外，以提供网络服务或者网络产品为例，如果个人对网络服务或者网络产品的使用提出了更好的要求，则应当相应地提高为订立、履行合同所必需的标准，即将其界定为，缺乏对相关个人信息的处理，将导致个人信息处理者无法提供用户所选择的网络服务或者网络产品。当然，在能够提供基本的网络服务的前提下，个人信息处理者不得在用户未选择其他网络服务的前提下，以自身需要提供相关的网络服务为由主张依据该规则处理相关的个人信息。

三是个人信息处理者处理相关的个人信息应当符合法律规定。依据《个人信息保护法》第13条规定，为订立或者履行个人作为一方当事人的合同所必需而处理个人信息虽然是个人信息处理的合法性事由之一，但这并不意味着，在为订立或者履行合同的情形下，个人信息处理者可以随意处理相关的个人信息，其处理个人信息应当符合法律规定。一方面，个人信息处理者在处理个人信息时应当遵循个人信息处理的原则。例如，《个人信息保护法》第7条规定："处理个人信息应当遵循公开、透明原则，公开个人信息处理规则，明示处理的目的、方式和范围。"在为订立或者履行合同所必需的情形下，个人信息处理者在处理相关的个人信息时，应当遵循该规则。另一方面，个人信息处理者在处理相关的个人信息时，应当遵循个人信息处理的具体规则。例如，《个人信息保护法》第19条规定："除法律、行政法规另有规定外，个人信息的保存期限应当为实现处理目的所必要的最短时间。"该规则也适用于为订立或者履行合同处理个人信息的情形，具体而言，在合同已经订立或者履行完毕后，个人信息处理者处理相关个人信息的目的已经实现，其不得再继续保存相关的个人信息，应当及时予以删除。

二、处理个人信息为按照依法制定的劳动规章制度和依法签订的集体合同实施人力资源管理所必需

（一）处理个人信息为按照依法制定的劳动规章制度实施人力资源管理所必需

依据《个人信息保护法》第13条第1款第2项规定，如果处理个人信息是依照依法制定的劳动规章制度实施人力资源管理所必需，则该个人

信息处理活动也具有合法性。从实践来看，用人单位为规范劳动秩序，可能会对劳动者采取各种监控措施，其中也涉及个人信息的收集、存储等个人信息处理活动，下文将以下以工作场所监控与劳动者个人信息保护为例，对此种个人信息处理合法性事由展开分析。

实践中，用人单位常对劳动者采取多种监控措施，如视频监控、用户活动监控、位置定位等，并将收集到的劳动者的个人信息做进一步的分析处理活动，用以评价劳动者的工作状态。因此，用人单位对劳动者采取监控措施以及个人信息处理活动是否合法便成为问题，就此而言，需要分析用人单位监控劳动者的法律依据。若在法律明确规定用人单位可以对劳动者实施监控行为并处理劳动者相关个人信息的情形下，用人单位实施相关监控行为无须取得劳动者的同意。我国《民法典》第 1034、第 1035 条规定了自然人个人信息的内涵以及"合法、正当、必要"的处理原则，《个人信息保护法》更具体地规定了处理个人信息应当遵循的原则以及流程等，包括个人信息处理者应当履行的告知义务的内涵以及信息被处理者的同意的具体范围等。但《民法典》与《个人信息保护法》仅规定了自然人的个人信息保护的基本原则、制度以及个人信息处理活动所应当遵循的基本规则，而没有专门就用人单位作为个人信息处理者处理劳动者个人信息这一特殊情形下的个人信息处理规则作出规定。

部分法律等规范性文件对用人单位对劳动者的个人信息处理活动作出了规定，如《中共中央、国务院关于加强社会治安防控体系建设的意见》规定，"加强单位内部技防设施建设，普及视频监控系统应用，实行重要部位、易发案部位全覆盖"。该规定对用人单位在内部采取监控措施的规则作出了规定，但该规则的主要目的在于强化机关、企事业单位内部安全防控网建设，而不是专门为了规定用人单位监控劳动者的规则。上海市律师协会 2021 年发布的《律师从事企业劳动人事法律顾问业务操作指引》则对用人单位监控劳动者做出了相对明确的规定，该指引指出，用人单位可以对劳动者的手机、电脑等进行"必要的"监控，但监控目的的局限于对劳动者的背景进行调查，并据此处理相关的劳动者个人信息。但指引在性质上并非法律规范，其无法作为用人单位监控劳动者、处理劳动者个人信息的法律依据。

可见，我国现行立法并没有专门规定用人单位在工作场所实施监控并处理劳动者个人信息的规则。依据《个人信息保护法》第 13 条第 1 款第 2

项规定，如果处理个人信息是按照依法制定的劳动规章所必需，则个人信息处理者可以依法处理相关的个人信息，而无须取得个人的同意。依据《劳动合同法》第4条的规定，为了保障劳动者享有劳动权利、履行劳动义务，用人单位可以建立和完善劳动规章制度，而此种劳动规章制度中就可能包含在工作场所监控劳动者的条款，因此，如果用人单位基于其劳动规章制度对劳动者进行监控并进行个人信息处理行为，从某种意义上说，也属于基于法律规定而实施的行为。但这并不意味着，只要用人单位基于劳动规章制度实施工作场所监控行为，就可以据此处理劳动者的相关个人信息，依据《个人信息保护法》第13条第1款第2项规定，包含劳动者个人信息处理规则的劳动规章制度必须"依法制定"，如果劳动规章制度本身不具有合法性，其也难以成为用人单位处理劳动者个人信息的合法性基础。

进一步而言，在用人单位基于劳动规章制度对劳动者的行为进行监控时，该行为是否合法，还需要对劳动规章制度本身的合法性进行审查。如果用人单位劳动规章制度中的监控条款严重限制甚至排除劳动者的个人信息权益或者隐私权等其他人格权益，则应当认定该条款违反法律的强制性规定，或者违反公序良俗，应当被认定为无效条款，用人单位基于该劳动规章制度监控劳动者的行为也不再具有合法性。在具体判断劳动规章制度中的监控劳动者条款是否有效时，需要考虑用人单位监控的具体方式、监控的场所、监控行为所要实现的目的、监控行为对劳动者隐私权、个人信息限制的程度等因素，综合予以判断。例如，如果用人单位实施监控行为是保护其商业秘密所必需的行为，而且相关的监控措施也妥当（如仅在特定时间段对特定场所实施监控），则该监控行为就可能是合法的；但如果用人单位只是基于宽泛的企业管理需要而实施监控行为，且相关的监控措施对劳动者的隐私权、个人信息保护构成极大限制，则该行为则可能构成对劳动者隐私权、个人信息的侵害。具体而言：

第一，用人单位仅能在工作场所实施监控行为。从实践来看，一些用人单位在实施监控行为时，并没有局限于工作场所，其理由可能包括维护财产安全或公司经营等。监控及其他个人信息处理行为是否发生在工作场所以及工作时间是判断该行为是否合法的重要依据。从司法实践来看，在认定用人单位实施监控行为的场所是否为工作场所时，需要结合案件的情况进行具体判断。例如，在"东方时尚驾驶学校股份有限公司与齐某劳动合同纠纷上诉案"中，驾校教练员齐某在教学过程中遮挡车载摄像头，法院认为，驾校在教练车内加装摄像头是为了保护教练员及学员安全，且对于教练员而言，教练车属于工作场所，在工作场所教学也属于合理的工作时间。因此齐铁文主张车载摄像头侵害自己隐私权不能成立。① 本案中，法院对于工作场所的认定结合了教练员这一职业属性，认定教练车属于工作场所。再如，在"熊某与武汉汇生伟业贸易有限公司劳动争议上诉案"中，熊某认为公司在客厅安装摄像头并进行工作状态监控的行为侵害自己隐私权，法院认为，该公司本身位于小区，所以公司的工作场所不仅包括仓库，也应当包括卧室、客厅等用地，就此公司在客厅安装摄像头属于在工作场所，目的是为了维护公司财产经营安全，因此对熊某的主张不予支持。② 本案法院对于工作场所的认定则对用人单位的位置进行了分析，最终得出客厅也属于工作场所的结论。上述案件虽然主要涉及隐私权纠纷，但其关于工作场所的判断也可以适用于个人信息保护的情形。虽然实践中工作场所存在多样化的特征，但用人单位对于劳动者的监控仍需要在工作场所范围内，如果用人单位在工作场所之外进行了监控劳动者或其他行为，比如在休息室等场地，即便用人单位是出于维护公司财产安全等目的，也不能成为其处理劳动者个人信息的合法理由。

第二，用人单位实施监控行为应当具有明确的、正当的目的。相关监控制度需要明确规定监控行为的目的，确保监控劳动者的行为有合理性。从实践来看，用人单位常以企业的自主管理权或者管理本单位的财产作为监控劳动者行为的理由，如用人单位主张，其对本单位的生产资料、生产成品、商业机密等无形资产享有财产权，为了保护这些财产才对劳动者采取相应的监控措施。有的法院也采取了此种立场。例如，在"施某与合益管理咨询（上海）有限公司隐私权纠纷上诉案"中，法院在判决中提到该公司系自身所拥有的财产设施的所有权人，对公司所处工作场所内的设施具有管理权以及支配权，本案法院对用人单位的财产管理权进行了认定。③ 除了用人单位的自主管理权以及财产管理权以外，有些法院还援引《个人信息保护法》第13条第1款第3项所规定的"为履行法定职责或者法定义务所必需"作为论证用人单位有权实施监控行为的理由。例如，在

---

① 参见北京市第二中级人民法院（2022）京02民终4152号民事判决书。
② 参见湖北省武汉市中级人民法院（2020）鄂01号民终3509号民事判决书。
③ 参见上海市静安区人民法院（2017）沪0106民初17104号民事判决书。

"信丰冠美化工有限公司与胡春利劳动争议纠纷上诉案"中,法院认为,案涉公司属于化工企业,本身在施工过程中具有一定的风险,因此在员工胡某进行施工作业时加装监控这一行为不仅没有侵害胡某的人格权益,反而是保护了员工的生命健康安全,履行了自己的法定义务。[①] 上述裁判立场具有一定的合理性,用人单位在工作场所实施相关的监控行为应当具有维护企业正常经营管理以及保护企业财产等正当的目的,如果用人单位的监控行为的目的并不明晰或者超出合法目的以外,则监控行为可能不再具有合法性,用人单位据此实施的处理劳动者个人信息的行为也不再具有合法性。这就需要平衡用人单位管理权与劳动者个人信息权益保护之间的关系,并在此基础上认定用人单位监控劳动者、处理其个人信息的合法性。如果相关监控行为或者其他个人信息处理行为的正当性不充分,但其对劳动者的个人信息权益将产生较大限制,则该个人信息处理行为可能会被认定为非法处理个人信息的行为。

第三,判断用人单位监控行为的合法性需要考虑监控行为的具体范围以及用人单位处理劳动者个人信息的具体方式。实践中,用人单位对于劳动者存在多样的监控方式,包括视频监控、用户活动数据监控、位置定位等,数字时代的深入发展也必将催生更多、更智能化的监控方式。毫无疑问,用人单位采取的这些监控方式都会在不同程度上处理劳动者的个人信息,如劳动者的身份信息、位置信息、网页浏览记录以及健康信息等。用人单位在对劳动者进行监控时,应当采用合理的监控方式,并采用合理的方式处理劳动者的个人信息,否则可能构成对劳动者个人信息的侵害。例如,用人单位将通过监控所收集的劳动者个人信息与劳动者的其他个人信息结合起来,用于分析劳动者的个人行为特点等,这实际上是对劳动者进行"画像",该行为显然超出了工作场所监控的目的范围,应当被确认为非法处理个人信息,劳动者有权依法请求用人单位承担民事责任。《个人信息保护法》第13条将按照依法制定的劳动规章制度实施人力资源管理所必需作为依法处理个人信息的事由,为用人单位依法处理劳动者个人信息提供了法律依据,但此种情形属于依法处理个人信息的情形,用人单位依据该规则处理个人信息并不需要取得劳动者的同意,因此,其构成对劳动者个人信息保护的限制。在具体适用该规则时,应当对用人单位制定的

---

① 参见江西省赣州市中级人民法院(2020)赣07民终1054号民事判决书。

劳动规章制度的合法性进行判断，而不宜一概认可用人单位依据劳动规章制度处理劳动者个人信息的行为具有合法性。

（二）处理个人信息为按照依法签订的集体合同实施人力资源管理所必需

除了按照"依法制定的劳动规章制度实施人力资源管理所必需"外，《个人信息保护法》第13条第1款第2项还将按照"依法签订的集体合同实施人力资源管理所必需"规定为依法处理个人信息的事由。依据《劳动合同法》第51条，所谓集体合同，是指由工会代表企业职工一方与用人单位通过平等协商，就劳动报酬、工作时间、休息休假、劳动安全卫生、保险福利等事项订立的合同。依法订立的集体合同对劳动者和用人单位均具有拘束力。集体合同不同于劳动者个人与用人单位订立的劳动合同，由于集体合同是由工会代表企业职工一方与用人单位订立的，因此，其可以在很大程度上克服劳动者一方在订约中的弱势地位，从而有利于强化劳动者权益的保护。从《劳动合同法》的规定来看，集体合同具有浓厚的劳动者权益保护色彩。例如，关于劳动报酬标准，《劳动合同法》第55条规定："集体合同中劳动报酬和劳动条件等标准不得低于当地人民政府规定的最低标准；用人单位与劳动者订立的劳动合同中劳动报酬和劳动条件等标准不得低于集体合同规定的标准。"该条通过对劳动合同中劳动报酬以及集体合同中劳动报酬的双重控制，强化了对劳动者权益的保护，可以有效减少用人单位利用其订约优势地位恶意压低劳动者劳动报酬标准的现象。再如，《劳动合同法》第56条规定："用人单位违反集体合同，侵犯职工劳动权益的，工会可以依法要求用人单位承担责任；因履行集体合同发生争议，经协商解决不成的，工会可以依法申请仲裁、提起诉讼。"该条对用人单位违反集体合同情形下工会的请求权作出了规定，其目的也在于强化劳动者权益保护。

可见，集体合同具有很强的劳动者权益保护色彩，《个人信息保护法》第13条第1款第2项将用人单位无须劳动者同意而处理其个人信息的情形限于"按照依法制定的劳动规章制度和依法签订的集体合同实施人力资源管理所必需"的情形，有利于强化对劳动者个人信息的保护。[1]依据

---

[1] 参见孙莹主编：《个人信息保护法条文解读与适用要点》，法律出版社2021年版，第44页。

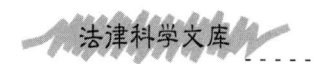

《个人信息保护法》第 13 条的规定，用人单位在此种情形下依法处理劳动者个人信息应当具备以下条件。

一是用人单位必须依据依法签订的集体合同处理个人信息。换言之，用人单位在依据该事由处理劳动者个人信息的基本前提，是该集体合同应当是依法签订的，如果集体合同本身不成立，或者无效，则用人单位不得主张将其作为依法处理劳动者个人信息的依据。我国《劳动合同法》对集体合同的签订主体与签订程序作出了规定，依据该法第 51 条规定，集体合同的一方主体是用人单位，另一方主体是工会，如果用人单位尚未建立工会，则由上级工会指导劳动者推举的代表与用人单位订立集体合同。这就明确限定了集体合同的订立主体，如果集体合同订立主体不适格，则无法订立有效的集体合同。《劳动合同法》还对集体合同的订立程序作出了规定，依据该法第 51 条规定，"集体合同草案应当提交职工代表大会或者全体职工讨论通过"。如果集体合同的订立没有践行该程序，也将对其效力产生一定的影响。

二是用人单位处理个人信息必须是实施人力资源管理所必需。人力资源管理并非专门的法学概念，其内涵较为模糊。从时间维度看，用人单位的人力资源管理可以涵盖劳动者从入职到离职的整个阶段，其可能涉及劳动合同的签订、履行、解除等事项。从内容维度看，用人单位的人力资源管理包括人力资源的开发、培训等各项内容。可见，人力资源管理的范围较为宽泛。在司法实践中，有的法院也承认了用人单位可以基于人力资源管理的需要而对劳动者实施必要的监管行为。例如，在"张某某与深圳市领达小额贷款有限公司纠纷案"中，张某某为深圳市领达小额贷款有限公司（以下简称"领达公司"）的中层管理干部，领达公司为了保障工作场所人、财、物的安全，在其员工工作场所安装了监控摄像头。张某某认为，领达公司安装的摄像头位于其头顶，容易拍到其隐私，为躲避监控，张某某坚持在其工位上撑伞十多个工作日，在此期间，领达公司的人事经理两次就在工位打伞的行为与张某某沟通，并在 2019 年 7 月 3 日、4 日分别书面向张某某发送了警告信，但张某某拒不改正和服从管理。领达公司认为，张某某的行为影响了公司的正常工作秩序，并给其他员工造成了不良影响，严重违反了公司的劳动纪律，因此解除了与张某某的劳动合同。该案的争议焦点之一，是领达公司安装摄像头的行为是否侵害了张某某的隐私权。法院认为，领达公司安装监控摄像头的区域是多人工作的公共场所，目的在于保证工作场所的安全，且安装的位置也通常在墙角上方，该行为属于公司正常行使用人单位监管权，并无不妥之处。① 该案虽然属于隐私权纠纷，但也应当适用于劳动者个人信息保护的情形。虽然人力资源管理的概念较为宽泛，但用人单位在依据《个人信息保护法》第13条第1款第2项规定处理劳动者个人信息时，必须证明其处理个人信息与人力资源管理相关，否则难以依据该规则处理劳动者的个人信息。

同时，用人单位在依据该规定处理劳动者个人信息时，还要求相关的个人信息处理行为必须是实施人力资源管理所必需。关于何为实施人力资源管理所必需，《个人信息保护法》并未作出明确规定。笔者认为，应当对此处的"必需"进行严格限定，具体可以从如下几方面进行界定：一是用人单位仅能在人力资源管理必需的范围内处理个人信息。有关的人力资源管理行为需要以处理劳动者个人信息为条件，例如，在劳动者正式入职后，用人单位需要为劳动者办理社保等手续，就需要收集、使用劳动者的身份证号码等个人信息，否则，相关的人力资源管理活动将无法展开。只有在不处理劳动者个人信息将导致有关的人力资源管理行为无法开展的情形下，用人单位才能不经劳动者同意而处理其个人信息。如果在不处理劳动者个人信息的情形下，用人单位仍然可以实施有关的人力资源管理行为，则用人单位不得在未经劳动者同意的情形下处理其个人信息。二是用人单位处理劳动者个人信息的方式应受到"必需"的限制。从《个人信息保护法》第4条第2款规定来看，个人信息处理的方式较为宽泛，用人单位在为实施人力资源管理而处理劳动者个人信息的情形下，其处理劳动者个人信息的方式也应当受到严格限制。换言之，用人单位只能在满足人力资源管理最小的范围内实施有关的个人信息处理行为，而不得超出该范围处理劳动者的个人信息。例如，用人单位在为劳动者办理社保手续时，需要使用劳动者的身份证号码等个人信息，但如果用人单位后来将劳动者的相关个人信息提供给其他用人单位，该个人信息共享行为即超出了人力资源管理"必需"的范围。三是在实现人力资源管理的目的后，用人单位应当及时删除劳动者的相关个人信息。依据《个人信息保护法》第13条第1款第2项的规定，用人单位应当在人力资源管理必需的范围内处理劳动者的个人信息，这也意味着，一旦相关的人力资源管理的目的实现，用人单

---

① 参见广东省高级人民法院（2020）粤民申8843号民事裁定书。

位就应当及时删除相关的劳动者个人信息。

第二节　为履行法定职责或者法定义务处理个人信息

一、概述

所谓为履行法定职责或者法定义务所必需处理个人信息，是指个人信息处理者为了履行法律规定的职责或者法律规定的义务而必须要处理相关个人信息。我国《民法典》第 1036 条在规定处理个人信息的合法性事由时，并未规定此种事由，《个人信息保护法》对此种依法处理个人信息的事由作出了规定，这对于保障法定职责、法定义务的顺利、高效履行具有重要意义。为履行法定职责或者法定义务处理个人信息主要具有三个特征。

第一，属于法定的依法处理个人信息的事由。从域外法的规定来看，许多国家和地区的个人信息保护法都将为履行法定职责或者法定义务所必需规定为依法处理个人信息的法定事由。例如，依据 GDPR 第 6 条的规定，为履行控制者服从的法律义务之必要，以及为了执行公共利益领域的任务或者行使控制者既定的公务职权之必要的，个人信息控制者处理个人信息的行为为合法行为。又如，依据《日本个人信息保护法》第 16 条规定，在"有为国家机关或地方公共团体，或者受其委托的主体执行法令规定的事务而提供协助的必要，却又有可能因取得本人的同意而对该事务的执行造成障碍的情形"下，个人信息处理者可以不经个人同意而处理相关的个人信息。我国《个人信息保护法》第 13 条将为履行法定职责或者法定义务所必需规定为依法处理个人信息的法定事由，也是借鉴比较法上立法经验的结果。

第二，处理个人信息不需要取得个人的同意。《个人信息保护法》第 13 条在规定依法处理个人信息的事由时，将此种情形与基于个人同意处理个人信息并列规定，这也表明个人信息处理者在为履行法定职责或者法定义务所必需而处理个人信息时，不需要取得个人的同意。进一步而言，在此种情形下，个人信息处理者处理个人信息的方式、范围、期限等内容，均需要根据履行法定职责或者法定义务的需要予以确定，而不需要取得个人的同意。①

第三，个人信息处理者的范围较为广泛。《个人信息保护法》第13条第1款第3项虽然限定了此种依法处理个人信息的事由，将其严格限定在为履行法定职责或者法定义务所必需的情形，但在此种情形下，有权依法处理个人信息的主体范围较为广泛，在为履行法定职责处理个人信息的情形下，个人信息处理者主要是国家机关；在为履行法定义务处理个人信息的情形下，由于法律关于法定义务的规定较为广泛，涉及各类民事主体，因此，在符合法律规定的条件下，各类民事主体均可依法处理相关的个人信息。

此外，与其他依法处理个人信息的情形类似，个人信息处理者在履行法定职责或者法定义务必需的范围内处理个人信息的，即便未取得个人同意，该行为也具有阻却违法的效力，个人无权请求个人信息处理者承担民事责任。

在为履行法定职责或者法定义务所必需的情形下，个人信息处理者可以在不经个人同意的情形下处理相关的个人信息，在某种意义上，此种情形也是对个人信息权益的一种限制，由于法定职责或者法定义务的履行是为了维护公共利益和公共秩序，因此，《个人信息保护法》第13条将为履行法定职责或者法定义务所必需规定为依法处理个人信息的事由，某种意义上也是使个人信息保护在特定情形下让位于公共利益的维护。②

二、为履行法定职责处理个人信息

（一）概述

所谓为履行法定职责处理个人信息，是指立法机关、行政机关以及司法机关等公权力机关为履行法律规定的职责而处理个人信息。③ 在有关机关履行法定职责的过程中，可能会不可避免地涉及个人信息的处理，尤其

---

① 参见王锡锌：《行政机关处理个人信息活动的合法性分析框架》，载《比较法研究》2022年第3期，第95页。

② 参见杨芳：《个人信息自决权理论及其检讨——兼论个人信息保护法之保护客体》，载《比较法研究》2015年第6期，第27页。

③ 参见程啸：《个人信息保护法理解与适用》，中国法制出版社2021年版，第131页。

是一些法定职责的履行，必须以处理有关的个人信息为条件，在此情形下，如果要求相关个人信息的处理都必须取得个人的同意，相关的法定职责可能难以履行。① 我国有关立法也对有关机关为履行法定职责而处理个人信息的规则作出了具体规定。例如，《人民检察院刑事诉讼规则》第199条第1、2款规定："为了确定被害人、犯罪嫌疑人的某些特征、伤害情况或者生理状态，人民检察院可以对其人身进行检查，可以提取指纹信息，采集血液、尿液等生物样本。必要时，可以指派、聘请法医或者医师进行人身检查。采集血液等生物样本应当由医师进行。"该条对人民检察院依法处理被害人、犯罪嫌疑人相关个人信息的规则作出了规定。又如，《看守所留所执行刑罚罪犯管理办法》第10条规定："对于判决前未被羁押，判决后需要羁押执行刑罚的罪犯，看守所应当凭本办法第九条所列文书收押，并采集罪犯十指指纹信息。"该条对看守所为履行法定职责而处理罪犯的相关个人信息的规则作出了规定。

需要指出的是，《个人信息保护法》第13条将为履行法定职责所必需作为依法处理个人信息的法定事由，这实际上确立了为履行法定职责所必需而处理个人信息的一般规则，其在性质上并非引致规范，因此，即便相关的单行法未对有关机关依法处理个人信息的规则作出规定，有关机关也可以直接依据《个人信息保护法》的规定处理相关的个人信息。《个人信息保护法》对此种依法处理个人信息的事由作出规定，对于保障有关机关依法履行法定职责并提高履行法定职责的效率具有重要意义。

（二）为履行法定职责处理个人信息的条件

1. 处理个人信息的主体适格

在为履行法定职责处理个人信息的情形下，由于法定职责通常是针对国家公权力机关而言的，因此，此种情形下的个人信息处理者通常是国家公权力机关。但在特定情形下，公权力机关可能会委托有关的组织履行法定职责，此时，受委托的组织是否有权依法处理相关的个人信息？例如，《行政处罚法》第20条规定："行政机关依照法律、法规、规章的规定，可以在其法定权限内书面委托符合本法第二十一条规定条件的组织实施行政处罚。行政机关不得委托其他组织或者个人实施行政处罚。委托书应当

---

① 参见袁芳、钟芳：《数字时代个人信息处理的法律规制——以行政机关履职行为为例》，载《江西社会科学》2023年第8期，第151页。

载明委托的具体事项、权限、期限等内容。委托行政机关和受委托组织应当将委托书向社会公布。委托行政机关对受委托组织实施行政处罚的行为应当负责监督,并对该行为的后果承担法律责任。受委托组织在委托范围内,以委托行政机关名义实施行政处罚;不得再委托其他组织或者个人实施行政处罚。"依据该规定,行政机关可以依法委托有关组织实施行政处罚,在此情形下,受委托的组织是否有权依法处理相关的个人信息?

笔者认为,在此情形下,受委托的组织应当有权依法处理相关的个人信息,主要理由有两点:一方面,从《个人信息保护法》第13条第1款第3项的规定的文义来看,其只是规定为履行法定职责而处理个人信息,因此,只要是为履行法定职责的行为,就应当可以适用该规则。在有关组织受行政机关委托履行法定职责的情形下,其需要以委托行政机关的名义实施行政处罚,其实施的行为在性质上也是履行法定职责的行为。另一方面,允许受委托的组织依法处理个人信息,有利于保障行政机关委托事项的顺利开展。在行政机关委托事项的开展需要以处理个人信息为必要的情形下,如果不允许受委托的组织依法处理相关的个人信息,相关的委托事项可能无法顺利开展,尤其是在行政机关难以处理有关的个人信息而需要委托有关组织的情形下,一概排除有关组织处理个人信息的权利,将使得有关的法定职责难以有效履行。此外,允许受委托的组织依法处理相关的个人信息,也不会额外增加个人信息被不当处理的风险,因为即便允许受委托的组织依法处理个人信息,其在处理个人信息时也应当受到履行法定职责必需的限制,应当依法履行相关的保障个人信息安全的义务。[①] 从《个人信息保护法》的规定来看,其也采取了此种立场,该法第37条规定:"法律、法规授权的具有管理公共事务职能的组织为履行法定职责处理个人信息,适用本法关于国家机关处理个人信息的规定。"这也承认了国家机关委托的组织有权依据《个人信息保护法》的规定依法处理相关的个人信息。

2. 依照法定的权限和程序实施个人信息处理行为

《个人信息保护法》第34条规定:"国家机关为履行法定职责处理个人信息,应当依照法律、行政法规规定的权限、程序进行,不得超出履行

[①] 参见王锡锌:《行政机关处理个人信息活动的合法性分析框架》,载《比较法研究》2022年第3期,第102页。

法定职责所必需的范围和限度。"依据该规定，国家机关为履行法定职责处理个人信息的，既应当在法定的权限范围内实施个人信息处理行为，又应当遵循法定的程序。具体而言：一是公权力机关等在依据本条规定处理个人信息时，应当在其职权范围内处理个人信息。[1] 例如，就行政机关而言，其行使职权时应当坚持职权法定原则，这不仅适用于行政机关，还适用于前述受委托的组织。公权力机关等在法定职权之外处理个人信息的，其履行"职责"的行为本身不具有合法性，相关的个人信息处理行为也不具有合法性。二是国家机关在实施个人信息处理行为时，应当遵循法定的程序。国家机关为履行法定职责而处理个人信息时，处理个人信息的行为在性质上也是履行法定职责的行为，当然应当遵守法定的程序。因此，如果相关立法对处理个人信息的程序作出了规定，国家机关在处理个人信息时应当遵循法定的程序。

3. 处理个人信息是为履行法定职责所必需

有关机关处理个人信息的行为只有是为履行法定职责所必需，才具有合法性。一方面，有关机关处理个人信息必须是为了履行法定职责。[2] 从实践来看，公权力机关的角色可能具有多样性，例如，就行政机关而言，其并非在所有情形下都是行政主体，[3]《民法典》第97条规定："有独立经费的机关和承担行政职能的法定机构从成立之日起，具有机关法人资格，可以从事为履行职能所需要的民事活动。"依据该规定，行政机关在依法行使职权时，与行政相对人之间并不是平等的关系，而是一种管理与被管理的关系，而其在从事为履行职能所需要的民事活动时，与相对人之间是一种平等的民事主体关系。行政机关作为机关法人，可以广泛参与各种民事活动[4]，如与其他民事主体订立民事合同等。行政机关在从事民事活动时，该民事活动虽然也是为履行职能所需要，但并非履行法定职责的

---

[1] 参见张新宝：《个人信息处理的基本原则》，载《中国法律评论》2021年第5期，第20页。

[2] 参见王锡锌：《行政机关处理个人信息活动的合法性分析框架》，载《比较法研究》2022年第3期，第95页。

[3] 参见崔建远：《行政合同族的边界及其确定根据》，载《环球法律评论》2017年第4期。

[4] 参见王利明主编：《〈中华人民共和国民法总则〉条文释义》，人民法院出版社2017年版，第212页。

行为，因此，有关机关在从事民事活动时，无权依据《个人信息保护法》第 13 条依法处理相关的个人信息。

另一方面，有关机关在处理个人信息时，必须是为履行法定职责所必需。《个人信息保护法》第 13 条第 1 款第 3 项严格限定了有关机关为履行职责而处理个人信息的条件，即只有处理相关个人信息是有关机关履行职责所必需时，其才能依据本条规定处理个人信息。所谓必需，是指如果不处理相关的个人信息，有关机关履行法定职责将面临难以克服的障碍，导致其法定职责难以履行。正如有学者所指出的，并非有关机关为履行职责而处理个人信息均不需要取得个人的同意，只有其为履行职责所必需的情形下，处理个人信息才不需要取得个人的同意，有关机关超出为履行职责所必需的范围处理个人信息的，仍然需要依法取得个人的同意。[①] 例如，国务院办公厅于 2020 年发布了《全国深化"放管服"改革优化营商环境电视电话会议重点任务分工方案》（国办发〔2020〕43 号），提出要把实施好宏观政策和深化"放管服"改革结合起来，提高宏观政策实施的时效性和精准性，其具体措施第 2 条规定："简化税费优惠政策适用程序，利用大数据等技术甄别符合条件的纳税人、缴费人，精准推送优惠政策信息。督促中央执收单位和各地区加强非税收入退付管理，确保取消、停征、免征及降低征收标准的收费基金项目及时落实到相关企业和个人。（财政部、税务总局牵头，国务院相关部门及各地区按职责分工负责）。"该条规定要利用大数据技术甄别符合条件的纳税人、缴费人，从而实现优惠政策的精准推送。又如，《国务院关于进一步优化政务服务提升行政效能推动"高效办成一件事"的指导意见》（国发〔2024〕3 号）在规定全面深化政务服务模式创新时，也规定了类似的规定，该意见第 7 条规定："推进政策服务免申办。全面梳理行政给付、资金补贴扶持、税收优惠等政策条件和适用规则，强化数据归集共享、模型算法和大数据分析支撑，精准匹配符合政策条件的企业和群众，推动逐步实现政策'免申即享'。对法律法规明确要求依申请办理的，为符合条件的企业和群众自动生成申请表、调用申请材料，并主动精准推送，便利自愿申请。优化政务服务平台企业和个人专属服务空间，丰富政策库，实现利企便民政策和服务精准

[①] 参见程啸：《个人信息保护法理解与适用》，中国法制出版社 2021 年版，第 132 页。

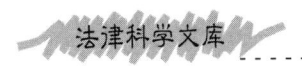

直达。"上述政策创新对于提高行政机关履责效率具有重要意义，是一种有益的探讨，但在创新行政机关履责方式时，也应当注重个人信息保护问题。笔者认为，上述优惠政策的精准推送本身并非有关机关履行职责所必需，而是一种提高行政效率的方式，因此，有关机关在利用大数据技术甄别符合条件的纳税人、缴费人时，不得主张是为履行法定职责所必需而处理相关的个人信息，其实施该行为应当依法取得个人的同意。

4. 原则上应当依法履行告知义务

《个人信息保护法》第35条规定："国家机关为履行法定职责处理个人信息，应当依照本法规定履行告知义务；有本法第十八条第一款规定的情形，或者告知将妨碍国家机关履行法定职责的除外。"依据该规定，除有法律、行政法规规定应当保密或者不需要告知的情形，或者告知将妨碍国家机关履行法定职责的情形外，国家机关在依法处理个人信息时，同样需要依照《个人信息保护法》的规定对个人履行告知义务。因此，在国家机关为履行法定职责所必需而处理个人信息时，其实施个人信息处理行为虽然不需要取得个人同意，但仍应当对个人尽到告知义务，使个人了解个人信息处理的范围、方式、期限等内容。

《个人信息保护法》严格限制有关机关依法处理个人信息的条件，符合此种依法处理个人信息事由的特点。此种事由在性质上属于依法处理个人信息的事由，构成个人同意规则的例外，其适用范围应当受到严格限制，否则可能在有关机关为履行职责而处理个人信息的情形下架空个人同意规则的适用。同时，该项规定要求有关机关必须为法定职责所必需时才能处理相关的个人信息，不仅限定了有关机关依法处理个人信息的条件，而且限定了其处理个人信息方式、范围、期限等。例如，如果有关机关只处理少量个人信息即可顺利履行法定职责，就不得在该范围之外处理其他的个人信息。① 又如，有关机关原则上只能在履行法定职责的期限内处理相关的个人信息，在法定职责履行完毕后，应当依法删除相关的个人信息。

三、为履行法定义务处理个人信息

所谓为履行法定义务处理个人信息，是指个人信息处理者为履行法律

---

① 参见王利明：《数据共享与个人信息保护》，载《现代法学》2019年第1期，第54页。

所规定的义务而处理相关的个人信息。与前述为履行法定职责处理个人信息的情形不同，此处为履行法定义务而处理个人信息的主体主要是民事主体。从我国现行立法规定来看，一些法律规定的法定义务涉及个人信息的处理，甚至以个人信息的处理为条件，在此情形下，如果要求相关个人信息的处理必须取得个人同意，相关的法律义务将难以履行。例如，《道路旅客运输及客运站管理规定》第67条规定："……实行实名制管理的客运班线开展定制客运的，班车客运经营者和网络平台应当落实实名制管理相关要求。网络平台应当采取安全保护措施，妥善保存采集的个人信息和生成的业务数据，保存期限应当不少于3年，并不得用于定制客运以外的业务。网络平台应当按照交通运输主管部门的要求，如实提供其接入的经营者、车辆、驾驶员信息和相关业务数据。"依据该规定，班车客运经营者和网络平台负有落实实名制管理相关要求的义务，为履行该法定义务，其可以依法收集相关主体的姓名这一个人信息；同时，该条规定了网络平台妥善保存采集的个人信息的义务，为履行该法定义务，网络平台也可以在法定期限内保存相关的个人信息；此外，该条还规定了网络平台如实提供其接入的数据的义务，为履行该法定义务，网络平台也需要处理相关的个人信息。

依据《个人信息保护法》第13条规定，为履行法定义务处理个人信息的，应当具备以下条件。

1. 必须出于履行法定义务的需要

所谓法定义务，是指基于法律规定而产生的义务。从义务的来源看，其既可能基于法律规定产生，又可能基于当事人的约定产生，如合同义务。《个人信息保护法》明确将此处的义务限定为法定义务，这也就排除了当事人为履行合同义务而处理个人信息的情形。为订立、履行个人作为一方当事人的合同所必需而处理个人信息的，个人信息处理者可以主张依据《个人信息保护法》第13条第1款第2项的规定处理相关的个人信息。对于法定义务的来源，《个人信息保护法》并未作出明确规定，因此，无论是法律、行政法规规定的法定义务，还是行政规章、地方性法规、司法解释等规定的法定义务，均属于此处的法定义务。从我国现行立法规定来看，许多法律都规定了相关主体为履行法定义务而处理个人信息的规则。例如，《戒毒条例》第10条规定："戒毒医疗机构应当与自愿戒毒人员或者其监护人签订自愿戒毒协议，就戒毒方法、戒毒期限、戒毒的个人信息保密、戒毒人员应当遵守的规章制度、终止戒毒治疗的情形等作出约定，并应当载明戒毒疗效、戒毒治疗风险。"依据该规定，戒毒医疗机构负有与自愿戒毒人员或者其监护人签订自愿戒毒协议的义务，在履行该法定义务的过程中，戒毒医疗机构需要收集自愿戒毒人员或者其监护人的相关个人信息。又如，《缺陷汽车产品召回管理条例》第11条第1款规定："销售、租赁、维修汽车产品的经营者（以下统称经营者）应当按照国务院产品质量监督部门的规定建立并保存汽车产品相关信息记录，保存期不得少于5年。"依据该规定，销售、租赁、维修汽车产品的经营者负有保存汽车产品相关信息记录的义务，如果其中包含相关的个人信息，为了履行该法定义务，有关经营者可以依法处理相关的个人信息。

2. 必须在履行法定义务所必需的范围内处理个人信息

与前述为履行法定职责所必需处理个人信息的情形类似，个人信息处理者只有在为履行法定义务所必需的情形下，才能依法处理相关的个人信息。此处的必需是指如果不处理相关的个人信息，履行相关的法定义务将面临巨大障碍。例如，依据前述《缺陷汽车产品召回管理条例》第11条第1款的规定，销售、租赁、维修汽车产品的经营者应当按照国务院产品质量监督部门的规定建立并保存汽车产品相关信息记录，保存期不得少于5年。如果相关的个人信息如个人驾车行动轨迹信息、个人家庭住址、电话号码等信息并非履行该法定义务所必需，则相关经营者在履行该法定义务时不得处理此类个人信息。

《个人信息保护法》将个人信息处理者为履行法定义务所必需作为其依法处理个人信息的条件，也划定了相关个人信息处理者处理个人信息的范围、方式以及期限等内容，个人信息处理者超出履行法定义务所必需的范围处理个人信息的，将构成对个人信息的侵害，个人有权依法请求个人信息处理者承担民事责任。

第三节 为应对突发公共卫生事件等处理个人信息

一、为应对突发公共卫生事件而处理个人信息

（一）概述

依据《突发公共卫生事件应急条例》第2条的规定，所谓突发公共卫生事件，是指突然发生，造成或者可能造成社会公众健康严重损害的重大

传染病疫情、群体性不明原因疾病、重大食物和职业中毒以及其他严重影响公众健康的事件。《个人信息保护法》第13条第1款第4项规定为应对突发公共卫生事件而处理个人信息的规则，主要考虑了疫情防控中大规模处理个人信息的正当需求这一背景。[1] 为有效应对突发公共卫生事件，尽量减少其造成的影响，可能需要运用大数据分析技术，借助对个人信息的大规模处理，进而实现对突发公共卫生事件的精准防控。

我国《突发公共卫生事件应急条例》对突发公共卫生事件情形下应急预案以及应急处理措施作出了规定，从该条例的规定来看，无论是应急预案的制定还是采取具体的应急处理措施，都可能需要以对个人信息的大规模处理为基础，具体论述如下。

一是应急预案的制定。关于突发公共卫生事件中应急预案的制定，《突发公共卫生事件应急条例》第11条规定："全国突发事件应急预案应当包括以下主要内容：（一）突发事件应急处理指挥部的组成和相关部门的职责；（二）突发事件的监测与预警；（三）突发事件信息的收集、分析、报告、通报制度；（四）突发事件应急处理技术和监测机构及其任务；（五）突发事件的分级和应急处理工作方案；（六）突发事件预防、现场控制，应急设施、设备、救治药品和医疗器械以及其他物资和技术的储备与调度；（七）突发事件应急处理专业队伍的建设和培训。"从该条规定来看，无论是突发事件的检测与预警，还是对突发事件信息的收集、分析等，抑或是应急设施、设备、救治药品等的储备与调度等，都可能需要以大规模的个人信息处理为基础，以保障应急预案的精准性。

二是应急处理。对于突发公共卫生事件中的应急处理，《突发公共卫生事件应急条例》对此作出了详细规定，从该条例的规定来看，许多应急处理都需要以个人信息的处理为基础。例如，该条例第33条规定："根据突发事件应急处理的需要，突发事件应急处理指挥部有权紧急调集人员、储备的物资、交通工具以及相关设施、设备；必要时，对人员进行疏散或者隔离，并可以依法对传染病疫区实行封锁。"该条规定的人员的疏散与隔离，以及传染病疫区的封锁等，都需要以对传染病疫情的发展状况的准确了解为前提，这就离不开对相关个人信息的处理。又如，该条例第39

---

[1] 参见张新宝主编：《〈中华人民共和国个人信息保护法〉释义》，人民出版社2021年版，第113页。

条规定:"医疗卫生机构应当对因突发事件致病的人员提供医疗救护和现场救援,对就诊病人必须接诊治疗,并书写详细、完整的病历记录;对需要转送的病人,应当按照规定将病人及其病历记录的复印件转送至接诊的或者指定的医疗机构。医疗卫生机构内应当采取卫生防护措施,防止交叉感染和污染。医疗卫生机构应当对传染病病人密切接触者采取医学观察措施,传染病病人密切接触者应当予以配合。医疗机构收治传染病病人、疑似传染病病人,应当依法报告所在地的疾病预防控制机构。接到报告的疾病预防控制机构应当立即对可能受到危害的人员进行调查,根据需要采取必要的控制措施。"该条规定的对就诊病人的诊疗措施、对病人的转送以及对传染病病人密切接触者和疑似传染病病人的应急处理等,都需要以相关个人信息的处理为基础。再如,该条例第41规定:"对传染病暴发、流行区域内流动人口,突发事件发生地的县级以上地方人民政府应当做好预防工作,落实有关卫生控制措施;对传染病病人和疑似传染病病人,应当采取就地隔离、就地观察、就地治疗的措施。对需要治疗和转诊的,应当依照本条例第三十九条第一款的规定执行。"该条规定了对传染病暴发、流行区域流动人口应采取的卫生防控措施,以及对相关传染病人、疑似传染病病人的隔离等措施,其具体落实都离不开对相关个人信息如个人健康信息、活动轨迹信息、住所信息等的处理。

在应对突发公共卫生事件的情形下,相关主体之所以可以在未经个人同意的情形下处理其个人信息,主要是因为:此时的个人信息保护将在一定程度上让位于社会公共利益的保护。个人信息保护体现的是对特定权利人权利的保护,而社会公共利益体现的是不特定多数人的利益,通常情形下,个人权利保护与社会公共利益的维护之间不存在冲突,但在特殊情形下,二者之间可能会发生一定的冲突,在此情形下,需要在一定程度上对个人权利进行一定的限制,以更好地维护社会公共利益。我国现行立法中的许多规则都体现了这一理念。例如,依据《民法典》第117条规定,为了公共利益的需要,可以依据法定权限和程序征收、征用不动产和动产,但应当给予公平、合理的补偿。这就体现了公共利益在特定情形下优先于民事主体不动产和动产权利的理念。又如,《民法典》第132条规定:"民事主体不得滥用民事权利损害国家利益、社会公共利益或者他人合法权益。"该条规定了禁止民事权利滥用规则,也在一定程度上体现了社会公共利益优先于民事权利的理念。在应对突发公共卫生事件的情形下,允许相关主体依法处理有关的个人信息，同样体现了这一理念，即为了维护社会公共利益，允许相关主体可以不经个人同意而处理其个人信息，可以为相关主体制定有效的应急预案、采取有效的应急措施提供有效支撑，从而更为有效地应对各类突发公共卫生事件。当然，对个人信息的限制应当符合比例原则，换言之，即便是为了应对突发公共卫生事件，相关主体在处理个人信息时也应当在合理的范围内进行。

在此需要探讨的是，为应对突发公共卫生事件所必需而处理个人信息的情形下，个人信息处理者包括哪些主体？有观点认为，此种情形下的个人信息处理者限于国家机关。[1] 笔者认为，在为应对突发公共卫生事件所必需而处理个人信息的情形下，通常是由国家机关制定相关的应急预案，并采取相关的应急处理措施。因此，在为应对突发公共卫生事件所必需而处理个人信息的情形下，个人信息处理者通常是国家机关，但在为应对突发公共卫生事件所必需而处理个人信息的情形下，将个人信息处理者严格限定为国家机关并不妥当，主要理由在于：一方面，从《个人信息保护法》第13条第1款第4项的文义来看，其在规定此种情形下的个人信息处理规则时，并没有限定个人信息处理者的范围，因此，将此种情形下的个人信息处理者严格限定为国家机关，与本条的文义存在不合之处。另一方面，从该项规定的立法目的来看，其是为应对突发公共卫生事件必需处理个人信息的规则，目的在于利用相关的个人信息，以更好地服务于应对突发的公共卫生事件。为更好地实现这一目的，应当注重发挥国家机关之外的主体的作用。事实上，行政机关采取的单向度的行政管理方式可能存在滞后性等弊端。自19世纪末期起，狄骥等人创设了公共服务（service public）的概念，并将提供公共服务作为政府的重要职能[2]，但公共服务事务较为繁杂，仅依靠单向度的行政管理，可能难以有效应对纷繁复杂的生活，并出现失灵的情况，这就需要发挥各类社会主体在社会治理中的作用。在发生突发公共卫生事件的情形下，仅依靠行政机关单向度的行政管理，可能存在一定的滞后性和失灵的情况，这就有必要发挥其他主体在应对突发公共卫生事件中的作用。因此，在发生突发公共卫生事件后，允许

---

[1] 参见龙卫球主编：《中华人民共和国个人信息保护法释义》，中国法制出版社2021年版，第60页。

[2] CH. Guettier, Groit des contracts administratifs, PUF 2004, p. 1.

国家机关之外的主体在符合法定条件的情形下处理相关的个人信息，具有一定的积极意义。我国相关立法也采取了此种立场。例如，《关于做好个人信息保护利用大数据支撑联防联控工作的通知》第5条规定："鼓励有能力的企业在有关部门的指导下，积极利用大数据，分析预测确诊者、疑似者、密切接触者等重点人群的流动情况，为联防联控工作提供大数据支持。"依据该规定，有能力的企业可以在有关部门的指导下，积极利用大数据处理相关的个人信息。当然，需要指出的是，在突发公共卫生事件的情形下，有关主体依据《个人信息保护法》第13条第1款第4项的规定处理个人信息，本就是基于个人同意处理个人信息的例外情形，而国家机关之外的主体依据该规则处理个人信息更是该规则适用的例外情形，因此，应当对国家机关之外的主体依据该规则处理个人信息进行严格的限定，只有符合本条和其他法律规定的条件时，有关主体才可以依法处理相关的个人信息。

（二）为应对突发公共卫生事件而依法处理个人信息的条件

从《民法典》与《个人信息保护法》的规定来看，在应对突发公共卫生事件的情形下，依法处理个人信息应当具备三个条件。

第一，处理个人信息的目的在于应对突发公共卫生事件。前述《突发公共卫生事件应急条例》第2条界定了突发公共卫生事件的概念，也划定了其范围，只有发生了该条规定的突发公共卫生事件，个人信息处理者才可以依法处理相关的个人信息。《个人信息保护法》第47条对个人信息处理者的删除义务作出了规定，依据该规定，个人信息处理目的已经实现、无法实现，或者为实现处理目的不再必要的，应当及时删除相关的个人信息。该规则也适用于为应对突发公共卫生事件所必需而处理个人信息的情形。例如，在突发公共卫生事件已经结束后，个人信息处理者不得再处理相关的个人信息，对于已经持有的个人信息，应当予以删除。比如在传染病疫情结束后，相关的个人信息处理者不得再继续处理个人的健康信息、家庭住址信息、活动轨迹信息等个人信息，对于在疫情期间处理的上述个人信息，个人信息处理者不得继续保存，应当及时予以删除，个人信息处理者未删除的，个人有权请求删除。

第二，处理个人信息为应对突发公共卫生事件所必需。依据《个人信息保护法》第13条规定，只有在为应对突发公共卫生事件所必需的情况下，个人信息处理者才能依法处理相关的个人信息。例如，为防控某种传染病疫情的扩散，需要对特定区域人员的进出进行管理，在此情形下，如果通过采集个人的行为轨迹信息即可实现防止疫情扩散的目的，个人信息处理者就不得过度采集其他个人信息，如进出特定场所的人员的人脸信息，否则个人信息的处理就超出了应对突发公共卫生事件必需的范围。

对于何为应对突发公共卫生事件"必需"，《个人信息保护法》第13条未作出明确规定。有观点认为，此处的"必需"是指个人信息的处理必须限于"明确、特定的目的"。[1] 此种观点具有一定的合理性，笔者认为，解释此处"必需"的内涵，需要与《民法典》《个人信息保护法》有关个人信息保护的相关规则相结合，换言之，个人信息处理者在此种情形下处理个人信息除限于前述"明确、特定的目的"外，还应当受到个人信息处理的一般规则的限制，如个人信息处理者处理个人信息时，应当遵循必要的原则（《个人信息保护法》第5条）；个人信息处理者收集个人信息时，应当限于实现处理目的的最小范围，不得过度收集个人信息（《个人信息保护法》第6条第2款）；除法律、行政法规另有规定外，个人信息处理者为应对突发公共卫生事件而保存相关个人信息的期限应当为实现目的必要的最短时间（《个人信息保护法》第19条），等等。在这一意义上，《个人信息保护法》第13条要求个人信息处理者处理个人信息必须为应对突发公共卫生事件所必需，不仅设定了处理个人信息的条件，还划定了个人信息处理者处理个人信息的程度和范围。

第三，个人信息处理者应当尽到告知义务。在为应对突发公共卫生事件而处理个人信息的情形下，相关主体处理个人信息虽然不需要取得个人的同意，但仍应当对个人尽到告知义务。对此，《个人信息保护法》第18条第1款规定："个人信息处理者处理个人信息，有法律、行政法规规定应当保密或者不需要告知的情形的，可以不向个人告知前条第一款规定的事项。"依据该条以及《个人信息保护法》第17条的规定，除法律、行政法规另有规定的情形外，个人信息处理者在处理个人信息前，应当以显著的方式，准确、完整地向个人告知个人信息处理的目的、处理方式、个人信息的种类和保存期限等内容，相关事项发生变更的，个人信息处理

---

[1] 参见龙卫球主编：《中华人民共和国个人信息保护法释义》，中国法制出版社2021年版，第61页。

者应当将变更的部分告知个人。上述规则也适用于为应对突发公共卫生事件而处理个人信息的情形，换言之，在突发公共卫生事件的情形下，即便个人信息处理者依法处理相关个人信息时不需要取得个人同意，个人信息处理者对个人仍应当依法尽到告知义务。

二、紧急情况下为保护自然人的生命健康和财产而处理个人信息

（一）概述

所谓紧急情况下为保护自然人的生命健康和财产所必需而处理个人信息，是指客观上出现了紧急情况，为了避免个人的生命健康或者财产遭受损害而需要处理个人信息。在大数据时代，个人信息的应用范围不断扩展，通过对海量个人信息的处理和分析，可以使我们的决策更为精准和科学。在出现可能危及个人生命健康以及财产的紧急情况后，借助对相关个人信息的处理，可以使相关的措施更具有针对性，从而尽量避免和减少相关因素给个人生命健康和财产造成的损害。也正是因为这一原因，《个人信息保护法》第 13 条第 1 款第 4 项将紧急情况下为保护自然人的生命健康和财产所必需规定为相关主体依法处理个人信息的事由。

依据《个人信息保护法》第 13 条第 1 款第 4 项的规定，个人信息处理者可以为保护自然人的生命健康以及财产而处理相关的个人信息，此种情形属于基于个人同意处理个人信息的例外情形，是个人信息处理者处理个人信息的法定情形。换言之，个人信息处理者依据该规则处理个人信息，不需要取得个人的同意，只要符合本条规定的条件，个人信息处理者即可依法处理相关的个人信息。从《个人信息保护法》第 13 条第 1 款第 4 项规定来看，其在规定此种个人信息处理的法定事由时，没有明确限定个人信息处理者的范围，这也意味着，本条规定的个人信息处理者的范围十分宽泛，无论是国家机关，还是民事主体，均有权依据本条规定处理相关的个人信息。[①] 此外，本条虽然规定了紧急情况下为保护自然人的生命健康和财产所必需而处理个人信息，但没有限定被保护的自然人的范围，因此，无论是为

[①] 参见龙卫球主编：《中华人民共和国个人信息保护法释义》，中国法制出版社 2021 年版，第 60 页。

了保护作为个人信息主体的自然人的生命健康和财产,还是为了保护其他自然人的生命健康和财产,个人信息处理者都可以依法处理相关的个人信息。① 并且从《个人信息保护法》第13条的规定来看,个人信息处理者在紧急情况下实施的个人信息处理行为既可以为了保护特定自然人的生命健康和财产,又可以是为了保护不特定的自然人的生命健康和财产。

在此需要探讨的是,紧急情况下为保护自然人的生命健康和财产所必需而处理个人信息的行为在性质上是否属于紧急避险行为?有观点认为,《个人信息保护法》第13条第1款第4项规定的此种情形是紧急避险规则的具体化。② 此种观点具有一定的合理性,在紧急情况下为保护自然人生命健康和财产所必需而处理个人信息与紧急避险行为具有一定的相似性:一方面,二者都是在紧急情况下实施的行为。无论是紧急避险行为,还是在紧急情况下处理个人信息的行为,都是为了应对紧急发生的客观情况,即因为自然人的个人因素或者其他个人因素而使个人的相关权益处于需要紧急救助的状态。另一方面,二者都是为了保护民事主体的民事权益。虽然二者保护的民事权益的范围具有一定的区别,但二者的主要功能都是保护民事主体的民事权益。此外,在效力上,二者都具有阻却违法的效力。在行为人的行为构成紧急避险的情形下,《民法典》第182条第1款规定:"因紧急避险造成损害的,由引起险情发生的人承担民事责任。"据此,即便紧急避险人的避险行为造成了他人损害,也无须承担民事责任。而就紧急情况下处理个人信息的行为而言,个人信息处理者处理相关的个人信息属于依法处理个人信息的情形,即便未取得个人同意,也不构成对他人个人信息的侵害,个人信息处理者无须对此承担民事责任。

虽然紧急情况下为保护自然人的生命健康和财产所必需而处理个人信息与紧急避险存在上述相似性,但也应当看到,二者存在一定的区别,不宜将《个人信息保护法》第13条第1款第4项的规定解释为紧急避险规则的具体化,其与紧急避险主要存在以下区别。一方面,二者的行为目的

---

① 参见程啸:《个人信息保护法理解与适用》,中国法制出版社2021年版,第135页。

② 参见龙卫球主编:《中华人民共和国个人信息保护法释义》,中国法制出版社2021年版,第60页。

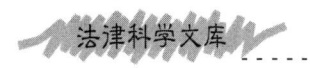

不同。在紧急避险的情形下，紧急避险人实施避险行为是为了避免其行为可能给他人造成的损害，其行为是针对正在发生的危险采取的紧急避险行为。[①] 而就紧急情况下实施的个人信息处理行为而言，个人信息处理者实施个人信息处理行为不是为了避免其自身行为可能给他人造成的损害，而是为了在紧急情况下保护自然人的生命健康和财产。另一方面，二者的行为方式不同。就紧急避险行为而言，紧急避险人实施避险行为通常会造成其他民事主体的损害。例如，行为人在驾驶机动车的过程中，为了避免撞伤横穿马路的行人而撞上其他机动车，在此情形下，行为人的避险行为损害了其他民事主体的财产权。而就紧急情况下处理个人信息的行为而言，个人信息处理者为保护自然人的生命健康和财产实施的行为是个人信息处理行为，其通常不会给信息主体造成现实的损害。此外，二者的责任也存在一定的区别。依据《民法典》第182条第3款规定："紧急避险采取措施不当或者超过必要的限度，造成不应有的损害的，紧急避险人应当承担适当的民事责任。"据此，如果紧急避险人的避险行为过当，造成了不应有的损害，其承担的是适当的民事责任，而非完全赔偿责任。而就紧急情况下处理个人信息的行为而言，依据《个人信息保护法》第13条的规定，个人信息处理者只有在为保护自然人生命健康和财产所必需的情形下，才能实施相关的个人信息处理行为，换言之，个人信息处理者在紧急情况下实施的个人信息处理行为原则上不存在类似于避险行为过当的问题，只要个人信息处理者超出保护自然人生命健康和财产的必需范围处理个人信息，其行为就不再具有合法性，在此情形下，个人信息主体有权依法请求个人信息处理者承担侵害个人信息的民事责任，个人信息处理者也不得援引避险过当的责任主张仅承担适当的民事责任。

（二）紧急情况下为保护自然人的生命健康和财产而处理个人信息的条件

依据《民法典》《个人信息保护法》的规定，在紧急情况下为保护自然人的生命健康和财产而处理个人信息应当具备如下条件。

第一，此种个人信息处理行为必须是在紧急情况下实施的。只有出现了紧急情况，个人信息处理者才能依据《个人信息保护法》第13条第1款第4

[①] 参见黄薇主编：《中华人民共和国民法典总则编解读》，中国法制出版社2020年版，第596页。

项的规定处理相关的个人信息。对于此处的紧急情况具体包括哪些情况，《个人信息保护法》并未作出具体规定，笔者认为，从该条规定来看，构成此处的紧急情况至少应当具备如下三项条件：一是此种情况客观上较为紧急，也就是说，在客观上出现了较为紧急的情况后，如果不及时通过处理相关的个人信息并采取相关措施，将使个人的生命健康或者财产遭受重大损害。二是此种紧急情况将危及个人的生命健康或者财产，如果该紧急情况影响的是他人的其他民事权益，不属于本条规定的紧急情况。三是发生此种情况后，无法及时取得个人同意。也就是说，即便发生了紧急情况，但如果个人信息处理者能够及时取得个人的同意，原则上仍应当取得个人的同意，并基于个人的同意而处理相关的个人信息。此处的无法及时取得个人同意既包括客观上无法与个人取得联系，难以取得其同意，又包括虽然能够与个人取得联系，但个人拒绝个人信息处理者处理其个人信息。

  第二，处理个人信息必须是为了保护自然人的生命健康或者财产。只有在为了保护自然人的生命健康或者财产的情形下，相关主体才能依法处理相关的个人信息。《个人信息保护法》第13条作出此种限定，就将自然人生命健康之外的其他人格权益以及法人、非法人组织的财产权排除出了本条的调整范围。例如，即便出现了危及个人隐私权或者名誉权的紧急情况，相关主体也不得在未经信息主体同意的情况下，依据本条规定处理其个人信息。自然人的生命是最高的法益，健康对个人主体资格的维系以及其他民事权益保有和行使具有基础性意义，因此，本条规定为了保护自然人的生命健康，相关主体可以依法处理相关的个人信息。需要指出的是，个人信息属于人格利益，而自然人对其财产享有的是财产权益，从民事权益的位阶来看，个人信息的民事权益位阶要高于财产权[1]，对财产权的保护原则上应当让位于个人信息的保护，因此，在解释上应当认为，只有出现了紧急情况，如果不允许相关主体处理个人信息，将使自然人的财产权遭受重大损害，此时，才应当允许相关主体依据本条规定处理个人信息。例如，在电信网络诈骗的情形下，紧急情况下为了制止受害人向行为人汇款的行为，或者为了快速追回被骗财产，公安机关有权收集并使用受害人或者加害人的相关身份信息、银行

---

[1] 参见王利明：《论民事权益位阶：以〈民法典〉为中心》，载《中国法学》2022年第1期，第44～49页。

账户等信息。

第三,处理个人信息是必需的。依据《个人信息保护法》第13条第1款第4项的规定,在出现了紧急情况的情形下,只有处理个人信息是必需的,相关主体才能依法处理相关的个人信息。例如,在患者被送往医院,需要对其采取紧急医疗措施的情形下,医疗机构需要了解患者的病历信息,确认患者的既往病史、药物过敏等情况,以便更好地采取相关的医疗措施,此时,医疗机构可以依法处理患者的相关个人信息。但如果处理相关的个人信息对于保护自然人的生命健康或者财产并非必需,即便出现了紧急情况,相关主体也不得依据本条规定处理相关的个人信息。例如,在上述诊治患者的情况下,医疗机构如果了解了患者的既往病史、过敏情况就可以采取相关的紧急医疗措施,就不得擅自处理患者的其他个人信息,如医疗机构不得擅自收集患者的人脸信息、指纹信息等生物识别信息,否则将构成对他人个人信息的侵害。

第四,相关主体应当依法尽到告知义务。在紧急情况下为保护自然人的生命健康或者财产所必需而处理个人信息的情形下,个人信息处理者实施个人信息处理行为虽然不需要取得个人的同意,但仍应当依法尽到告知义务。对于此种情形下个人信息处理者的告知义务,《个人信息保护法》第18条第1款规定:"个人信息处理者处理个人信息,有法律、行政法规规定应当保密或者不需要告知的情形的,可以不向个人告知前条第一款规定的事项。"依据该规定,即便在个人信息处理者依法处理个人信息的情形下,除法律、行政法规规定的特殊情形外,个人信息处理者应当对个人进行告知义务,如告知个人信息的处理目的、处理方式以及处理的个人信息的种类、保存期限等内容。同时,该条第2款规定:"紧急情况下为保护自然人的生命健康和财产安全无法及时向个人告知的,个人信息处理者应当在紧急情况消除后及时告知。"据此,即便个人信息处理者在紧急情况下处理个人信息,原则上仍应当及时向个人告知个人信息处理的相关情况,无法及时告知个人的,在紧急情况消除后,个人信息处理者仍应当及时向个人告知。《个人信息保护法》第44条就个人对其个人信息的处理享有的知情权作出了规定,个人信息处理者未按照法律规定对个人履行告知义务的,构成对个人知情权的侵害,个人有权依法请求个人信息处理者承担侵害个人信息的民事责任。

第四节　为实施旨在保护公共利益的新闻报道、舆论监督等处理个人信息

一、概述

1. 为公共利益实施新闻报道、舆论监督等处理个人信息的概念和特征

所谓为公共利益实施新闻报道、舆论监督等行为而处理个人信息，是指个人信息处理者为实现公共利益这一目的而实施新闻报道、舆论监督等行为，并在法律规定的范围内处理个人信息。例如，电视台在报道某新闻事件时，不可避免地使用某人的姓名、活动轨迹等个人信息。《民法典》第1036条在规定个人信息处理合法性事由时，没有将其明确规定为为公共利益实施新闻报道、舆论监督等行为，但依据该条第3项规定，为公共利益合理实施的其他行为，也属于依法处理个人信息的事由。这实际上保持了依法处理个人信息事由的开放性，《个人信息保护法》第13条将为公共利益实施新闻报道、舆论监督等行为对依法处理个人信息的行为规定为依法处理个人信息的事由，可以看作是《民法典》第1036条第3项规定的具体化。①

上述事由作为依法处理个人信息的事由，主要具有三个特征。

一是此种情形属于依法处理个人信息的法定事由。在为公共利益实施新闻报道、舆论监督等行为的情形下，个人信息处理者是依据法律规定实施个人信息处理行为，对于处理相关个人信息的条件、可以处理的个人信息的范围等内容，均不需要与个人约定，可直接依据法律规定予以确定。② 由于此种情形属于依据法律规定处理相关个人信息，其构成个人同意规则的例外，因此，适用范围有限，只有符合法律规定的条件，个人信

---

① 参见中国信息通信研究院互联网法律研究中心编：《个人信息保护立法研究》，中国法制出版社2021年版，第174～185页。

② 参见程啸：《个人信息保护法理解与适用》，中国法制出版社2021年版，第136页。

息处理者才能实施相关的个人信息处理行为。

二是个人信息处理者处理相关个人信息不需要取得个人的同意。《个人信息保护法》第13条将此种情形与个人同意规则并列规定，表明其是与个人同意并列的依法处理个人信息的事由，属于个人同意规则的例外情形，符合本项规定的条件时，个人信息处理者可以依法实施个人信息处理行为，不需要取得个人的同意。需要指出的是，为强化对特定类型个人信息的保护，《个人信息保护法》以专节（第二章第二节）的形式规定了敏感个人信息的处理规则，而在个人信息处理者为公共利益实施新闻报道、舆论监督等行为需要处理个人信息的情形下，即便涉及敏感个人信息的处理，个人信息处理者也无须取得个人的同意。例如，个人信息处理者在为公共利益实施新闻报道时，对个人人脸信息的合理使用，属于依法处理敏感个人信息的情形。

三是此种情形下的行为类型具有开放性。从《个人信息保护法》第13条第1款第5项的规定来看，其在列举为公共利益实施相关行为，需要处理个人信息的行为类型时，既列举了实施新闻报道、舆论监督这两类行为，又采用了"等"这一兜底规定，这就在一定程度上保持了此种情形下行为类型的开放性，这既有利于保护相关主体为公共利益实施个人信息处理行为的权利，又可以为法官裁判相关纠纷提供法律依据。

2. 为公共利益实施新闻报道、舆论监督等处理个人信息的正当性

与其他依法处理个人信息的情形类似，为公共利益实施新闻报道、舆论监督等行为需要依法处理个人信息构成对个人信息权益的限制。此种限制的正当性在于：处理行为的目的旨在实现公共利益。当然，《个人信息保护法》对此种情形下的行为类型作出了限定，即个人信息处理者实施的是新闻报道、舆论监督等行为。在个人信息处理者实施此类行为的情形下，对个人信息权益进行限制的正当性主要体现为：一是保障新闻报道行为的顺利进行。新闻报道行为具有很强的即时性，相关的新闻事件如果无法得到及时报道，将失去新闻价值。同时，为了追求新闻报道的真实性和全面性，相关主体制作的新闻报道文件或者材料可能会涉及大量的个人信息。在新闻报道的内容涉及个人信息的情形下，如果要求必须取得个人的同意，新闻报道行为可能难以开展。二是保障舆论监督和公众知情权。舆

论监督的正常进行对于保障公众对社会公共事件的知情权具有重要意义。① 舆论监督涉及公众对公共事件的探讨和评论，无论是相关公共事件本身，还是对该公共事件的评论，都可能涉及相关的个人信息，在此情形下，如果要求相关主体进行舆论监督必须取得个人的同意，将导致舆论监督无法开展，社会公众的知情权也难以实现。因此，《个人信息保护法》将为公共利益实施新闻报道、舆论监督等行为需要处理个人信息作为依法处理个人信息的法定情形，对于保障新闻报道的开展以及舆论监督、公众知情权的实现等，具有重要的意义。②

二、为公共利益实施新闻报道、舆论监督等依法处理个人信息的条件

依据《个人信息保护法》第13条第1款第5项的规定，为公共利益实施新闻报道、舆论监督等行为时，能够依法处理个人信息应当符合如下条件：一是行为人实施的行为类型为新闻报道、舆论监督等行为；二是行为人实施相关行为的目的在于实现公共利益；三是行为人在合理的范围内处理个人信息。

（一）行为人实施的行为限于新闻报道、舆论监督等

依据《个人信息保护法》第13条第1款第5项的规定，个人信息处理者在基于公共利益处理个人信息时，其实施的行为类型限于新闻报道、舆论监督等。所谓新闻报道，是指对新近发生的事实进行的报道。新闻报道的内容追求真实性、准确性与即时性，当然，这些特征之间存在一定的冲突，例如，为了追求新闻报道的即时性，其报道内容的真实性与准确性可能会受到一定的影响。③ 也正是因为这一原因，依据《民法典》第1026条规定，认定行为人实施新闻报道、舆论监督等行为时是否尽到合理合适

---

① 参见张新宝：《从隐私到个人信息：利益再衡量的理论与制度安排》，载《中国法学》2015年第3期，第40~47页。

② 国外也有因公共利益对新闻报道等处理个人信息的行为作出豁免的规定。例如，《日本个人信息保护法》规定，广播机关、报社、通讯社以及其他报道机关（包括从事报道业务的个人）为其报道活动目的，不适用个人信息处理者义务一章。参见杨合庆主编：《中华人民共和国个人信息保护法释义》，法律出版社2022年版，第51页。

③ 参见李良荣：《新闻学概论》，复旦大学出版社2021年版，第28~34页。

义务，使用了动态系统论①，要求考虑内容来源的可信度、内容的时限性等因素，予以综合判断。在新闻报道中，可能会不可避免地处理相关主体的个人信息，尤其相关个人本身就是新闻报道的对象，或者是新闻事件的当事人或者涉及的主体，此时，为了保障新闻报道行为的顺利进行，应当允许行为人在合理范围内实施个人信息处理行为。一般而言，实施新闻报道的主体是传统的新闻单位如报纸出版单位、电视台、广播电视台等，但随着自媒体的发展，实施新闻报道的主体范围也在不断扩展，《个人信息保护法》第13条未对实施新闻报道的主体范围作出限定，因此，即便是个人运营的自媒体，只要其实施新闻报道行为时是为了实现公共利益，就可以依据本条规定依法处理相关的个人信息。

所谓舆论监督，是指社会公众通过大众媒体对特定社会现象表达意见和态度，从而对该社会现象予以批评或者褒扬，进而促进相关问题解决的一种活动。在我国，舆论监督主要通过新闻媒介进行，如通过报纸、杂志、电视、网络等方式进行舆论监督，但新闻媒体监督只是舆论监督的一种，舆论监督不限于新闻报道这一种方式。舆论监督本身不具有强制性，但社会公众可以通过各种舆论监督方式表达意见，从而形成具有共识性的社会观念，这有利于探明相关事实真相，并促进相关问题的解决。舆论监督也可能涉及个人信息的处理，尤其社会公众讨论的社会事件本身可能就涉及特定的个人，或者社会公众讨论相关社会事件时不可避免地涉及相关的个人信息，在此情形下，为了保障舆论监督的顺利进行，应当允许行为人在合理范围内处理相关的个人信息。与前述新闻报道类似，随着互联网和自媒体的发展，舆论监督的方式也在日益发展，社会公众可以借助互联网以及由此衍生出的各种自媒体等方式，参与舆论监督行为。

如前所述，《个人信息保护法》第13条在列举为公共利益处理个人信息的行为类型时，除明确列举新闻报道和舆论监督外，还使用了"等"这一兜底表述，保持了此种行为类型的开放性，但问题在于，如何理解此处"等"字的内涵？其究竟包含哪些行为类型？笔者认为，该条一方面具体列举了相关事项，另一方面设置兜底规定，可以采用同类解释规则确定此处兜底规定的内涵。所谓同类解释规则，是指如果法律上列举了具体的人

---

① 参见王利明：《民法典人格权编中动态系统论的采纳与运用》，载《法学家》2020年第4期，第7页。

或物，并将其归入"一般性的类别"，那么该"一般性的类别"应当与具体列举的人或物属于同一类型。① 因此，此处"等"字所包含的行为类型应当与该条明确列举的新闻报道、舆论监督属于同一类行为，否则无法纳入此处"等"字的范畴。笔者认为，新闻报道、舆论监督的共同特征主要包括：一是相关事件具有即时性。因为无论是新闻报道还是舆论监督，针对的通常都是新近发生的事件，否则通常不具有新闻价值，或者难以形成社会舆论。因此，行为人实施的其他行为针对的事件原则上应当是新近发生的事件。二是行为人的行为针对的应当是社会事件。此处的社会事件可能是只围绕特定个人而发生，也可能围绕不特定多数人发生，但其应当具有新闻报道价值或者能够形成社会舆论。因此，行为人实施的行为应当针对相关的社会事件。三是行为人应当具有实现公共利益的目的。虽然新闻报道和舆论监督本身没有强调实现社会公共利益的目的，但《个人信息保护法》第13条第1款第5项设置了"为公共利益"这一前提，因此，行为人在主张其为实施其他行为而处理个人信息的行为具有合法性时，应当证明其具有实现公共利益的目的。例如，行为人以侵害他人隐私权、个人信息的方式偷拍他人的私人住所，或者偷录他人的谈话等，并通过自媒体予以发布，该行为不具有实现公共利益的目的，其对相关个人信息的处理也不再具有合法性。②

（二）行为人实施相关行为的目的在于实现公共利益

依据《民法典》第13条的规定，在行为人实施新闻报道、舆论监督等行为而需要处理个人信息的情形下，要构成依法处理个人信息，要求行为人实施该行为必须是为了公共利益。一般情况下，行为人实施新闻报道、舆论监督等行为，本身就具有宣传社会公共事件、为社会公众表达意见提供媒介的公共属性，因此，新闻报道、舆论监督等行为本身通常就具有实现公共利益的属性，但这并不意味着所有的新闻报道、舆论监督等行为均是为了实现公共利益，实践中也存在行为人为追求自身私益甚至追求不正当利益而实施新闻报道等行为的现象。例如，行为人在报道相关社会事件时，以偏概全，甚至进行歪曲报道，故意误导社会公众意见；又如，

---

① 参见王利明：《法学方法论》，中国人民大学出版社2012年版，第395页。
② 参见高志宏：《个人信息司法保护的利益衡量》，载《当代法学》2024年第1期，第34~38页。

行为人为追求非法利益而故意隐瞒重要事实，甚至进行虚假报道。这些行为都会使新闻报道等行为失去公共性，从而影响其公共利益的属性。①

值得探讨的是，通过个人运营的微信公众号、抖音账号等自媒体账号发布的信息涉及个人信息处理的，此类自媒体的运营者能否依据《个人信息保护法》第13条第1款第5项的规定主张其个人信息处理行为具有合法性？在个人运营此类自媒体账号具有追求私益的目的时，能否将其排除在实现公共利益的范围之外？笔者认为，从《个人信息保护法》第13条第1款第5项规定的文义来看，其没有对实施新闻报道、舆论监督等行为的主体范围作出限定，因此，即便是个人通过其运营的自媒体账号发布相关信息，如果构成新闻报道、舆论监督等行为，也应当可以适用本条规定；同时，随着互联网的发展，自媒体产业日益发达，通过自媒体账号对新近发生的事实进行报道，或者对相关的社会事件发表批评或者评论性意见，也是公众参与新闻报道、舆论监督的重要方式，因此，在符合本条规定的情形下，即便发布相关信息的主体是自媒体账号的运营者，也可以适用本条规定。此外，相关主体在创建和运营相关的自媒体账号时，通常都具有追求私益的目的，如通过发布相关信息，增加社会知名度，并通过直播带货、代为发布商业广告等方式获取经济利益，一般而言，自媒体账号的知名度越高，其运营者获得更多经济利益的可能性也就越大。个人通过自媒体账号报道新闻事件、参与舆论监督等行为，在客观上确实会提高其自媒体账号的知名度，这甚至可能是其发布新闻报道信息、对社会公共事件发表意见的主要目的，但即便如此，也不宜当然否定该行为具有实现公共利益的属性。如前所述，在自媒体时代，通过自媒体发布信息已经成为社会公众参与新闻报道和舆论监督的重要方式，即便个人通过自媒体账号发布信息具有追求私益的目的，但如果其同时包含公共利益属性，也应当依法将其认定为依法处理个人信息的行为。②

《个人信息保护法》第13条第1款第5项要求个人信息处理者实施新闻报道、舆论监督等行为具有实现公共利益的属性，问题在于，如何理解

---

① 参见陈甦、谢鸿飞主编：《民法典评注·人格权编》，中国法制出版社2020年版，第273～274页。

② 参见任颖：《数字时代隐私权保护的法理构造与规则重塑》，载《东方法学》2022年第2期，第190～200页。

此处公共利益的内涵？公共利益在性质上属于不确定概念，在内涵和外延上都具有广泛的不确定性，在不同领域内和不同情形下，其内涵会存在一定的差别。① 因此，在界定公共利益的范围时，应当考虑其所处的语境和情境，尤其考虑具体法律规则中使用该概念的立法背景和立法目的。在个人信息处理者实施新闻报道的情形下，如何认定其具有实现公共利益的属性？此处涉及公共利益判断标准问题，那么究竟应当从报道内容客观上予以判断，还是从报道者的主观意图予以判断？有观点认为，虽然新闻报道应当追求客观和公正，但如果报道者在新闻报道的过程中作出了具有倾向性的报道，即便报道内容客观真实，也应当认定其影响了新闻报道的公共利益属性，所以以报道者的主观意识为判断标准更为合理。由于报道者的主观意识难以查明，还需要基于报道者的行为予以判断，即如果新闻报道者能够证明其从事的是正常的新闻报道行为，尽到了一般新闻工作者的注意义务，其行为就具有实现公共利益的属性。② 此种观点值得赞同，当然，在自媒体时代，要求新闻报道者都达到一般新闻工作者的注意义务，可能较为困难，此时可能需要区分不同新闻报道者的身份来分别确定其注意义务标准。

关于新闻报道、舆论监督的内容，需要探讨的是，如果个人信息处理者发布的信息针对的是不道德的行为，能否适用《个人信息保护法》第13条第1款第5项的规定？对此，有观点认为，该规定的适用要求个人信息处理者实施新闻报道、舆论监督以维护国防、公共卫生等公共利益为目的，对不道德行为的监督不符合该项规定的情形。③ 笔者认为，此种观点值得商榷，从该项规定的文义来看，其只是要求个人信息处理者实施的行为具有公共利益的属性，没有限定此处公共利益的内涵。如前所述，公共利益的内涵较为宽泛，不宜将其完全限定为国防、公共卫生等公共利益。事实上，对不道德行为的报道和监督不仅是新闻报道、舆论监督的重要内

---

① 胡鸿高：《论公共利益的法律界定——从要素解释的路径》，载《中国法学》2008年第4期。

② 参见陈甦、谢鸿飞主编：《民法典评注·人格权编》，中国法制出版社2020年版，第274页。

③ 参见龙卫球主编：《中华人民共和国个人信息保护法释义》，中国法制出版社2021年版，第61页。

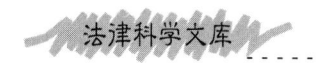

容，还是其具有公共利益属性的重要原因，并且对不道德行为的报道和监督本身也具有制止不道德行为、淳化道德风尚等功能。因此，不应当将对不道德行为的报道和监督排除在本条的适用范围之外。

（三）行为人在合理范围内实施相关行为

在行为人为实施新闻报道、舆论监督等行为而处理个人信息的情形下，该个人信息处理行为要具有合法性，行为人必须在合理范围内实施相关行为。对于此处合理范围的内涵和判断标准，《个人信息保护法》并未作出明确规定，笔者认为，此处的合理范围是指个人信息处理者实施的个人信息处理活动应当服务于为公共利益实施的新闻报道、舆论监督等行为，在满足新闻报道、舆论监督等行为的需求的前提下，个人信息处理者应当尽可能选择强度最小、对个人影响最小的个人信息处理方式。例如，针对他人实施的某种不道德的行为，个人信息处理者在进行舆论监督时，就该行为提出批评或者建议即可，个人信息处理者擅自公开相关主体的家庭住址、电话号码等个人信息的，显然已经超出了个人信息处理的合理范围。

《个人信息保护法》第13条要求个人信息处理者必须在合理范围内实施相关行为，不仅设定了个人信息处理者依法处理个人信息的条件，而且划定了个人信息处理者在此种情形下处理个人信息的方式、范围等内容。例如，个人信息处理者在实施新闻报道、舆论监督等行为时，如果处理少量个人信息即可实现新闻报道、舆论监督的目的，应当尽可能少地处理相关的个人信息。尤其在处理相关的个人信息可能影响个人权益保护的情形下，确定个人信息处理的合理范围时，应当妥当平衡新闻报道、舆论监督与个人权益保护之间的关系。[①] 例如，个人信息处理者在从事新闻报道时，如果不使用个人的姓名、车牌号码、电话号码、家庭住址以及人脸信息等对个人隐私权、财产权保护具有重大影响的个人信息即可实现新闻报道目的，则应当尽可能不使用此类信息。

个人信息处理者处理个人信息超出合理范围的，即便其是出于公共利益而实施新闻报道、舆论监督等行为，其行为也不再具有合法性，个人有权依法请求个人信息处理者承担民事责任。对于个人信息处理者的民事责

[①] 高志宏：《个人信息保护的公共利益考量——以应对突发公共卫生事件为视角》，载《东方法学》2022年第3期，第23~32页。

任,《民法典》第 999 条规定:"为公共利益实施新闻报道、舆论监督等行为的,可以合理使用民事主体的姓名、名称、肖像、个人信息等;使用不合理侵害民事主体人格权的,应当依法承担民事责任。"依据该规定,如果个人信息处理者超出合理范围处理个人信息的,个人有权依法主张民事责任,从保护范围来看,此处的民事责任主要是指侵害隐私权、名誉权、个人信息等人格权益的民事责任[①];从责任性质来看,个人既有权请求个人信息处理者承担侵权责任;在当事人之间有合同关系时,个人也有权依法请求个人信息处理者承担违约责任;此外,在个人信息遭受侵害时,个人还有权基于人格权请求权请求个人信息处理者承担民事责任。

[①] 当然,如果个人信息处理者超出合理范围处理他人个人信息,造成他人财产权损害,该他人也有权就其财产权损害请求个人信息处理者承担民事责任。

第五章 个人信息匿名化处理与个人信息处理行为的合法性

第一节 个人信息匿名化处理概述

一、个人信息匿名化处理的概念和特征

在大数据时代，随着个人隐私保护与数据利用之间矛盾的不断凸显，大数据产业及其从业者开始采用个人信息匿名化处理的方式实现二者的平衡。[1] 个人信息的匿名化处理（anonymization）也称个人信息的去身份化（de-identification），是指将个人信息中能够识别个人身份的信息去除，从而阻断相关信息与个人身份之间的关联性。[2] 从域外法的规定来看，个人信息的匿名化处理不仅是一种个人信息处理方式，还是个人信息处理者保护个人信息的重要方式。个人信息匿名化处

---

[1] 参见金耀：《个人信息去身份的法理基础与规范重塑》，载《法学评论》2017年第3期，第120～130页。

[2] Eleftheriou, Demetrios A., "Tips on Protecting Personal Data", *Florida Bar Journal*, Vol. 90, Issue (2016), pp. 38-39.

理主要具有以下特征。

第一，个人信息匿名化处理是个人信息的处理方式之一。从我国《民法典》《个人信息保护法》的规定来看，个人信息处理的外延十分宽泛，只要对个人信息进行了相关的处理，无论是以何种方式加以处理，均属于个人信息处理行为。《个人信息保护法》第 4 条第 2 款更是界定了个人信息处理行为的类型，即个人信息的收集、存储、使用、加工、传输、提供、公开、删除等。该条虽然没有明确列举个人信息匿名化处理行为，但也使用了"等"这一兜底表述，保持了个人信息处理行为类型的开放性。虽然个人信息匿名化处理行为在表现方式上不同于个人信息的收集、存储等行为，但其本质上也是对个人信息的处理，应当属于个人信息处理行为，可以将其解释到《个人信息保护法》第 4 条第 2 款"等"这一兜底表述之中。

第二，个人信息匿名化处理将导致个人信息转化为不具有身份识别特征的数据。从《个人信息保护法》第 4 条第 2 款的规定来看，其列举的个人信息处理行为类型较为广泛，部分个人信息处理行为不会导致个人信息的内容发生变化，如个人信息的收集、存储、传输、提供等行为，而部分个人信息处理行为可能导致个人信息的内容发生变化，如个人信息加工行为，但该条列举的个人信息处理行为原则上不会导致个人信息的性质发生变化，即各类个人信息处理行为虽然可能导致个人信息的内容发生一定的变化，但不会改变个人信息的属性。而个人信息匿名化处理与上述个人信息处理行为存在一定的区别，即个人信息匿名化处理是直接将个人信息中能够识别个人身份的相关信息予以去除，从而将相关的个人信息转化为所谓的匿名信息，而匿名信息并非个人信息。[1] 从《个人信息保护法》第 4 条第 1 款规定来看，"个人信息是以电子或者其他方式记录的与已识别或者可识别的自然人有关的各种信息，不包括匿名化处理后的信息"。该条在界定个人信息的内涵时，强调其对个人身份的识别性，并明确将匿名化处理后的信息排除在外。此种规定具有合理性，因为个人信息最本质的属性是其身份识别性，即可以从相关的信息中识别出特定的个人，或者是与可识别的自然人有关的信息，而经过匿名化处理之后，个人信

---

[1] 参见韩旭至：《大数据时代下匿名信息的法律规制》，载《大连理工大学学报（社会科学版）》2018 年第 4 期，第 64 页。

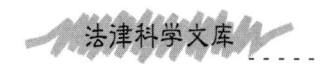

息与个人身份之间的关联性将不复存在，相关内容难以被纳入个人信息的范畴。

笔者认为，经匿名化处理后的个人信息将转化为不具有身份识别特征的数据。依据《数据二十条》的规定，数据可以分为个人数据、企业数据与公共数据三种类型，在这一分类体系之下，经过匿名化处理后的个人信息将转化为企业数据或者公共数据，前者如企业对其用户购物时涉及的个人信息进行匿名化处理后产生的购物分析数据；后者如某机关对其掌握的居民身份信息进行匿名化处理之后产生的政务数据。

第三，个人信息匿名化处理不需要取得个人的同意。如前所述，个人信息的匿名化处理在性质上属于个人信息处理行为，依据《民法典》《个人信息保护法》的规定，除法律规定的特殊情形外，个人信息处理者处理个人信息均应当依法取得个人的同意，问题在于，该个人信息处理规则是否适用于个人信息的匿名化处理？换言之，除法律规定的特殊情形外，个人信息处理者在对个人信息进行匿名化处理时，是否也需要依法取得个人的同意？笔者认为，个人信息处理者在对个人信息进行匿名化处理时，不需要取得个人的同意，主要理由在于，个人信息处理活动之所以需要取得个人的同意，其理论基础在于尊重与保护个人的个人信息自决权利。[1] 就一般的个人信息处理活动而言，个人信息处理者在实施个人信息处理行为之后，没有改变相关个人信息的本质属性，即经过处理之后的个人信息在性质上仍然属于个人信息，在此情形下，要求个人信息处理活动必须经个人同意，既有利于个人了解并控制其个人信息处理活动，又有利于个人了解其个人信息被处理后的情况。例如，在个人信息处理者对相关的个人信息进行使用、加工的情况下，要求其经过个人同意，既可以使个人了解其个人信息被使用、加工的情况，又可以使个人了解其个人信息被加工后的状态，因为被加工后的个人信息在性质上仍然属于个人信息，其对个人身份仍然具有可识别性，其利用仍然可能对个人的人身、财产权益产生影响。而就个人信息的匿名化处理而言，个人信息处理者在对个人信息进行匿名化处理之后，相关的信息与个人身份之间的关联性将不复存在，其将转化为不可识别个人身份的不具有身份识别特征数据，该数据的相关情况

---

[1] 参见贺栩栩：《比较法上的个人数据信息自决权》，载《比较法研究》2013年第2期，第66页。

以及后续利用不会对个人的人身、财产权益产生影响,因此,即便个人信息匿名化处理不经过个人同意,也不会对个人产生不利影响。① 相反,个人信息的匿名化处理将使个人信息处理者持有的相关个人信息转化为纯粹的数据,其不仅不会损害个人的合法权益,反而会降低个人隐私、个人信息遭受侵害的风险。②

第四,个人信息匿名化处理有利于降低个人信息流通中的隐私、个人信息风险。一旦个人同意个人信息处理者收集其个人信息,或者对其个人信息实施其他处理行为,其相关的个人信息就存在被不当处理甚至泄露的风险,从而给个人的隐私权、个人信息保护带来一定的威胁。③ 因此,《民法典》《个人信息保护法》均对个人信息处理者保障个人信息安全的义务作出了规定。而在个人信息匿名化处理的情形下,相关个人信息与个人身份之间的关联性将被消除,其将成为无法识别个人身份的纯粹数据,在此情形下,无论该数据被以何种方式利用,都不会对个人的隐私、个人信息的保护产生影响。在这一意义上,个人信息的匿名化处理是提高数据流通、利用效率的重要方式。《数据二十条》也将个人信息匿名化处理作为个人信息利用中保障个人隐私与个人信息安全的重要举措,该意见第6条规定:"……创新技术手段,推动个人信息匿名化处理,保障使用个人信息数据时的信息安全和个人隐私。"当然,在个人信息匿名化处理的情形下,由于相关信息与个人身份之间的关联性被消除,相关信息的利用价值也会随之降低。例如,个人信息处理者在收集个人的购物网站浏览记录、上网IP地址后,可以对个人的消费喜好进行分析,并进行精准的广告投送,而在对个人的上述个人信息进行匿名化处理之后,个人信息处理者将无法分析特定个人的消费偏好,更无法进行精准广告投送等活动。

---

① 参见韩旭至:《大数据时代下匿名信息的法律规制》,载《大连理工大学学报(社会科学版)》2018年第4期,第73页。
② 参见王叶刚:《个人信息收集、利用行为合法性的判断——以〈民法总则〉第111条为中心》,载《甘肃社会科学》2018年第1期,第49页。
③ 参见岳林:《个人信息的身份识别标准》,载《上海大学学报(社会科学版)》2017年第6期,第28页。

二、个人信息的匿名化与相关概念

(一) 个人信息的匿名化与个人信息的去标识化

在明确个人信息匿名化处理的内涵时，需要将其与个人信息的去标识化处理作区分。所谓个人信息的去标识化，是指个人信息经过处理，使其在不借助额外信息的情况下无法识别特定自然人的过程（《个人信息保护法》第73条第3项）。换言之，个人信息的去标识化是通过技术手段去除个人信息中可以识别个人身份的相关要素，并搭建相关的防御机制，以防止该个人信息对个人身份的重新识别。[①] 从我国现行立法规定来看，《个人信息保护法》第73条在规定匿名化的概念时，同时规定了去标识化的概念。除《个人信息保护法》外，一些立法在规定个人信息的匿名化处理规则时，也同时规定了个人信息的去标识化处理，这表明个人信息的匿名化处理与去标识化处理并非同一概念。例如，国家互联网信息办公室、国家发展和改革委员会、工业和信息化部、公安部、交通运输部联合发布的《汽车数据安全管理若干规定（试行）》第6条规定："国家鼓励汽车数据依法合理有效利用，倡导汽车数据处理者在开展汽车数据处理活动中坚持：(一)车内处理原则，除非确有必要不向车外提供……(四)脱敏处理原则，尽可能进行匿名化、去标识化等处理。"该条在规定汽车数据的脱敏处理原则时，同时规定了汽车数据的匿名化处理与去标识化处理。又如，中国人民银行《关于发布金融行业标准做好个人金融信息保护技术管理工作的通知》（银发〔2020〕45号）第6.1.3条第f款规定："应将去标识化、匿名化后的数据与可用于恢复识别个人的信息采取逻辑隔离的方式进行存储，确保去标识化、匿名化后的信息与个人金融信息不被混用。"该通知第7.2.1条第e款规定："建立个人金融信息脱敏（如屏蔽、去标识、匿名化等）管理规范和制度，应明确不同敏感级别个人金融信息脱敏规则、脱敏方法和脱敏数据的使用限制。"该规定在规定个人金融信息的处理规则以及脱敏规则时，同样规定了金融信息的去标识化与匿名化处理。再如，国家发展改革委办公厅、中央网信办秘书局、工业和信息化部办公厅《关于做好引导和规范共享经济健康良性发展有关工作的通知》

[①] 参见蒋洁等：《个人信息去识别化的类型解构与治理方案》，载《图书与情报》2021年第3期，第81页。

(发改办高技〔2018〕586号)第8条规定:"保障个人信息安全。依法依规强化对平台企业收集、保存、使用、处理、共享、转让、公开披露、向境外提供个人信息等行为的监督,督促平台企业运用匿名化、去标识化等技术手段,提高个人信息保护水平,防止信息泄露、损毁和丢失。"该通知在规定平台企业保护个人信息的义务时,将督促平台企业运用匿名化、去标识化处理作为提高个人信息保护水平的两种技术手段。

从上述规定可以看出,个人信息的去标识化与匿名化是两个并列的概念,二者不能相互取代。此外,上述规范性文件将二者并列规定,也反映出二者之间存在密切关联性和相似性。从广义上看,个人信息的匿名化与个人信息的去标识化构成了个人信息去识别化的两种基本方式[1],并且无论是个人信息的匿名化处理还是去标识化处理,都会通过降低个人信息与个人身份之间的关联性,以减少个人信息流通、利用中的权益侵害风险,从而提高个人信息的利用效率。但个人信息的匿名化处理与去标识化处理并非同一概念,二者的区别主要体现为三点。

第一,二者在个人信息去识别化的程度不同。如前所述,个人信息匿名化处理与个人信息去标识化处理本质上都是个人信息去识别化的处理方式,但二者在个人信息去识别化的程度方面并不相同。依据《民法典》《个人信息保护法》等相关法律的规定,个人信息的匿名化处理将完全切除个人信息与个人身份的关联性,换言之,经过匿名化处理之后的个人信息将无法识别特定的个人,而且无法复原。而个人信息的去标识化只是将个人信息中能够识别个人身份的部分予以剔除,没有从根本上消除个人信息与个人身份之间的关联性。在这一意义上,个人信息匿名化处理对个人信息与个人身份之间关联性的降低程度要高于个人信息的去标识化。[2]

第二,二者对个人信息属性的影响不同。个人信息的匿名化处理与去标识化处理虽然都是个人信息的去识别化,但二者对个人信息的影响程度不同。依据《个人信息保护法》第4条的规定,个人信息是以电子或者其他方式记录的与已识别或者可识别的自然人有关的各种信息。个人信息必

---

[1] 参见蒋洁等:《个人信息去识别化的类型解构与治理方案》,载《图书与情报》2021年第3期,第80页。

[2] 参见袁纪辉:《有关个人信息处理技术概念的厘清——匿名化、去标识化、假名化、去识别化之辨》,载《保密工作》2021年第5期,第60页。

须对个人身份具有识别性,否则不属于个人信息。而个人信息的匿名化处理会彻底消除个人信息与个人身份之间的关联性,这会对被匿名化处理的个人信息的属性产生影响,即经过匿名化处理之后的个人信息,其对个人身份不再具有识别性,因此,其将转化为个人数据之外的其他数据,如企业数据或公共数据。也正是因为这一原因,《个人信息保护法》第4条在规定个人信息的概念时,明确将经过匿名化处理之后的信息排除在个人信息的范畴之外。而个人信息的去标识化处理只是消除个人信息与个人身份之间的部分关联,没有彻底消除个人信息与个人身份之间的关联性,因此,去标识化没有改变个人信息的本质属性,经过去标识化处理之后的个人信息在性质上仍然是个人信息,其仍然受到《民法典》《个人信息保护法》等法律中有关个人信息保护规则的保护。[①] 同时,从数据保护的角度看,经过去标识化处理的个人信息在性质上仍然属于个人数据,而非其他类型的数据。

第三,二者采取的方式不同。如前所述,个人信息的匿名化处理方式将消除个人信息与个人身份之间的关联性,因此,个人信息处理者在对个人信息进行匿名化处理时,需要彻底消除个人信息中的身份识别因素,从而保障经过匿名化处理的信息无法直接或者间接地识别个人身份。[②] 而个人信息的去标识化处理不需要彻底消除个人信息与个人身份之间的关联性,经过去标识化处理的个人信息,仍然可能通过与其他信息结合而识别个人的身份。例如,在对某份文书中的个人信息进行去标识化处理时,可能只是隐去其姓名、地址等直接识别个人身份的信息,但通过文书中的其他事实,仍有可能识别个人的身份。因此,在对个人信息的处理方式上,个人信息的匿名化处理与去标识化处理存在一定的区别。

当然,如果个人信息处理者对个人信息进行的去标识化程度较高,以至于相关的个人信息在经过去标识化处理之后无法识别个人身份,并且很难复原,在此情形下,其已经十分接近个人信息的匿名化处理方式。

[①] 参见庄媛媛、靳晨、何昊青:《多方计算特定应用场景的匿名化认定与建议》,载《信息安全研究》2021年第10期,第902页。

[②] 参见蔡蔚然:《去标识化个人信息分级处理的规则体系》,载《山东社会科学》2023年第2期,第185页。

（二）个人信息的匿名化与个人信息的假名化

所谓个人信息的假名化，是指通过其他标志替代个人信息中能够直接或者间接识别个人身份的相关符号，以实现无法识别个人身份或者增加识别个人身份困难的一种个人信息处理方式。例如，以其他标志替代个人信息中的个人姓名、身份证号码等直接识别个人身份的符号，就是典型的个人信息的假名化处理。从比较法来看，一些国家和地区的立法规定了个人信息的假名化处理规则。例如，GDPR 对个人信息的假名化处理规则作出了规定，该条例将个人信息的假名化处理称为"pseudonymisation"，该条例第 4 条第 5 款规定："'假名化'是一种处理个人数据的方式，即不使用额外信息便不能将个人数据归于某一特定数据主体，该处理方式需将额外信息分开存储，并施加技术和组织措施，以确保个人数据不属于已识别或可识别的自然人。"依据该规定，在对个人数据进行处理后，如果不使用额外信息将无法从处理后的信息中识别个人身份，该处理行为即成立假名化处理。此处的不使用额外信息对个人进行识别指的应当是直接识别。关于个人信息的匿名化处理，GDPR 在前言部分第 26 条对此作出了较为详细的规定："数据保护原则应适用于与已识别或可识别的自然人有关的任何信息。经过假名化处理的个人数据，如果可以通过使用附加信息来识别自然人，应被视为关于可识别自然人的信息。为了确定自然人是否可识别，应考虑到合理可能使用的所有手段，如由数据控制人或另一个人直接或间接识别自然人。为了确定是否是合理地可能用于识别自然人的手段，应考虑到所有客观因素，如识别的费用和所需的时间，同时考虑到处理时可用的技术和技术发展。因此，因此，数据保护原则不应适用于匿名信息，即与已识别或者可识别的自然人无关的信息，本条例不涉及处理此类匿名信息，包括用于统计或研究目的的匿名信息。"在个人信息经过假名化处理之后，不借助其他信息将不能识别出特定的个人，只要这些其他信息被采取技术措施或者其他措施单独保存，上述被处理的个人信息将无法识别出特定的个人。[①] 该条例起草者认为，个人信息的假名化处理有利于信息控制者和处理者履行其个人信息保护义务，并将其作为个人信息保护

[①] 参见 GDPR 第 4 条第 5 款。

的重要方式之一。① 又如，依据德国《联邦数据保护法》第 46 条第 5 款规定，在对个人数据时行假名化处理的情形下，不借助额外的信息，将无法从经过处理后的数据中识别特定的数据主体。我国现行立法并没有直接规定个人信息的假名化处理规则，但从前述个人信息假名化处理的概念可以看出，其本质上也是个人信息去识别化的一种方式，其目的在于降低个人信息流通、利用中的隐私、个人信息风险。有观点认为，个人信息的假名化处理与个人信息的去标识化处理具有相似性。此种观点具有合理性，笔者认为，不宜将个人信息的假名化处理等同于个人信息的去标识化处理，虽然二者内涵较为接近，但个人信息的去标识化处理在外延上更为宽泛，其应当可以涵盖个人信息的假名化处理，换言之，个人信息的假名化处理在性质上主要是个人信息去标识化的一种方式，即个人信息处理者通过假名化的方式实现个人信息的去标识化。

可见，个人信息的假名化处理作为个人信息去标识化的一种方式，不同于个人信息的匿名化处理，二者的区别主要体现为三点。

第一，二者对个人信息的处理方式不同。个人信息的匿名化处理是通过消除个人信息与个人身份之间关联性的方式，实现个人信息的匿名化，使其无法直接或者间接地识别个人的身份。而个人信息的假名化处理是通过其他符号代替个人信息中能够直接或者间接识别个人身份的符号，从而实现个人信息的去识别化。因此，个人信息的假名化不同于匿名化，其只是减少了个人信息与个人身份之间的关联性，没有完全消除该关联性。②

第二，经过处理的个人信息是否可以复原不同。依据《民法典》《个人信息保护法》等法律的规定，个人信息在经过匿名化处理之后，将转化为无法识别个人身份的非个人数据，并且此类数据将无法复原为个人信息，③ 否则不构成个人信息的匿名化处理。而个人信息的假名化处理只是通过其他符号代替个人信息中的相关身份识别符号，仍有可能被复原为完整的个人信息。例如，欧盟第 29 条数据保护工作组就指出，个人信息的

---

① 参见 GDPR 第 28 条。
② 参见庄媛媛、靳晨、何昊青：《多方计算特定应用场景的匿名化认定与建议》，载《信息安全研究》2021 年第 10 期，第 898～899 页。
③ 参见王利明：《数据何以确权》，载《法学研究》2023 年第 4 期，第 65 页。

假名化处理只是对信息主体身份进行伪装，个人信息在经过假名化处理之后，仍然可以被复原。①

第三，二者对个人信息属性的影响不同。如前所述，个人信息在经过匿名化处理之后，将转化为不具有身份识别特点的非个人数据，而不再属于个人信息，这实际上是对个人信息进行一种"降维"处理，在此情形下，相关数据的流通也不再受个人信息保护规则的调整。②例如，在此类数据遭受侵害后，仅个人信息处理者有权依法请求行为人承担侵害财产权益的民事责任，个人无权向行为人提出请求。而个人信息的假名化处理不同，由于个人信息的假名化处理只是用其他符号替换个人信息中能够识别个人身份的部分符号，因此，其仍然具有直接或者间接识别个人身份的可能性。③在这一意义上，经过假名化处理的个人信息在性质上仍然应当属于个人信息。同时，鉴于经过假名化处理的个人信息仍然属于个人信息，其仍然受到个人信息保护规则的调整。例如，经过假名化处理的个人信息在遭受侵害后，个人仍有权依法请求行为人承担侵害其个人信息的民事责任。

此外，个人信息在经过匿名化处理与假名化处理之后的流通风险也存在一定的区别，个人信息在经过匿名化处理之后，其与个人身份之间的关联性将被消除，其流通、利用中的隐私、个人信息风险也将不复存在，因此，其流通、利用中受到的限制相对较小。④而经过假名化处理的个人信息在性质上仍然是个人信息，其流通、利用过程中仍然存在侵害个人隐私、个人信息的风险，因此，其流通、利用仍应当遵循个人信息、隐私权等保护规则。例如，个人信息处理者在处理经过假名化处理的个人信息时，仍然需要依法对个人尽到告知义务，并需要依法取得个人的同意，否则仍可能构成对他人个人信息的侵害。

---

① Article 29 Working Party, Opinion 4/2007 on the Loncept of Personal Data (20 June 2007).

② 参见刘洪岩、唐林：《基于"可识别性"风险的个人信息法律分类——以欧美个人信息立法比较为视角》，载《上海政法学院学报（法治论丛）》2020年第5期，第40页。

③ 参见韩旭至：《大数据时代下匿名信息的法律规制》，载《大连理工大学学报（社会科学版）》2018年第4期，第73页。

④ 参见林洹民：《个人信息保护中知情同意原则的困境与出路》，载《北京航空航天大学学报（社会科学版）》2018年第3期，第19页。

三、我国现行立法中的个人信息匿名化处理规则

在互联网、大数据时代，随着个人信息利用方式的日益多样化，个人信息保护的必要性日益凸显，个人信息匿名化处理作为平衡个人信息保护与个人信息利用的重要机制，在保障个人信息安全方面具有重要意义，也正是因为这一原因，我国一些涉及个人信息保护的立法、部门规章以及部门工作文件对个人信息的匿名化处理规则作出了规定。

从立法层面看，较早规定个人信息匿名化处理规则的是《网络安全法》，该法第42条第1款规定："网络运营者不得泄露、篡改、毁损其收集的个人信息；未经被收集者同意，不得向他人提供个人信息。但是，经过处理无法识别特定个人且不能复原的除外。"依据该规定，网络运营者未经个人同意，不得擅自向他人提供个人信息，此处的向他人提供个人信息即个人信息共享。要求个人信息共享需经个人同意，有利于保障个人的信息自决权，但依据该条规定，如果个人信息经过处理，无法识别个人且不能复原，该共享行为不需要取得个人的同意。该条虽然没有使用个人信息匿名化处理这一表述，但规定的正是个人信息匿名化处理行为。关于个人信息的匿名化处理，《民法典》第1038条第1款规定："信息处理者不得泄露或者篡改其收集、存储的个人信息；未经自然人同意，不得向他人非法提供其个人信息，但是经过加工无法识别特定个人且不能复原的除外。"该条规定与《网络安全法》第42条的规定较为相似，只是扩大了其适用范围，即该条规定不仅适用于网络运营者，而且适用于其他个人信息处理者。与《网络安全法》第42条规定类似，该条虽然规定的是个人信息匿名化处理规则，但同样没有明确使用个人信息匿名化处理这一表述。而《个人信息保护法》明确使用了"匿名化处理"这一表述，该法第4条第1款规定："个人信息是以电子或者其他方式记录的与已识别或者可识别的自然人有关的各种信息，不包括匿名化处理后的信息。"该条在界定个人信息的内涵时，明确将经过匿名化处理后的信息排除在外，这符合个人信息匿名化处理的特征。同时，该法第73条第4项还明确界定了个人信息匿名化处理的概念，该项规定："匿名化，是指个人信息经过处理无法识别特定自然人且不能复原的过程。"该项关于个人信息匿名化处理的规定与前述《网络安全法》《民法典》的规定具有一致性。

除前述立法外，一些部门规章以及部门工作文件也对个人信息的匿名

化处理规则作出了规定。例如,《汽车数据安全管理若干规定（试行）》第3条第4款规定:"个人信息,是指以电子或者其他方式记录的与已识别或者可识别的车主、驾驶人、乘车人、车外人员等有关的各种信息,不包括匿名化处理后的信息。"该条在界定汽车数据领域个人信息的范围时,将经过匿名化处理后的信息排除在外,此种立场值得赞同。同时,该规定第8条第2款规定:"因保证行车安全需要,无法征得个人同意采集到车外个人信息且向车外提供的,应当进行匿名化处理,包括删除含有能够识别自然人的画面,或者对画面中的人脸信息等进行局部轮廓化处理等。"该条规定了车外个人信息的保护规则,在无法取得个人同意的情形下,将匿名化处理作为向他人提供此类信息的合法性前提。又如,中国人民银行《关于发布金融行业标准做好个人金融信息保护技术管理工作的通知》第3.23条专门规定了个人金融信息的匿名化处理规则,该条规定:"匿名化通过对个人金融信息的技术处理,使个人金融信息主体无法被识别,且处理后的信息不能被复原的过程。"该条的注1明确规定:"个人金融信息经匿名化处理后所得的信息不属于个人金融信息。"这与《民法典》《个人信息保护法》等法律的规定具有一致性。同时,该通知第6.1.3条第f款①、第6.1.4.5条第b款②、第7.2.1条第e款③等还规定了个人金融信息在经过匿名化处理之后的存储规则以及保护措施等内容。此外,《关于做好引导和规范共享经济健康良性发展有关工作的通知》也将匿名化处理作为平台企业提高个人信息保护水平、防止个人信息泄露的重要方式。④

从前述规定可以看出,我国现行立法关于个人信息匿名化处理的规定

---

① 该款规定:"应将去标识化、匿名化后的数据与可用于恢复识别个人的信息采取逻辑隔离的方式进行存储,确保去标识化、匿名化后的信息与个人金融信息不被混用。"

② 该款规定:"应对匿名化或去标识化处理的数据集或其他数据集汇聚后重新识别出个人金融信息主体的风险进行识别和评价,并对数据集采取相应的保护措施。"

③ 该款规定:"建立个人金融信息脱敏（如屏蔽、去标识、匿名化等）管理规范和制度,应明确不同敏感级别个人金融信息脱敏规则、脱敏方法和脱敏数据的使用限制。"

④ 该通知第8条规定:"保障个人信息安全。依法依规强化对平台企业收集、保存、使用、处理、共享、转让、公开披露、向境外提供个人信息等行为的监督,督促平台企业运用匿名化、去标识化等技术手段,提高个人信息保护水平,防止信息泄露、损毁和丢失。"

主要具有以下特征。

第一，无论是民事基本法层面，还是单行法以及其他效力层次的立法，大多对个人信息的匿名化处理规则作出了规定。个人信息匿名化处理可以消除个人信息与个人身份之间的关联性，使其转化为非个人数据。在经过匿名化处理之后，由于不具有身份识别性，即便该信息被共享或者被泄露，也不会影响个人隐私与个人信息的保护。因此，前述立法均对个人信息的匿名化处理规则作出了规定，并将其界定为一种提高个人信息保护水平的重要方式。需要指出的是，除《民法典》《个人信息保护法》等个人信息保护的基本法律之外，一些特殊领域的立法也关注了个人信息的匿名化处理问题。例如，对汽车领域的个人信息、个人金融信息的保护而言，前述立法均对相关个人信息的匿名化处理规则作出了规定，这也提高了个人信息保护的针对性。

第二，相关立法规定了个人信息匿名化处理的内涵。从前述立法规定来看，其在规定个人信息匿名化处理规则时，也大多规定了个人信息匿名化处理的内涵，即要实现个人信息的匿名化处理，需要做到如下两点：一是个人信息在经过匿名化处理之后无法识别特定的自然人。二是个人信息在经过匿名化处理之后不能复原。这既概括了个人信息匿名化处理的内涵，又明确了个人信息匿名化处理的标准。

第三，相关立法规定了个人信息匿名化处理的保障措施和处理规则。在经过匿名化处理之后，虽然个人信息无法识别出特定的自然人，但如果将该信息与其他信息结合，仍然存在识别出个人身份的可能，因此，相关的立法在规定个人信息匿名化处理规则之后，也相应地规定了对匿名处理之后的信息的识别风险进行评价的规则，并规定了相应的信息保护措施。同时，有些立法还规定了经过匿名化处理之后的信息的利用规则与保护规则。

第四，各个立法虽然都规定了个人信息的匿名化处理规则，但并没有规定个人信息匿名化处理的具体方式。从前述立法规定来看，个人信息匿名化处理需要做到经过处理的信息无法识别特定的自然人且不能复原，但在何种情形下可以认定相关的信息无法识别特定的自然人，如何认定相关的信息无法复原？前述立法对此未作出细化规定。此种做法具有其合理性，因为个人信息的匿名化处理具有很强的技术性特征，需要专门的技术规范予以规定，但相关立法在规定个人信息的匿名化处理规则时，也可以对个人信息匿名化处理的标准作出细化规定,以便为个人信息处理者实施个人信息匿名化处理行为提供一定的指引。

第二节 个人信息匿名化处理的标准

一、个人信息匿名化处理标准的域外法考察
(一)域外法上个人信息匿名化处理的主要标准

随着互联网、大数据分析技术的发展,个人信息保护成为世界各国普遍面临的重大课题。为应对个人信息保护的现实需要,许多国家和地区都制定了专门的个人信息保护法,不少国家和地区的个人信息保护立法也规定了个人信息的匿名化处理规则。从这些立法规定来看,关于个人信息匿名化处理的标准,主要有三种做法。

1. 无法直接识别个人标准

一些国家和地区的立法在规定个人信息的匿名化处理标准时采用了无法直接识别个人这一标准,即在对个人信息进行处理后,如果无法直接从处理后的信息中识别个人的身份,该个人信息处理行为即构成匿名化处理。例如,《美国统一个人数据保护法》将匿名化数据称为去识别数据(deidentified data)。依据该法第2条第5项规定,"去识别数据"是指已删除所有直接标识符的个人数据,并能合理确保未经允许或对信息无特殊访问权限的人无法通过该记录连接到特定的数据主体。从该规定可以看出,该法规定的匿名化数据并非限于完全无法识别个人身份的数据,部分可以识别个人身份的数据也属于匿名数据,其具体包括两大类:一是与其他数据结合能够识别个人身份的数据;二是经允许或者有特殊访问权限的人可以通过相关记录识别特定个人的数据。因此,该法规定的匿名数据主要是指无法直接识别个人身份的数据,其对个人信息匿名化处理标准采取的是无法直接识别个人标准。当然,该法采取的无法直接识别个人标准与前述 GDPR 采取的标准存在一定的区别,依据 GDPR 的规定,只有数据控制者与一般人均无法从数据中直接识别个人身份,相关的数据才属于匿名化数据;而依据《美国统一个人数据保护法》的规定,只要未经允许或者对信息无特殊访问权限的人无法从数据中识别个人身份,该数据就属于匿名化数据,数据处理者能够从数据中识别个人身份不影响其匿名化数据的属性。

2. 无法识别个人标准

一些国家的数据保护立法在规定个人信息匿名化处理的标准时采取了无法识别个人标准。所谓无法识别个人标准，是指无法从相关的信息中识别个人的身份。《意大利个人数据保护法》第4节第1款第n项规定："'匿名数据'是指任何数据，其来源或由于其已被处理不能与任何已识别或可识别的数据主体相关联。"该条在规定匿名数据的概念时，采取了无法识别个人的标准，即不能从相关的数据中识别个人的身份。从该条规定来看，其在规定匿名数据的概念时，没有强调相关数据是单独识别个人身份还是与其他数据结合识别个人身份，因此，可以认定只有无法直接识别且无法与其他数据相结合识别个人身份的数据才属于本条规定的匿名数据。

无法识别个人标准不同于前述无法直接识别个人标准，按照前述无法直接识别个人标准，相关的个人信息处理行为只要使主体无法从数据中直接识别个人的身份，就构成匿名化处理。而依据无法识别个人标准，相关数据要被认定为匿名数据，必须无法直接从该数据中识别个人身份，且无法将其他数据与该数据结合以识别个人的身份。

3. 无法识别个人且无法恢复标准

有的国家个人信息保护立法在规定个人信息匿名化处理规则时采取了无法识别个人且无法恢复的标准。例如，《日本个人信息保护法》将匿名化处理的个人信息称为"匿名加工信息"，该法第2条规定："……本法所称的'匿名加工信息'是指，针对下列各项规定的个人信息相应地采取同项规定的措施，从而为了无法识别特定个人而对个人信息进行加工后所得到的有关个人的信息中，通过处理使该个人信息无法恢复的部分：（一）第一款第一项规定的个人信息 删除该个人信息中所含有的部分记述等（包括以使该部分的记述等丧失有可能恢复的规律性的方式，将该部分记述等转换为其他记述等）（二）第一款第二项规定的个人信息 删除该个人信息中所含有的全部个人识别符号（包括以使该个人识别符号丧失有可能恢复的规律性的方式，将该个人识别符号转换为其他记述等）……"从该条规定来看，《日本个人信息保护法》对个人信息匿名化处理采取了无法识别个人且不能恢复的标准，此种标准一方面要求无法从匿名化处理之后的信息中识别个人的身份；另一方面要求经过匿名化处理之后的信息不能被恢复为个人信息。上述两个条件缺一不可。与前述标准相比，无法识别个人且无法恢复标准对个人信息匿名化处理的要求显然更高。

(二) 域外法上个人信息匿名化处理标准评述

从上述域外法上个人信息保护法的规定来看，其关于个人信息匿名化处理标准的规定主要具有三个特征。

第一，重视发挥个人信息匿名化处理规则在个人信息保护与促进个人信息利用中的作用。随着互联网和大数据分析技术的发展，个人信息保护已经成为全球性的重大课题，如何有效保护个人信息权益，成为各国普遍关心的议题。但个人信息保护法律制度的目标和价值是多元的，除保护个人信息外，也应当注重发挥个人信息的流通和利用价值。个人信息匿名化处理成为有效平衡二者之间关系的重要制度，也正是因为这一原因，尽管各国有关个人信息匿名化处理标准的规定存在一定的区别，相关标准宽严程度不同，但许多国家的个人信息保护法律制度都对个人信息匿名化处理规则作出了规定。

第二，个人信息匿名化处理没有统一的标准。从前述各国立法的规定来看，各国和各地区的个人信息的匿名化处理标准存在一定的差异，因此，个人信息匿名化处理标准不仅是技术层面的问题，还是立法政策层面的问题。个人信息匿名化处理有利于降低个人信息流通、利用中的权益侵害风险，有利于在保护个人信息权益的前提下促进个人信息的有效利用，但个人信息的匿名化处理也会在一定程度上降低个人信息的利用价值。因此，各国在设定个人信息匿名化处理的标准时，需要考虑如何在个人信息保护与促进个人信息利用方面作出具有倾向性的选择。例如，如果要强化个人信息保护，就应当对个人信息匿名化处理设定相对严格的标准，以尽可能降低个人信息流通、利用中的隐私与个人信息风险；相反，如果要强化个人信息价值的发挥，就可以设定相对宽松的个人信息匿名化处理标准，如采取前述无法直接识别个人标准，从而减少匿名化处理行为对个人信息利用价值的影响，以更好地发挥个人信息的利用价值。

第三，有些国家不仅规定了个人信息的匿名化处理标准，而且规定了匿名化处理之后的再识别限制规则。个人信息匿名化处理旨在消除信息与个人身份之间的关联性，因此，在个人信息被匿名化处理之后，其对个人身份的识别性将会极大地降低甚至完全消灭。但随着技术的发展，匿名化信息仍有再次识别个人身份的可能，为此，有些国家的立法规定了个人信息在被匿名化处理之后的再识别限制规则。例如，《美国统一个人数据保护法》第9条第b款规定："通过再识别（reidentifying）或者导致假名数据或去识别数据（pseudonymized or deidentified data）重新可识别

(reidentification)的方式，收集或者创造个人数据的，构成禁止的数据实践。但是，以下情形属于例外：（1）再识别是由以前实施了假名化或者去识别化的控制者或处理者实施的；（2）数据主体希望通过控制者实施再识别技术使其个人数据处于可识别状态加以保存的；（3）再识别的目的是评估去识别化数据的隐私风险，而且除了向去识别化数据的控制者或处理者展示隐私的脆弱性以外，实施再识别技术的主体没有以其他方式使用或者公开再识别的个人数据的。"依据该规定，除上述例外情形外，相关主体限制对匿名化处理之后的信息实施再识别行为，以更好地维持其匿名化状态，其根本目的在于减少匿名化信息处理过程中的隐私暴露等风险。

二、我国法上的个人信息匿名化处理标准

（一）我国法上个人信息匿名化处理标准的界定

我国现行立法对个人信息的匿名化处理标准作出了规定，并且从前述《网络安全法》第 42 条第 1 款、《民法典》第 1038 条第 1 款以及《个人信息保护法》第 73 条第 4 项的规定来看[①]，其关于个人信息匿名化处理的标准具有一致性，即要实现个人信息的匿名化处理，需要同时满足如下两方面条件：一是个人信息经过处理无法识别特定自然人；二是个人信息经过处理不能复原。以下作具体探讨。

1. 个人信息经过处理无法识别特定的自然人

个人信息经过处理无法识别特定的自然人是指个人信息处理者在对相关的个人信息进行匿名化处理之后，将无法从处理后匿名信息中识别特定自然人的身份。在判断是否能从匿名信息中识别特定的自然人时，需要明确识别的依据以及识别的主体。

---

① 一些团体也对个人信息的匿名化作出了规定，例如，中国科学技术法学会、北京大学互联网法律中心于 2014 年共同发布了《互联网企业个人信息保护测评标准》，该标准第 4 条规定："个人信息是指能够切实可行地单独或通过与其他信息结合识别特定用户身份的信息或信息集合，如姓名、出生日期、身份证件号码、住址、电话号码、账号、密码等。本标准不适用于经不可逆的匿名化或去身份化处理，使信息或信息集合无法合理识别特定用户身份的信息。"该条将经过不可逆的匿名化处理的信息排除出个人信息的范畴，此处的"不可逆的"标准与《民法典》《个人信息保护法》中的"不能复原"标准具有相似性。

所谓识别依据，是指基于何种信息判断能否识别特定的自然人。从前述域外法的规定来看，在个人信息匿名化处理的情形下，存在无法直接识别特定个人标准与无法识别特定个人标准之分，前者是指无法仅基于处理后的信息识别特定的自然人，而后者不仅指仅基于处理后的信息识别个人身份，还包括无法从处理后的信息与其他数据的结合中识别特定的自然人。相较而言，无法识别特定个人标准确定的个人信息匿名化处理标准更高。无法直接识别特定个人标准与我国法上的个人信息去标识化概念类似。对于个人信息匿名化处理的识别依据，我国《民法典》《个人信息保护法》并未作出明确规定，从文义上应当认定，在个人信息经过匿名化处理之后，不仅无法从处理后的信息中直接识别特定的自然人，也无法将处理后的信息与其他数据结合，并从中识别特定的自然人。此种解释方案类似于前述域外法的无法识别特定个人标准。需要指出的是，个人信息在经过匿名化处理之后，如果与其他的去标识化个人信息甚至是未去标识化的个人信息结合，仍可以从中识别特定的自然人，不宜据此否定相关的个人信息处理行为构成匿名化处理，因此，应当将此处"与处理后的信息结合"的信息限定为非个人信息，如经过匿名化处理后的信息以及其他非个人数据等。

所谓识别主体，是指由哪些主体从匿名信息中识别出特定的自然人。如前所述，在个人信息经过匿名化处理之后，究竟依据何种主体标准判断相关信息对个人身份的识别性，存在不同的做法。有的国家采用一般人的标准，即按照社会一般人的标准判断相关的信息对个人身份是否具有识别性；有的国家将个人信息处理者纳入此处的主体范围，要求只有个人信息处理者也无法从相关的信息中识别个人的身份，才能将其纳入匿名化信息的范畴。从我国《民法典》《个人信息保护法》的上述规定来看，其只是规定了无法识别特定的自然人，没有规定识别主体。笔者认为，由于《民法典》《个人信息保护法》没有对识别主体作出限定，没有将个人信息处理者排除在识别主体之外，在解释上应当认定，此处的识别主体同时包含个人信息处理者及其他主体，即只有所有主体均无法从处理之后的信息中识别出特定的自然人，才能认定构成匿名化处理。

2. 个人信息经过处理不能复原

从《民法典》《个人信息保护法》的规定来看，个人信息匿名化处理的成立要求个人信息在被处理后不能复原。所谓不能复原，是指不能通过技术等手段将被匿名化处理后的信息恢复为个人信息。与前述个人信息经过处理不能识别特定自然人类似,关于个人信息匿名化处理中的"不能复原"的理解,同样需要明确复原主体、复原方法等问题。

所谓复原主体,是指哪些主体可以将匿名信息复原为个人信息。关于匿名信息的复原主体,《民法典》与《个人信息保护法》均未对此作出明确规定。但从《民法典》与《个人信息保护法》的规定来看,其在规定个人信息的匿名化处理规则时,侧重于强调个人信息在经过处理后不能复原,而没有明确限定哪些主体不能将匿名信息复原,这意味着,只要任何主体可以将匿名信息复原,就不属于上述规则规定的"不能复原",因此,在解释上应当将个人信息处理者以及社会一般人都纳入复原主体的范围。具体而言:一是个人信息处理者。此处的个人信息处理者既包括对个人信息进行匿名化处理的个人信息处理者,又包括其他专门从事个人信息处理行为的个人信息处理者。个人信息在经过匿名化处理之后,其能够识别个人身份的符号已经被剔除,因此,即便是实施匿名化处理的个人信息处理者,也难以将相关的匿名信息予以复原,否则,就不构成我国立法规定的个人信息匿名化处理。二是社会一般人。除个人信息处理者外,社会一般人也应当无法将匿名信息复原为个人信息,否则相关的个人信息处理行为不构成匿名化处理。在此需要探讨的是,除个人信息处理者与社会一般人外,一些极端情形下的主体是否属于此处的复原主体?例如,行为人恶意复原他人的个人信息,如行为人通过不断收集他人已公开的个人信息以及其他数据,并借助各种技术手段,力图将匿名信息复原为个人信息。此种情形下的行为人是否属于复原主体?笔者认为,从《民法典》《个人信息保护法》的规定来看,其只是规定匿名信息不能复原,没有对复原主体作出限制,这意味着,即便是上述极端情形下的恶意复原者,也应当纳入复原主体的范围。可见,现行立法对"不能复原"作出过于抽象的规定,实际上加重了个人信息处理者实施个人信息匿名化处理行为时的义务。

所谓复原方法,是指相关主体将匿名信息复原为个人信息的具体方式。对于匿名信息的复原方法,我国现行立法没有作出具体规定。从《民法典》与《个人信息保护法》的规定来看,其没有对个人信息复原的方法作出限定,这意味着,要认定匿名信息不可复原,就必须穷尽一切可能的方法和技术手段,换言之,即便对于极端的再识别行为,只要能够借助特定的技术手段将匿名信息予以复原,也应当认定相关信息具有可复原性,

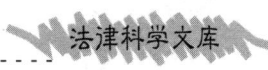

进一步而言，这意味着相关的信息处理行为难以构成个人信息匿名化处理行为。可见，我国《民法典》《个人信息保护法》有关个人信息匿名化处理条件的规定较为严格，要成立匿名化处理较为困难。笔者认为，为了缓和个人信息匿名化处理行为成立条件的严苛性，可以考虑借鉴前述 GDPR 前言第 26 条关于假名信息对个人身份识别性的规则，依据该条规定，在判断假名信息是否可以识别个人身份时，应当考虑可能使用的各种合理手段，当然，在判断相关手段是否合理时，应当考虑所有客观的因素，如识别的费用、识别需要的时间、技术发展状况等。在判断匿名信息是否可以复原时，也应当考虑匿名信息复原为个人信息需要花费的费用和时间，以及需要借助的技术手段等，而不能将穷尽一切可能作为判断匿名信息不可复原的条件。

在此需要探讨的是，个人信息匿名化处理中的"不能复原"究竟是指不能将匿名化信息恢复为原个人信息？还是指不能将匿名化信息恢复为个人信息？《民法典》《个人信息保护法》并未对此作出细化规定。匿名化处理是将个人信息中能够识别个人身份的符号予以剔除，从而使其成为无法识别个人身份的信息。在复原匿名化信息的过程中，个人信息处理者可能只是恢复部分可以识别个人身份的符号，从而使其具有识别个人身份的功能，而非恢复所有的身份识别符号，此种情形是否构成匿名化信息的复原？从《民法典》第 1038 条第 1 款与《个人信息保护法》第 73 条第 4 项规定来看，构成个人信息匿名化处理要求被处理的信息不能"复原"，从文义上看，此处的"复原"似乎是指将匿名信息完全恢复为原个人信息，但笔者认为，不应对此处的"复原"作此种狭义的解释，而应当将其解释为，只要能够将匿名化信息恢复为个人信息，就可认定其构成个人信息的"复原"，主要理由在于：一方面，此种解释方案没有超出《民法典》第 1038 条第 1 款与《个人信息保护法》第 73 条第 4 项的文义范围，上述规定中的"复原"既可以解释为将匿名化信息恢复为原个人信息，又可以解释为将匿名化信息恢复为个人信息，二者均在"复原"的文义范畴之内。另一方面，从匿名化处理的功能来看，其是将个人信息处理为无法直接或者间接识别特定自然人的非个人数据，消除身份识别性是个人信息匿名化处理的核心功能，因此，一旦突破该功能，将匿名化信息恢复为具有身份识别特点的个人信息，就应当构成对匿名化信息的"复原"。据此，应当将个人信息匿名化处理中的"不能复原"解释为不能将匿名化信息恢复为个人信息。

（二）我国法上个人信息匿名化处理标准评述

个人信息匿名化处理作为一种特殊的个人信息处理方法，其在保障个人信息安全、促进信息数据流通方面发挥着重要的作用。个人信息匿名化处理标准的设定需要考虑个人信息安全保障与发挥个人信息价值之间关系的平衡：一方面，如果个人信息匿名化处理要侧重于保障个人信息安全，应当对个人信息匿名处理设置较高的标准，以尽量减少相关信息后续流通、利用中的隐私与个人信息风险。另一方面，如果个人信息匿名化处理要侧重于发挥个人信息的利用价值，应对个人信息匿名化处理设置相对低的标准，以减少匿名化处理对个人信息利用价值的影响。从前述立法规定可以看出，我国现行法的个人信息匿名化处理标准主要具有三个特征。

第一，为个人信息匿名化处理设置了较高的标准，突出强化对个人信息安全的保障。如前所述，从域外法的规定来看，个人信息的匿名化处理存在无法直接识别特定个人、无法识别个人以及无法识别个人且难以复原等多种标准，各种标准的宽严程度存在一定的区别，这也反映出各国或者地区在平衡个人信息保护与个人信息利用之间关系方面的不同政策选择。从我国《民法典》以及《个人信息保护法》有关个人信息匿名化处理的规则来看，我国在个人信息匿名化处理标准方面采取了较为严格的标准，即个人信息在经过匿名化处理之后无法识别特定自然人且不能复原，此种严格的匿名化处理标准有利于强化对个人信息的保护，有利于消除个人信息流通、利用中的隐私风险，凸显了个人信息安全价值，此种基本立场值得赞同。

但也应当看到，将个人信息匿名化处理的标准规定得过于严格，可能影响个人信息的有效利用，个人信息具有经济价值的主要原因是其具有身份识别性，对个人信息匿名化处理的标准设置过于严格，可能使得匿名化处理之后的信息的价值严重降低[①]，甚至失去经济效用。例如，在对平台用户的个人信息进行匿名化处理之后，其可能成为一些统计或者研究数据，经济利用价值会严重降低。还应当看到，对个人信息匿名化处理设置较为严格的标准，可能使得个人信息处理者难以真正达到匿名化处理的要

[①] 参见程啸：《个人信息保护法理解与适用》，中国法制出版社2021年版，第552页。

第五章 个人信息匿名化处理与个人信息处理行为的合法性

求，例如，个人信息处理者对个人信息的处理很难完全做到无法识别特定自然人，或者难以真正做到无法复原，在此情形下，个人信息处理者可能需要为个人信息匿名化处理付出巨大的成本，或者不选择对个人信息进行匿名化处理，这将导致个人信息匿名化处理的规则在一定程度上沦为具文，难以发挥其保障个人信息安全、促进信息流通与利用的制度功能。

第二，个人信息匿名化处理的标准较为抽象，缺乏相对具体的判断标准。我国《民法典》《个人信息保护法》等立法虽然对个人信息匿名化处理规则作出了规定，明确了个人信息匿名化处理的判断标准，但从现行立法规定来看，其对个人信息匿名化处理标准的规定较为抽象和概括。例如，如何判断个人信息在经过处理之后无法识别特定的自然人，何为个人信息的复原，如何认定相关的个人信息在经过处理之后无法复原，等等，现行立法均未作出明确规定。按照立法者的解释，《民法典》第1038条第1款虽然规定了个人信息匿名化处理规则，但未对个人信息匿名化处理的规则作出细化规定，主要原因在于，《民法典》是民事基本法，不宜对个人信息匿名化的标准"无法识别特定个人且不能复原"作出具体规定，应留给将来的特别法予以规定。① 如前所述，从文义上对《民法典》《个人信息保护法》的上述规定进行解释，可能导致个人信息匿名化处理标准过高，进而影响个人信息有效利用。将来立法或者司法解释可以考虑对个人信息匿名化处理的标准作出细化规定；同时，可以尽可能兼顾个人信息利用的价值，在一定程度上缓和目前个人信息匿名化处理标准的严格性。

第三，缺乏相应的风险控制规则。个人信息匿名化处理本身是个人信息利用过程中的重要的隐私、个人信息风险控制规则，风险控制不仅是个人匿名化处理的主要目的，其也应当贯穿个人信息匿名化处理的过程，以及匿名化信息的后续利用进程。这也使得个人信息的匿名化处理在客观上需要相关的风险控制规则予以保障。例如，在个人信息匿名化处理过程中，个人信息处理者应当对个人信息中的身份识别符号予以判断，确定其识别个人身份的风险；同时，其应当对个人信息匿名化的结果进行评估，以综合评估其对个人身份的识别风险。在个人信息匿名化处理之后，匿名信息利用中的风险主要是再识别风险。正如有学者所指出的，匿名信息仍

---

① 参见黄薇主编：《中华人民共和国民法典人格权编解读》，中国法制出版社2020年版，第227页。

然存在重新识别的风险，匿名信息重新识别的可能性取决于行为人采取的识别工具以及其所采用的数据集。① 因此，个人信息处理者在对个人信息进行匿名化处理之后，对匿名信息的再识别风险应当负有持续监控与评估的义务。可见，个人信息匿名化处理能否发挥其制度功能，不仅涉及技术层面的问题，还涉及立法政策与法律制度的配套问题。有观点认为，个人信息匿名化处理的关键不在于信息处理在技术上能否实现完美的匿名化，而在于如何通过制度设计杜绝匿名信息的再识别行为。② 此种观点具有一定的合理性。但从我国现行立法规定来看，无论是《民法典》还是《个人信息保护法》，都只是简单地规定了个人信息匿名化处理的规则，没有规定相应的个人信息匿名化处理的风险控制配套规则，尤其是个人信息匿名化处理之后的再识别限制规则，这在一定程度上影响了个人信息匿名化处理规则作用的发挥。

第三节　个人信息匿名化处理在个人信息处理合法性中的功能定位

一、个人信息匿名化处理作为个人信息处理的合法性事由

（一）个人信息匿名化处理应为独立的个人信息处理的合法性事由

如前所述，我国《个人信息保护法》第4条第2款在列举个人信息处理行为的类型时，虽然没有明确将个人信息的匿名化处理纳入其中，但该款采用了"等"这一兜底性规定，保持了个人信息处理行为类型的开放性，可以涵盖个人信息匿名化处理行为。因为个人信息匿名化处理行为是专门针对个人信息实施的处理行为，将其解释为个人信息处理行为，符合匿名化处理行为的特征。既然个人信息匿名化处理行为属于个人信息处理行为，那么其就应当遵循各项个人信息处理规则，其中当然包括《个人信

---

① Arvind Narayancn, Joanna Huey, Edward W. Felten, *A Precautionary Approach to Big Data Privacy Data Protection on the Moue：Carrent Developments in ICT and Privacy/Data Protection*，Springer Metler Cands，2016，pp. 357 - 385.

② 参见张新宝：《我国个人信息保护法立法主要矛盾研讨》，载《吉林大学社会科学学报》2018年5期，第55页。

息保护法》第 13 条规定的个人信息依法处理的规则,① 依据该条规定,个人信息的处理需要具备法定事由,除取得个人同意外,个人信息的依法处理需要具有其他法定事由,如为订立、履行个人作为一方当事人的合同所必需,或者为履行法定职责或者法定义务所必需,等等。在符合法律规定的上述情形时,个人信息处理者当然可以依法对个人信息进行匿名化处理。例如,在取得个人同意的情形下,个人信息处理者可基于个人同意对个人信息进行匿名化处理。又如,在为履行法定职责或者法定义务所必需的情形下,行政机关可以对其收集的相关个人信息进行匿名化处理,在此情形下,行政机关对个人信息进行匿名化处理是基于法律规定,不需要取得个人的同意。

但问题在于,如果不符合《个人信息保护法》第 13 条第 1 款第 1 项至第 6 项规定的各种典型情形,个人信息处理者能否对个人信息进行匿名化处理?换言之,个人信息的匿名化处理是否为独立的依法处理个人信息的事由?在不经过个人同意的情形下,个人信息处理者能否对个人信息进行匿名化处理?

从《个人信息保护法》第 13 条第 1 款规定来看,其并没有将个人信息匿名化处理明确规定为依法处理个人信息的事由,从该款第 7 项规定来看,在"法律、行政法规规定的其他情形"下,个人信息处理者可以依法处理个人信息。而从《个人信息保护法》的规定来看,其仅在界定个人信息的内涵(第 4 条第 1 款)以及规定匿名化的概念(第 73 条第 4 项)时,提及个人信息的匿名化处理,但没有将其规定为依法处理个人信息的事由。从《民法典》的规定来看,其涉及个人信息匿名化处理的规则是第 1038 条第 1 款,该款规定:"信息处理者不得泄露或者篡改其收集、存储的个人信息;未经自然人同意,不得向他人非法提供其个人信息,但是经过加工无法识别特定个人且不能复原的除外。"该款有关个人信息匿名化处理的规定仅涉及个人信息处理者向他人提供个

---

① 在此需要区分个人信息的匿名化处理行为与对匿名化处理之后的信息的处理行为,前者在性质上属于个人信息处理行为,而后者正如前文所述,个人信息在经过匿名化处理之后将转化为非个人数据,从而不再属于个人信息,因此,对此类信息或者数据的处理在性质上不再属于个人信息处理行为,当然无须遵循法律规定的各项个人信息处理规则。

信息的情形，即个人信息处理者未经个人同意不得擅自向他人提供个人信息，但对于经过匿名化处理的个人信息，个人信息处理者可以在未经个人同意的情形下向他人提供。可见，该款规定的是经匿名化处理之后的信息的共享问题，不涉及个人信息匿名化处理行为本身，因此，《民法典》第1038条第1款规定不属于《个人信息保护法》第13条第1款第7项规定的"法律、行政法规规定的其他情形"。除《民法典》《个人信息保护法》之外，其他法律有关个人信息匿名化处理的规则大多将个人信息匿名化处理界定为提高个人信息保护水平、减少个人信息处理中的隐私风险的一项措施，没有专门将个人信息匿名化处理规定为依法处理个人信息的事由。

因此，从解释论的层面看，我国现行立法没有将个人信息的匿名化处理规定为独立的依法处理个人信息的事由，但从理论上看，应当将匿名化处理界定为依法处理个人信息的事由，因为从《民法典》第1036条与《个人信息保护法》第13条的规定来看，个人信息处理的合法性基础主要体现为两个方面：一是保障个人信息自决权的实现；二是实现公共利益等其他利益。前者如基于个人同意处理其个人信息以及依法处理已公开的个人信息等，后者如为应对突发公共卫生事件所必需，或者紧急情况下为保护自然人的生命健康和财产安全所必需，或者为公共利益实施新闻报道、舆论监督等而处理个人信息等。基于此，应当认定个人信息的匿名化处理为独立的依法处理个人信息的事由，主要理由有两个方面。

一方面，承认个人信息匿名化处理为独立的依法处理个人信息的事由，不会不当影响个人信息自决权的实现。在处理个人信息的情形下，要求原则上应当取得个人同意，从根本上是为了保障个人信息自决权的实现，但最为重要的功能在于使个人能够了解并控制其个人信息被处理中的风险，此种风险主要体现为两个方面：一是个人信息处理过程中的风险，即个人信息被加工、共享中可能发生的风险；二是个人信息处理之后的风险，即个人信息被处理后可能存在的风险。上述风险产生的根本原因在于个人信息对个人身份的识别性，即只有个人信息能够识别特定的自然人，才能产生相应的隐私、个人信息风险。而在个人信息匿名化处理的情形下，个人信息与个人身份之间的关联性将被消除，因此，无论是在个人信息匿名化处理过程中,①还是匿名化处理之后,原则上都不会产生上述个人信息、隐私风险,当然也不会影响个人自决权的实现。

另一方面,将个人信息匿名化处理认定为独立的依法处理个人信息的事由,有利于信息的流通与利用。从《个人信息保护法》第1条规定来看,个人信息保护法的主要功能既在于保护个人信息权益,又在于促进个人信息合理利用。因此,促进个人信息的流通与利用是个人信息保护法的重要目标与价值,其应当贯穿于个人信息保护法律制度的始终。事实上,从《个人信息保护法》第13条关于个人信息依法处理事由的规定来看,其在保障个人信息权益的同时,也注重实现个人信息的流通与利用。例如,就已公开个人信息的处理而言,该条规定个人信息处理者处理此类个人信息不需要取得个人的同意,目的就在于促进个人信息的流通与利用;同时该法第27条规定,个人信息处理者应当在合理范围内处理已公开的个人信息,在个人明确拒绝的情形下,不得处理此类个人信息,这实际上是兼顾了个人信息权益的保护。

就个人信息匿名化处理而言,将其认定为依法处理个人信息的事由,可以有效兼顾个人信息的利用与保护问题,因为个人信息匿名化处理可以消除个人信息与个人身份的关联性,从而消除此类信息在流通、利用中的隐私与个人信息风险,这显然有利于个人信息权益的保护。正如学者指出的,个人信息的身份识别特征对于任何一项隐私制度都至关重要,因为个人信息的身份识别性会触发相关的法律保护机制,换言之,如果相关的信息属于个人信息,其就会受到法律保护;如果不属于个人信息,毫无疑问无法获得法律保护。②同时,借助个人信息匿名化处理,个人信息的再次利用将不再需要取得个人的同意,这将极大地促进此类信息的流通和利用,可以更好地实现《个人信息保护法》促进个人信息合理利用的价值目标。相反,如果否定个人信息的匿名化处理为独立的依法处理个人信息的

---

① 当然,如果个人信息处理者在对个人信息进行匿名化处理的过程中不当泄露相关的个人信息,或者不当实施其他个人信息处理行为,也应当依法构成对他人个人信息等权益的侵害。

② Paul M. Schwartz、Daniel J. Solove "Reconciling Personal Information in the United States and European Union",*California Law Review*,Vol. 102,Issue 4 (2014),p. 879. 当然,此种观点过于绝对,因为即便相关信息不属于个人信息,其仍然属于数据,非个人数据也应当依法受到法律保护。

事由，个人信息处理者在对个人信息进行匿名化处理时，原则上都需要取得个人的同意，这不仅会极大地增加个人信息处理者处理个人信息的成本，还会不当影响个人信息的有效利用。例如，平台之间进行数据共享时，平台相互之间可能不需要共享具有身份识别特征的个人信息，只需要共享某一用户群体的整体而非个人数据，在此情形下，共享一方实施数据共享之前，可能需要对相关的个人信息进行匿名化处理，而平台的用户数量可能是海量的，如果要求共享方进行个人信息匿名化处理之前取得每一个用户的同意，势必导致相关的个人信息匿名化处理难以实现，最终导致平台间的相关数据共享难以实现。事实上，此种情形下的平台数据共享不会不当影响个人隐私权、个人信息的保护。

个人信息匿名化处理作为保障个人信息处理合法性的重要事由，在许多场景下，对于个人信息的依法、合规处理都具有重要意义。例如，某跨国公司计划将其在中国收集的用户数据移转到境外的数据处理中心，以便更好地制定商业规划，这就涉及个人信息的跨境提供，而我国《个人信息保护法》对个人信息跨境提供规定了较为严格的条件，该法第39条规定："个人信息处理者向中华人民共和国境外提供个人信息的，应当向个人告知境外接收方的名称或者姓名、联系方式、处理目的、处理方式、个人信息的种类以及个人向境外接收方行使本法规定权利的方式和程序等事项，并取得个人的单独同意。"依据该规定，个人信息处理者向境外提供个人信息的，除应当向个人尽到告知义务外，还应当取得个人的单独同意。如果需要跨境提供的数据涉及海量的个人用户，那么个人信息处理者需要单独取得每一个用户的同意，这将极大地增加个人信息跨境提供的成本，也会影响个人信息跨境提供的效率。如果该跨国公司跨境提供相关的数据不是为了分析每个用户的消费习惯，而是为了对所有用户的整体交易情况进行分析，其就可以考虑对相关的个人信息进行匿名化处理。匿名化处理之后，向境外提供非个人数据无须满足《个人信息保护法》规定的个人信息跨境提供的条件。

（二）匿名化处理作为处理个人信息合法性事由的体系效应

如前所述，我国《民法典》《个人信息保护法》没有明确将个人信息匿名化处理作为依法处理个人信息的事由，在将匿名化处理作为处理个人信息的合法性事由之后，将产生以下体系效应。

第一，个人信息匿名化处理应当属于法定的处理个人信息的合法性事由，个人信息处理者对个人信息进行匿名化处理不需要取得个人的同意。我国《民法典》与《个人信息保护法》在规定依法处理个人信息的事由时，均规定了个人同意及其他合法性事由，其他合法性事由与个人同意并列，因而个人信息处理者在基于其他合法性事由处理个人信息时，不需要取得个人的同意。就个人信息匿名化处理而言，在将其认定为处理个人信息的合法性事由时，其在性质上应当属于法定的处理个人信息的合法性事由，换言之，个人信息处理者在对个人信息进行匿名化处理时，不需要取得个人的同意。

第二，个人信息的匿名化处理作为依法处理个人信息的事由，其合法性的作用范围应当仅限于匿名化处理行为本身，不包括个人信息的收集和匿名信息的后续利用与管理行为。与其他处理个人信息的合法性事由类似，个人信息匿名化处理的合法性作用范围仅限于个人信息匿名化处理行为，无法调整个人信息的收集问题。从我国《民法典》第 111 条的规定来看，个人信息收集行为应当具有合法性，即个人信息的收集行为不得损害个人的隐私权、个人信息及其他合法权益。而个人信息的匿名化处理是在个人信息被收集之后，为了保障个人信息数据的利用，由个人信息处理者对个人信息进行集中分析并去除相关的身份信息。在个人信息收集阶段，如何保障个人的隐私权、个人信息等权益不受侵害，个人信息处理者在收集个人信息后，进行匿名化处理之前，如何控制相关的隐私风险？这些问题，个人信息的匿名化处理均无法解决。因此，个人信息的匿名化处理只能部分解决个人信息处理、利用行为的合法性问题，作用范围仅限于匿名化处理行为本身。同时，在个人信息对相关信息进行匿名化处理之后，如果其对个人信息进行复原，或者为其他实施个人信息复原行为的主体提供识别个人身份的符号信息等，就可能构成对他人个人信息权益的侵害，在此情形下，个人信息处理者不得以其对个人信息实施了匿名化处理为由主张其行为具有合法性。此外，正如前文所述，个人信息处理者在对个人信息进行匿名化处理之后，其对匿名信息还应当尽到一定的管理和风险控制义务，以防止匿名信息被复原为个人信息。

第三，匿名化信息的再次利用问题。对于《民法典》第 1036 条与《个人信息保护法》第 13 条所规定的依法处理个人信息的事由而言，个人信息处理者在基于此类事由处理个人信息之后，通常并不会改变相关个人信息的属性，即被处理之后个人信息在性质上通常仍属于个人信息，在此情形下，个人信息处理者要再次实施处理行为的，除依法不需要个人同意的情形外，个人信息处理者仍应当依法取得个人的同意。例如，个人信息处理者在取得个人同意的前提下对个人信息进行加工的，虽然该加工行为具有合法性，但个人信息处理者要继续使用该加工后的个人信息，或者向他人提供该加工后的个人信息的，该行为同样属于个人信息处理行为，个人信息处理者原则上仍应当依法取得个人的同意，否则将构成对他人个人信息的侵害。而就个人信息匿名化处理行为而言，个人信息在被匿名化处理之后，将转化为不具有身份识别特点的信息，其在性质上不再属于个人信息，因此，个人信息处理者再次利用该匿名信息的，不需要遵循个人信息保护的相关规则。正如有学者指出，个人信息处理者对个人信息进行匿名化处理之后，个人信息与个人身份之间的关联性将被消除，此时，数据处理者将对该处理后的数据享有更广泛的权利。[①] 例如，个人信息处理者对个人信息进行匿名化处理之后，如果其对该匿名信息进行二次加工，或者向其他个人信息处理者提供该匿名信息的，不需要取得个人的同意。

二、个人信息处理者原则上不负有对个人信息进行匿名化处理的义务

在将个人信息匿名化处理作为处理个人信息的合法性事由之后，仍需要进一步探讨的是，为了保障其个人信息处理行为的合法性，个人信息处理者是否负有对其持有的个人信息进行匿名化处理的义务？从域外法的规定来看，一些国家的立法对个人信息处理者匿名化处理个人信息的义务作出了规定。例如，《韩国个人信息保护法》第3条第7款规定："当个人信息处理者对个人信息可以进行匿名或化名处理时，若可以进行匿名处理，需进行匿名处理；若无法通过匿名处理达到相关目的，可以用化名处理（修订于2020.2.4.）。"依据该规定，个人信息处理者如果能够对个人信息进行匿名化处理，就负有匿名化处理的义务。我国《民法典》与《个人信息保护法》仅对个人信息匿名化处理规则作出了概括性规定，没有规定个人信息处理者的匿名化处理义务。有学者主张，个人信息的去身份化处理通过去除或者改变个人身份信息，有利于个人信息的流通与利用，并认

[①] 参见王利明：《迈进数字时代的民法》，载《比较法研究》2022年第4期，第26页。

为个人信息的去身份化是信息有序流通的需要,也是信息再利用的前提。[1] 有学者在论证企业数据的保护问题时,主张企业在处分企业数据时负有对个人信息进行匿名化处理的义务。[2] 按照此种观点,企业数据中不能包含个人信息。由于企业数据中包含大量的个人数据,只有对个人信息进行脱敏化处理,将其转化为个人数据后,才能将其纳入企业数据的范畴。企业不能自由处分个人信息,应当对其进行匿名化处理。

笔者认为,上述观点值得商榷:一方面,此种观点对企业数据的理解过于狭窄,企业数据有广义与狭义之分,狭义的企业数据仅指纯粹的不包含个人数据与公共数据的数据,而广义上的企业数据可能同时包含狭义企业数据、个人数据与公共数据。在此种意义上理解,企业数据中当然可以包含个人信息。另一方面,个人数据是从数据法角度对个人信息的一种概括,对个人身份当然具有识别性,因此,不存在将个人信息进行脱敏化处理之后转化为个人数据的问题。此外,即便企业数据中包含个人信息,也不意味着企业必须对其中的个人信息进行匿名化处理,随后才能对企业数据进行处分。在企业数据包含个人信息的情形下,只要取得个人同意,企业当然可以依法处分企业数据。例如,在企业向他人提供企业数据的情形下,如果企业数据中包含个人信息,企业向他人提供企业数据即涉及向他人提供个人信息(即个人信息共享),依据《个人信息保护法》第23条规定[3],企业要依法向个人履行告知义务,并取得个人同意,才可实施企业数据共享行为。在企业处分数据的情形下,要求企业对企业数据中的个人信息一概进行匿名化处理,会不当降低个人信息与企业数据的利用价值,有失妥当。

对于个人信息的匿名化处理,《数据二十条》第6条规定:"……创新技术手段,推动个人信息匿名化处理,保障使用个人信息数据时的信息安

---

[1] 参见金耀:《个人信息去身份的法理基础与规范重塑》,载《法学评论》2017年第3期,第120~130页。

[2] 参见冯晓青:《数据产权法律构造论》,载《政法论丛》2024年第1期。

[3] 该条规定:"个人信息处理者向其他个人信息处理者提供其处理的个人信息的,应当向个人告知接收方的名称或者姓名、联系方式、处理目的、处理方式和个人信息的种类,并取得个人的单独同意。接收方应当在上述处理目的、处理方式和个人信息的种类等范围内处理个人信息。接收方变更原先的处理目的、处理方式的,应当依照本法规定重新取得个人同意。"

全和个人隐私。"该文件要求通过创新技术手段的方式,推动个人信息的匿名化处理,并将其作为数据利用过程中保障个人信息安全和隐私的重要方式。但该条只是鼓励数据处理者实施个人信息匿名化处理行为,没有将其规定为一项强制性义务。此种立场值得赞同,笔者认为,在法律另有规定或者当事人另有约定的情形下,个人信息处理者依法或者按照约定负有对个人信息进行匿名化处理的义务。例如,个人信息处理者在其网络服务协议或者网络隐私政策中明确规定,将对收集的用户消费记录、网络浏览记录等进行匿名化处理,在用户同意该网络隐私政策或者网络服务协议后,个人信息处理者即负有对相关个人信息进行匿名化处理的义务。

在法律没有对个人信息处理者匿名化处理个人信息的义务作出规定,且当事人没有约定此种义务时,个人信息处理者不应当负有对其持有的个人信息进行匿名化处理的义务,主要理由有两方面。

一方面,个人信息难以进行彻底的匿名化处理,将匿名化处理规定为个人信息处理者的义务,可能会不当加重个人信息处理者的负担。如前所述,个人信息的匿名化处理主要发生在个人信息的处理阶段,其有利于减少个人信息数据利用阶段的隐私风险。但要发挥个人信息的经济效用,就很难完全去除个人信息中的身份信息,这也使得个人信息的匿名化无法从根本上消除个人隐私泄露的风险。传统观点认为,将一些典型的个人信息抹除,如姓名、住址、社保号码等,就可以实现个人信息的匿名化,但学者新近的研究表明,个人信息在经过匿名化处理后,仍然存在再次识别的可能。[1] 还应当看到,即便某些个人信息已经进行了匿名化处理,单个的信息数据无法识别特定的个人,但如果将一些经过去身份化处理的信息数据与其他信息数据结合在一起,仍然可能识别出特定的主体。[2] 尤其是一些反向身份识别技术的运用,更是增加了相关信息数据识别特定主体的可

---

[1] Adam Tanner, "Legal Questions Raised by the Widespread Aggregation of Personal Data". *New England Law Review*, Vol. 49, Issue 4 (2015), pp. 601–610.

[2] Sophie Stalla-Bourdillon, Alison Knight, "Anonymous Data v. Personal Data-False Debate: An EU Perspective on Anonymization, Pseudonymization and Personal Data", *Wisconsin International Law Journal*, Vol. 34, Issue 2 (2016), pp. 284–322.

能性。① 因此，匿名化不应当仅从静止的角度看，即认为一旦进行匿名化处理，将来就可以没有限制地处理和利用。② 在判断个人是否可以识别时，应当考虑所有合理的可以采取的手段，是否可以直接或者间接识别出个人。③ 个人信息在经过匿名化处理后，如果与其他信息结合在一起，仍然存在识别出个人身份的可能。有学者直言不讳地指出，完全的匿名化、将危险降至零是不可能的。④ 因此，个人信息的去身份化虽然有利于减轻个人信息持有者与控制者的义务与责任⑤，但要实现彻底的匿名化是十分困难的，科以个人信息处理者对个人信息进行匿名化处理的义务，将会不当加重个人信息处理者的负担。

另一方面，科以个人信息处理者对个人信息进行匿名化处理的义务，会不当影响个人信息经济效用的发挥。个人信息法律制度需要有效平衡个人信息权利保护与个人信息数据有效利用之间的关系，促进信息的自由流动也应当是个人信息法律制度的目的之一。⑥ 应当看到，个人信息的匿名化处理确实有利于促进个人信息的有效流通与利用，因为通过匿名化处理，去除个人信息中有关个人身份的信息内容，可以将个人信息转化为匿名信息（anonymous data）⑦，这有利于减少信息处理、利用过程中对个人

---

① 参见徐明：《大数据时代的隐私危机及其侵权法应对》，载《中国法学》2017年第1期，第131~150页。

② Sophie Stalla-Bourdillon、Alison Knight，"Anonymous Data v. Personal Data-False Debate：An EU Perspective on Anonymization, Pseudonymization and Personal Data"，*Wisconsin International Law Journal*，Vol. 34，Issue 2（2016），pp. 284 - 322.

③ 参见欧盟《一般数据保护条例》前言第26条。

④ Sophie Stalla-Bourdillon、Alison Knight，"Anonymous Data v. Personal Data-False Debate：An EU Perspective on Anonymization, Pseudonymization and Personal Data"，*Wisconsin International Law Journal*，Vol. 34，Issue 2（2016），pp. 284 - 322.

⑤ 参见欧盟《一般数据保护条例》前言第26条。

⑥ 参见石佳友：《网络环境下的个人信息保护立法》，载《苏州大学学报（哲学社会科学版）》2012年第6期，第85~96页。

⑦ Eleftheriou, Demetrios A.，"Tips on Protecting Personal Data"，*Florida Bar Journal*，Vol. 90，Issue 1（2016），pp. 38 - 39.

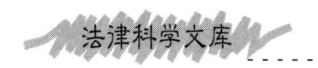

隐私权及其他人格权益的侵害，能够在很大程度上排除信息流通的障碍①，从而保障信息的有效利用。换言之，个人信息的匿名化处理可以将相关的信息数据与个人身份进行隔离，从而尽可能地降低对个人隐私权及其他人格利益的侵害②，此种做法虽有利于保护个人对其个人信息享有的权利，但可能不当影响个人信息数据的有效利用。从利用方式上看，个人信息的利用既可以体现为"一对一"的利用，即针对特定信息主体利用个人信息，又可以体现为"一对一"以外的利用形式，即对大量的个人信息数据进行分析，得出相关的分析结论，以做进一步的利用。③ 经过匿名化处理后，个人信息将转化为"匿名信息"，这虽然不会对前述"一对一"以外的利用个人信息的方式产生大的影响，但可能会严重影响前述"一对一"的利用方式："一对一"的利用方式要求对个人信息数据进行分析、处理必须借助信息主体的相关信息，并通过信息数据点之间的基础关联来发挥其经济效用，而个人信息的匿名化处理会消除信息数据与信息主体之间的关联，这可能影响个人信息数据经济效用的发挥。④ 例如，一些企业通过检索个人的网络浏览记录，分析个人的消费习惯，并进行精准的广告投放，如果去除所有涉及个人身份的信息内容，相关的精准投放行为将难以实现，这可能导致相关信息数据失去经济效用。因此，可以说，个人信息的匿名化虽然可以有效降低个人信息利用中的隐私风险，但却会不当影响个人信息的有效利用，其并不是平衡个人信息权利保护与个人信息利用之间关系的最佳方法。

---

① 参见金耀：《个人信息去身份的法理基础与规范重塑》，载《法学评论》2017年第3期，第120～130页。

② 也正是因为这一原因，欧盟《一般数据保护条例》不调整此类信息数据的利用行为，也就是说，如果相关信息已经被匿名化处理，或者成为名义上的信息（namely information），无法据此识别出特定的个人，就不再受到个人信息保护规则的保护。参见欧盟《一般数据保护条例》前言第26条。

③ 参见张新宝：《从隐私到个人信息：利益再衡量的理论与制度安排》，载《中国法学》2015年第3期，第38～59页。

④ Sophie Stalla-Bourdillon, Alison Knight, "Anonymous Data v. Personal Data-False Debate: An EU Perspective on Anonymization, Pseudonymization and Personal Data", *Wisconsin International Law Journal*, Vol. 34, Issue 2 (2016), pp. 284 - 322.

因此，虽然个人信息匿名化处理是依法处理个人信息的事由，但是否对相关的个人信息进行匿名化处理，应当由个人信息处理者自主决定：如果个人信息处理者可以通过取得个人同意等方式获得依法处理个人信息的权利，或者个人信息处理者可以接受单个取得各个信息主体同意的成本，那么当然不需要科以其对个人信息进行匿名化处理的义务；反之，在不具有依法处理个人信息事由的情形下，如果个人信息处理者取得各个信息主体同意的成本较高，其可以选择对持有的个人信息进行匿名化处理，以降低个人信息处理以及数据利用成本。

参考文献

一、中文专著

1. 包晓丽．数据权属论．北京：法律出版社，2024
2. 陈龙江．人格标志上经济利益的民法保护．北京：法律出版社，2011
3. 陈甦，谢鸿飞主编．民法典评注·人格权编．北京：中国法制出版社，2020
4. 程合红．商事人格权论．北京：中国人民大学出版社，2002
5. 程啸．个人信息保护法理解与适用．北京：中国法制出版社，2021
6. 程啸．人格权研究．北京：中国人民大学出版社，2022.
7. 董和平等．宪法学．北京：法律出版社，2000
8. 丁晓东．个人信息保护原理与实践．北京：法律出版社，2021
9. 黄茂荣．法学方法与现代民法．北京：中国政法大学出版社，2001
10. 黄薇主编．中华人民共和国民法典人格权编解读．北京：中国法制出版社，2020
11. 黄薇主编．中华人民共和国民法典总则编解读．北京：中国法制出版社，2020
12. 高瑞泉．人格论．上海：上海文化出版社，1998
13. 江平．民法学．北京：中国政法大学出版社，2007
14. 梁慧星．民法总论．3 版．北京：法律出版社，2007
15. 李良荣．新闻学概论．上海：复旦大学出版社，2021
16. 李显冬．人身权法案例重述．北京：中国政法大学出版社，2007
17. 刘金瑞．个人信息与权利配置：个人信息自决权的反思和出路．北京：法律出版社，2017
18. 龙卫球主编．中华人民共和国个人信息保护法释义．北京：中国法制出版社，2021
19. 马俊驹．人格和人格权理论讲稿．北京：法律出版社，2009
20. 马特，袁雪石．人格权法教程．北京：中国人民大学出版

社，2007

21. 齐爱民. 拯救信息社会中的人格. 北京：北京大学出版社，2009

22. 孙莹主编. 个人信息保护法条文解读与适用要点. 北京：法律出版社，2021

23. 佟柔. 中国民法. 北京：法律出版社，1990

24. 王利明. 法学方法论. 北京：中国人民大学出版社，2012

25. 王利明. 民法典体系研究：第二版. 北京：中国人民大学出版社，2012

26. 王利明. 人格权法研究：第二版. 北京：中国人民大学出版社，2012

27. 王利明主编. 《中华人民共和国民法总则》条文释义. 北京：人民法院出版社，2017

28. 王利明. 人格权重大疑难问题研究. 北京：法律出版社，2019

29. 王胜明. 中华人民共和国侵权责任法释义. 北京：法律出版社，2010

30. 王轶. 民法学原理与民法学方法. 北京：法律出版社，2009

31. 武腾. 数据交易的合同法问题研究. 北京：法律出版社，2023

32. 姚辉. 人格权法论. 北京：中国人民大学出版社，2011

33. 杨合庆主编. 中华人民共和国个人信息保护法释义. 北京：法律出版社，2022

34. 杨立新. 人身权法论. 北京：人民法院出版社，2002

35. 张红. 人格权总论. 北京：北京大学出版社，2012

36. 张红. 人格权法. 北京：高等教育出版社，2022

37. 张俊浩. 民法学原理. 北京：中国政法大学出版社，1997

38. 张新宝. 隐私权的法律保护. 北京：群众出版社，2004

39. 张新宝. 精神损害赔偿制度研究. 北京：法律出版社，2012

40. 张新宝主编. 《中华人民共和国个人信息保护法》释义. 北京：人民出版社，2021

41. 郑永宽. 人格权的价值与体系研究. 北京：知识产权出版社，2008

42. 中国信息通信研究院互联网法律研究中心编. 个人信息保护立法

研究．北京：中国法制出版社，2021

43．卓泽渊．法的价值论．2版．北京：法律出版社，2006

二、中文译著

1．[古罗马]查士丁尼．法学总论．张企泰，译．北京：商务印书馆，1989

2．[意]彼得罗·彭梵得．罗马法教科书．黄风，译．北京：中国政法大学出版社，1992

3．[德]汉斯-贝恩德·舍费尔，克劳斯·奥特．民法的经济分析．江清云，杜涛，译．北京：法律出版社，2009

4．[德]迪特尔·梅迪库斯．德国民法总论．邵建东，译．北京：法律出版社，2000

5．[德]迪特尔·施瓦布．民法导论．郑冲，译．北京：法律出版社，2006

6．[德]卡尔·拉伦茨．法学方法论．陈爱娥，译．北京：商务印书馆，2003

7．[德]卡尔．拉伦茨．德国民法通论：上册．王晓晔，等译．北京：法律出版社，2003

8．[德]克里斯蒂安·冯·巴尔．欧洲比较侵权行为法：上卷．张新宝，译．北京：法律出版社，2001

9．[德]马克西米利安·福克斯．侵权行为法．齐晓琨，译．北京：法律出版社，2006

10．[美]博登海默．法理学：法律哲学与法律方法．邓正来，译．北京：中国政法大学出版社，2004

11．[美]弗里德曼．法律制度．李琼英，林欣，译．北京：中国政法大学出版社，1994

12．[美]哈默德·坎塔尔季奇．数据挖掘概念、模型、方法和算法：第3版．李晓峰，刘刚，译．北京：清华大学出版社，2021

13．[美]罗尔斯．正义论．李少军，杜丽燕，张虹，译．北京：桂冠图书股份有限公司，2003

14．[美]亚伦·普赞诺斯基，杰森·舒尔茨．所有权的终结：数字时代的财产保护．赵精武，译．北京：北京大学出版社，2022

15. 欧洲侵权法小组．欧洲侵权法原则：文本与评注．于敏，谢鸿飞，译．北京：法律出版社，2009

16. ［英］麦克斯·布拉默．数据挖掘原理：第4版．李晓峰，逄金辉，译．北京：清华大学出版社，2022

17. ［日］星野英一．私法中的人．王闯，译．北京：中国法制出版社，2004

三、中文期刊

1. 蔡蔚然．去标识化个人信息分级处理的规则体系．山东社会科学，2023（2）

2. 常宇豪．论信息主体的知情同意及其实现．财经法学，2022（3）

3. 程啸．论大数据时代的个人数据权利．中国社会科学，2018（3）

4. 程啸．论我国个人信息保护法中的个人信息处理规则．清华法学，2021（3）

5. 程啸．论个人信息处理中的个人同意．环球法律评论，2021（6）

6. 程啸．论《民法典》与《个人信息保护法》的关系．法律科学（西北政法大学学报），2022（3）

7. 程啸．论公开的个人信息处理的法律规制．中国法学，2022（3）

8. 程啸．企业数据权益论．中国海商法研究，2024（1）：62页

9. 崔建远．行政合同族的边界及其确定根据．环球法律评论，2017（4）

10. 丁晓东．数据到底属于谁？——从网络爬虫看平台数据权属与数据保护．华东政法大学学报，2019（5）

12. 丁晓东．基于信任的自动化决策：算法解释权的原理反思与制度重构．中国法学，2022（1）

13. 丁晓东．公开个人信息法律保护的中国方案．法学，2024（3）

14. 冯晓青．数据产权法律构造论．政法论丛，2024（1）

15. 蒋洁等．个人信息去识别化的类型解构与治理方案．图书与情报，2021（3）。

16. 高富平．个人信息保护：从个人控制到社会控制．法学研究，2018（3）

17. 高秦伟．个人信息保护中的企业隐私政策及政府规制．法商研究，

2019（2）

18. 高志宏．个人信息司法保护的利益衡量．当代法学，2024（1）

19. 高志明．个人信息人格利益与财产利益理论分析．大连理工大学学报（社会科学版），2018（1）

20. 管洪博．大数据时代企业数据权的构建．社会科学战线，2019（12）

21. 韩旭至．大数据时代下匿名信息的法律规制．大连理工大学学报（社会科学版），2018（4）

22. 韩跃红，绪宗刚．尊严的价值内涵及伦理意义．伦理学研究，2011（1）

23. 贺栩栩．比较法上的个人数据信息自决权．比较法研究，2013（2）

24. 黄智杰．违法处理个人信息行政责任与民事责任的衔接．法律科学，2024（3）

25. 胡鸿高．论公共利益的法律界定：从要素解释的路径．中国法学，2008（4）

26. 金耀．个人信息去身份的法理基础与规范重塑．法学评论，2017（3）

27. 蓝蓝．人格与财产二元权利体系面临的困境与突破．法律科学（西北政法学院学报），2006（3）

28. 雷希．论算法个性化定价的解构与规制：祛魅大数据杀熟．财经法学，2022（2）

29. 雷震文．数据产品财产权益保护问题研究．判解研究，2019（3）

30. 刘洪岩，唐林．基于"可识别性"风险的个人信息法律分类：以欧美个人信息立法比较为视角．上海政法学院学报（法治论丛），2020（5）

31. 李晓珊．数据产品的界定和法律保护．法学论坛，2022（3）

32. 李永军．《民法总则》中个人隐私与信息的"二元制"保护及请求权基础．浙江工商大学学报，2017（3）

33. 刘权．论个人信息处理的合法、正当、必要原则．法学家，2021（5）

34. 刘晓春．已公开个人信息保护和利用的规则建构．环球法律评论，

2022（2）

35．林洹民．个人信息保护中知情同意原则的困境与出路．北京航空航天大学学报（社会科学版），2018（3）

36．林洹民．论个人信息主体同意的私法性质与规范适用：兼论《民法典》上同意的非统一性．比较法研究，2023（3）

37．刘云．欧洲个人信息保护法的发展历程及其改革创新．暨南学报，2017（2）

38．刘召成．人格权主观权利地位的确立与立法选择．法学，2013（6）

39．刘召成．人格权法上同意撤回权的规范表达．法学，2022（3）

40．陆青．个人信息保护中"同意"规则的规范构造．武汉大学学报（哲学社会科学版），2019（5）

41．毛立琦．数据产品保护路径探究：基于数据产品利益格局分析．财经法学，2020（2）

42．马俊驹，刘卉．论法律人格内涵的变迁和人格权的发展：从民法中的人出发．法学评论，2002（1）

43．马俊驹．论作为私法上权利的人格权．法学，2005（12）

44．马新彦，刘睿佳．已公开个人信息弱化保护的解释论矫正．吉林大学社会科学学报，2022（3）

45．马宇飞．企业数据权利与用户信息权利的冲突与协调：以数据安全保护为背景．法学杂志，2021（7）

46．宁园．" 个人信息已公开"作为合法处理事由的法理基础和规则适用．环球法律评论，2022（2）

47．彭诚信．论个人信息的双重法律属性．清华法学，2021（6）

48．彭诚信，王冉冉．自行公开个人信息利用规则的合理范围研究．厦门大学学报（哲学社会科学版），2023（3）

49．彭玉勇．论网络服务提供者的权利和义务．暨南学报（哲学社会科学版），2014（12）

50．齐英程．已公开个人信息处理规则的类型化阐释．法制与社会发展，2022（5）

51．任颖．数字时代隐私权保护的法理构造与规则重塑．东方法学，

2022（2）

52．申卫星．论数据用益权．中国社会科学，2020（11）

53．石佳友．网络环境下的个人信息保护立法．苏州大学学报，2012（6）

54．宋伟卫．处理已公开个人信息的刑法边界．吉林大学社会科学学报，2022（6）

55．谈咏梅，钱小平．我国网站隐私保护政策完善之建议．现代情报，2006（1）

56．万方．隐私政策中的告知同意原则及其异化．法律科学，2019（2）

57．王佳宜，王子岩．个人数据跨境流动规则的欧美博弈及中国因应：基于双重外部性视角．电子政务，2022（5）

58．王利明．隐私权概念的再界定．法学家，2012（1）

59．王利明．论个人信息权的法律保护：以个人信息权与隐私权的界分为中心．现代法学，2013（4）

60．王利明．人格权法中的人格尊严价值及其实现．清华法学，2013（5）

61．王利明．论互联网立法的重点问题．法律科学（西北政法大学学报），2016（5）

62．王利明．编纂一部网络时代的民法典．暨南学报（哲学社会科学版），2016（7）

63．王利明．数据共享与个人信息保护．现代法学，2019（1）

64．王利明．民法典人格权编中动态系统论的采纳与运用．法学家，2020（4）

65．王利明．《个人信息保护法》的亮点与创新．重庆邮电大学学报（社会科学版），2021（6）

66．王利明．论个人信息删除权．东方法学，2022（1）

67．王利明．迈进数字时代的民法．比较法研究，2022（4）

68．王利明．数据何以确权．法学研究，2023（4）

69．王小能，赵英敏．论人格权的民法保护．中外法学，2000（5）

70．王锡锌．行政机关处理个人信息活动的合法性分析框架．比较法

研究，2022（3）

71. 王叶刚．人格权中经济价值法律保护模式探讨．比较法研究，2014（1）

72. 王叶刚．人格权确权与人格权法独立成编：以个人信息权为例．东方法学，2017（6）

73. 王叶刚．民法典人格权编的规则设计．政治与法律，2017（8）

74. 王叶刚．个人信息收集、利用行为合法性的判断：以《民法总则》第111条为中心．甘肃社会科学，2018（1）

75. 王叶刚．人格权商业化利用与人格尊严保护关系之辨．当代法学，2018（3）

76. 王叶刚．论网络隐私政策的效力：以个人信息保护为中心．比较法研究，2020（1）

77. 王叶刚．网络隐私政策法律调整与个人信息保护：美国实践及其启示．环球法律评论，2020（2）

78. 王泽鉴．人格权保护的课题与展望：人格权的性质及构造：精神利益与财产利益的保护．人大法律评论，2009（1）

79. 温世扬．人格权"支配"属性辨析．法学，2013（5）

80. 温世扬．析"人格权商品化"与"人格商品化权"．法学论坛，2013（5）

81. 武腾．个人信息积极利用的类型区分与合同构造．法学，2023（6）

82. 武腾．数据资源的合理利用与财产构造．清华法学，2023（1）

83. 熊巧琴，汤珂．数据要素的界权、交易和定价研究进展．经济学动态，2021（2）

84. 谢登科．公开个人信息处理中的企业合规．甘肃社会科学，2023（5）

85. 谢怀栻．论民事权利体系．法学研究，1996（2）

86. 谢远扬．信息论视角下个人信息的价值：兼对隐私权保护模式的检讨．清华法学，2015（3）

87. 许可．欧盟《一般数据保护条例》的周年回顾与反思．电子知识产权，2019（6）

88. 徐明. 大数据时代的隐私危机及其侵权法应对. 中国法学, 2017 (1).

89. 杨芳. 个人信息自决权理论及其检讨: 兼论个人信息保护法之保护客体. 比较法研究, 2015 (6).

90. 杨翱宇. 数据财产权益的私法规范路径. 法律科学（西北政法大学学报）, 2020 (2).

91. 杨旭.《个人信息保护法》第 13 条第 1 款（个人信息处理的合法性基础）评注. 中国应用法学, 2023 (6).

92. 姚佳. 知情同意原则抑或信赖授权原则: 兼论数字时代的信用重建. 暨南学报, 2020 (2).

93. 姚辉. 关于人格权性质的再思考. 暨南学报（哲学社会科学版）, 2012 (3).

94. 袁芳, 钟芳. 数字时代个人信息处理的法律规制: 以行政机关履职行为为例. 江西社会科学, 2023 (8).

95. 袁纪辉. 有关个人信息处理技术概念的厘清: 匿名化、去标识化、假名化、去识别化之辨. 安全与保密, 2021 (5).

96. 易军. 个人主义方法论与私法. 法学研究, 2006 (1).

97. 尹田. 论人格权的本质: 兼论我国民法草案关于人格权的规定. 法学研究, 2003 (4).

98. 岳林. 个人信息的身份识别标准. 上海大学学报（社会科学版）, 2017 (6).

99. 于飞. "法益"概念再辨析: 德国侵权法的视角. 政法论坛, 2012 (4).

100. 于海防. 个人信息处理同意的性质与有效条件. 法学, 2022 (8).

101. 庄媛媛, 靳晨, 何昊青. 多方计算特定应用场景的匿名化认定与建议. 信息安全研究, 2021 (10).

102. 张恩典. 大数据时代的算法解释权: 背景、逻辑与构造. 法学论坛, 2019 (4).

103. 张鸣起.《中华人民共和国民法总则》的制定. 中国法学, 2017 (2).

104. 张薇薇. 公开个人信息处理的默认规则: 基于《个人信息保护

法》第 27 条第 1 分句．法律科学（西北政法大学学报），2023（3）

105．张新宝．我国人格权立法：体系、边界和保护．法商研究，2012（1）

106．张新宝．从隐私到个人信息：利益再衡量的理论与制度安排．中国法学，2015（3）

107．张新宝．个人信息处理的基本原则．中国法律评论，2021（5）

108．赵政乾．处理已公开个人信息的入罪边界：基于对信息可访问程度的类型化考察．太原理工大学学报（社会科学版），2024（1）

109．周汉华．个人信息保护的法律定位．法商研究，2020（3）

110．朱广新．美国法上的允诺禁反悔制度研究．环球法律评论，2006（2）

111．朱虎．分合之间：民法典中的合同任意解除权．中外法学，2020（4）

四、外文著作

1. Adam D. Moore. Privacy Rights, Moral and Legal Foundations. the Pennsylvania State University Press, 2010

2. Alice Fleetwood Bartee. Privacy right, cases lost and causes won before the Supreme Court. Rowman & Littlefield Publishers, Inc., 2006

3. Amitai Etzioni. The Limits of Privacy, Basic Books. A Member of the Perseus Books Group, 1999

4. Benjamin J. Goold, Daniel Neyland, edite. New Directions in Surveillance and Privacy. Willan Publishing, 2009

5. Carolyn Doyle, Mirko Bagaric. Privacy Law in Australia. the Federation Press, 2005

6. Daniel J. Solove, Paul Schwartz. Privacy Law Fundamentals. An IAPP Publication, 2019

7. Frederick S. Lane. American Privacy: the 400 Year History of Our Most Contested Right. Beacon Press, 2009

8. David A. Elder. The Law of Privacy. West Group, 2001

9. Fred H. Cate. Privacy in Perspective. the AEI Press, 2001

10. Gert Brüggemeier, Aurelia Colombi Ciacchi, Patrick O'Callaghan.

Personality Rights in European Tort Law. Cambridge University Press, 2010

11. Huw Beverley-Smith. The Commercial Appropriation of Personality. Cambridge University Press, 2002

12. Huw Beverley-Smith, Ansgar Ohly & Agnes Lucas-Schloetter. Privacy, Property and Personality: Civil Law Perspectives on Commercial Appropriation. Cambridge University Press, 2005

13. James B. Rule, edite. Global Privacy Protection: the First Generation, Graham Greenleaf. Edward Elgar Publishing Limited, 2008

14. John T. Soma and Stephen D. Rynerson. Privacy Law in a Nutshell. Thomson/West, 2008

15. Jon L. Mills. Privacy: the Lost Right. Oxford University Press, 2008

16. Joseph William Singer. Introduction to Property. New York: Aspen Publishers, 2005

17. Judith Wagner DeCew. In Pursuit of Privacy: Law, Ethics, and the Rise of Technology. Cornell University Press, 1997

18. Katja Ziegler, edited. Human Rights and Private Law. Oxford and Portland, 2007

19. Neethling, JM Potgieter & PJ Visser. Neethling's Law of Personality. LexisNexis South Africa, 2005

20. Normann Witzler. Justifying Gain-Based Remedies for Invasions of Privacy. Oxford J Legal Studies. Oxford University Press, 2009

21. Richard C. Turkington, Anita L. Allen. Privacy Law: Cases and Materials. West Group, 2002

Steven J. Heyman. Free Speech and Human Dignity. Yale University Press, 2008

22. O'Brien, David M. Privacy, Law, and Public Policy. Praeger Publishers, 1979

23. Götting. Persönlichkeitsrechte als Vermögensrecht. Mohr Siebeck, 1995

五、外文论文

1. Asta Tubaite-Stalauskiene. Data Protection Post-Mortem. International Comparative Jurisprudence, Vol. 4, Issue 2, 2018

2. Brendon Beheshti. Cross-Jurisdictional Variation in Internet Contract Regulation. Journal of International Commercial Law and Technology, Vol. 8, Issue 1, 2013

3. Daniel J. Solove, Woodrow Hartzog. The FTC and the New Common Law of Privacy. Columbia Law Review, Vol. 114, Issue 3, 2014

4. Dennis D. Hirsch. The Law and Policy of Online Privacy: Regulation, Self-Regulation, or Co-Regulation?. Seattle University Law Review, Vol. 34, Issue 2, 2011

5. Edward J. Eberle. the Right to Information Self-Determination. Utah Law Review, Vol. 2001, Issue 4, 2001

6. Edward R. Alo. EU Privacy Protection: A Step Towards Global Privacy. Michigan State International Law Review, Vol. 22, Issue 3, 2014

7. Eleftheriou, Demetrios A. Tips on Protecting Personal Data. Florida Bar Journal, Vol. 90, 2016

8. Hintze, Mike. Privacy Statements under the GDPR. Seattle University Law Review, Vol. 42, Issue 3, 2019

9. Gerard M. Stegmaier & Wendell Bartnick. Psychics, Russian Roulette, and Data Security: The FTC's Hidden Data-Security Requirements. 20 Geo. Mason L. Rev. 673, 2013

10. Joel R. Reidenberg et al. Privacy Harms and the Effectiveness of the Notice and Choice Framework. A Journal of Law and Policy for the Information Society, Vol. 11, Issue 2, 2015

11. Johann Neethling. Personality Rights: a Comparative Overview. The Comparative and International Law Journal of South Africa, Vol. 38, No. 2, 2005

12. Kenneth A. Bamberger, Deirdre K. Mulligan. Privacy in Europe: Initial Data on Governance Choices and Corporate Practices. George Washington Law Review, Vol. 81, Issue 5, 2013

13. King, Ian. On-Line Privacy in Europe-New Regulation for Cookies. Information & Communications Technology Law, Vol. 12, Issue 3, 2003

14. Michael P. Goodyear. Circumscribing the Spider: Trademark Law

and the Edge of Data Scraping. University of Kansas Law Review, Vol. 70, Issue 2, 2021

15. Michal S. Gal. Algorithms as Illegal Agreements. Berkeley Technology Law Journal, 34, 2019

16. Narayanan, Arvind, J. Huey, and E. W. Felten. A Precautionary Approach to Big Data Privacy, Data Protection on the Move. Springer Netherlands, 2016

17. Paul M. Schwartz & Daniel J. Solove. The PII Problem: Privacy and a New Concept of Personally Identifiable Information, New York University Law Review, Vol. 86: 6, 2011

18. Paul M. Schwartz and Daniel J. Solove. Reconciling Personal Information in the United States and European Union. 102 California Law Review, 2014

19. Razieh Nokhbeh Zaeem, K. Suzanne Barber. A Study of Web Privacy Policies Across Industries. UT CID Report 2018

20. Revolidis, Ioannis. Judicial Jurisdiction over Internet Privacy Violations and the GDPR: A Case of Privacy Tourism. Masaryk University Journal of Law and Technology, Vol. 11, Issue 1, 2017

21. Richard Warner. Surveillance and the Self: Privacy, Identity, and Technology. DePaul Law Review, Vol. 54, Issue 3, 2005

22. Robert Slattery, Marilyn Krawitz, Mark Zuckerberg. the Cookie Monster-Australian Privacy Law and Internet Cookies. Flinders Law Journal, Vol. 16, Issue 1, 2014

23. Schwartz, Paul M. Property, Privacy, and Personal Data. Harvard Law Review, Vol. 117, 2004

24. Siona Listokin. Industry Self-Regulation of Consumer Data Privacy and Security. John Marshall Journal of Information Technology and Privacy Law, Vol. 32, Issue 1, 2016

25. Scott Killingsworth. Minding Your own Business: Privacy Policies in Principle and in Practice. Journal of Intellectual Property Law, Vol. 7, Issue 1, 1999

26. Sophie Stalla-Bourdillon, Alison Knight. Anonymous Data v. Personal Data-False Debate: An EU Perspective on Anonymization, Pseudonymization and Personal Data. Wisconsin International Law Journal, Vol. 34, 2016

27. Susan E. Gindin. Nobody Reads Your Privacy Policy or Online Contract? Lessons Learned and Questions Raised by the FTC's Action Against Sears. Northwestern Journal of Technology and Intellectual Property, Vol. 8, Issue 1, 2009

28. William McGeveran. Friending the Privacy Regulators. Arizona Law Review, Vol. 58, Issue 4, 2016

29. Tanner, Adam. Legal Questions Raised by the Widespread Aggregation of Personal Data. New England Law Review, Vol. 49, 2015

后　记

个人信息处理行为合法性是个人信息保护法律制度的核心议题，也是笔者自攻读博士学位以来一直关注的理论问题。本书的相关内容多数已经公开发表在《中国人民大学学报》《比较法研究》《环球法律评论》《当代法学》《法学家》等期刊，本书的写作和出版也是对笔者相关思考的一个阶段性总结。

本书是笔者主持的国家社会科学基金青年项目"个人信息收集、处理行为合法性研究"的结项成果。本书的出版也得到了中央财经大学法学院的大力支持，学院良好的学术氛围和温馨的工作环境，也为本书的写作创造了良好的条件。感谢国家，感谢学院！

感谢中国人民大学出版社政法分社社长郭虹女士对本书出版的大力支持，使本书顺利入选"十三五"国家重点出版物出版规划项目"法律科学文库"，这对我而言是极大的荣誉。感谢本书的责任编辑在本书编校过程中的倾力付出，尽可能地减少了本书在规范引用、文字表达、观点陈述与论证等方面的错误，在此表示衷心的感谢！

王叶刚　
2024 年 6 月

图书在版编目（CIP）数据

个人信息处理行为合法性研究 / 王叶刚著. -- 北京：中国人民大学出版社，2024.7. --（法律科学文库 / 曾宪义 总主编）. -- ISBN 978-7-300-33016-7

Ⅰ. D923.74

中国国家版本馆 CIP 数据核字第 2024MS8754 号

"十三五"国家重点出版物出版规划项目
法律科学文库
总主编 曾宪义
个人信息处理行为合法性研究
王叶刚 著
Geren Xinxi Chuli Xingwei Hefaxing Yanjiu

出版发行	中国人民大学出版社		
社　　址	北京中关村大街 31 号	邮政编码	100080
电　　话	010-62511242（总编室）	010-62511770（质管部）	
	010-82501766（邮购部）	010-62514148（门市部）	
	010-62515195（发行公司）	010-62515275（盗版举报）	
网　　址	http://www.crup.com.cn		
经　　销	新华书店		
印　　刷	唐山玺诚印务有限公司		
开　　本	720 mm×1000 mm　1/16	版　次	2024 年 7 月第 1 版
印　　张	17.25 插页 2	印　次	2024 年 7 月第 1 次印刷
字　　数	279 000	定　价	59.00 元

版权所有　侵权必究　印装差错　负责调换